# 경찰면접

최선우
김경태
박수양

박영사

# 서　문

　　오늘날 우리 사회가 요구하는 바람직한 '경찰상'은 어떠한 모습일까? 우리나라 경찰은 많은 개혁과 변화과정을 거치면서 선진 경찰로 거듭나기 위해 노력하고 있다. 그러나 여전히 많은 과제가 남아 있다. 이와 관련하여 경찰의 정치적 중립성 확보 문제, 검·경수사권 조정 문제, 온전한 자치경찰제도의 도입문제, 그리고 남북통일을 대비한 통일경찰모델 개발 등을 들 수 있다. 그러나 비단 이러한 거창한 문제가 전부는 아니라고 본다. 일선경찰들의 직무수행 과정에서 나타나는 부정부패, 근무태만 등의 문제 역시 심심치 않게 언론에 보도되고 있다.

　　이러한 문제들을 해결하기 위해서는 여러 가지 방법이 있다. 그리고 이 가운데서 무엇보다도 중요한 것 가운데 하나는 적절한 경찰인사관리에 있다고 본다. '인사(人事)가 만사(萬事)'라는 말이 있듯이, 경찰조직의 목표달성을 위해서는 유능한 경찰인재를 경찰조직에 채용하고, 이들 개개인이 가지고 있는 장점 내지 역량을 최대한 활용하여 경찰조직의 각 기능에 적절하게 배치·운용할 수 있어야 한다. 경찰면접이라는 것은 경찰조직이 필요로 하는 인재를 선발하는 데 있어서 매우 중요한 관문 가운데 하나이다. 경찰면접은 필기시험, 체력시험 등 계량화된 평가에서 파악하기 어려운 개인에 대한 전인격(全人格)적인 평가를 시도한다는 점에서 의의가 있다.

　　처음에는 경찰면접과 관련된 책을 쓰는 것을 매우 쉽게 생각하였다. 그러나 대단한 착각이었음을 고백하지 않을 수 없다. 이 책의 공동집필을 계획한 것은 아마

도 2015년 전후였던 것 같다. 그러나 진전이 되지 않고, 차일피일 미루는 일이 반복되었다. 면접시험에서 좋은 평가를 받을 수 있는 '적절한 답변'을 문장으로 기술하는 것이 결코 쉽지 않다는 것을 깨달았기 때문이다.

　집필하는 과정에서 이전까지의 기출문제, 특히 2018년 각 지방경찰청에서 제시된 기출문제를 분석하여 출제 가능성이 높은 내용들을 중심으로 살펴보고자 하였다. 사실, 이 책에서 제시하지 못한 내용들이 너무나 많다. 사형제도, 낙태죄, 북한이탈주민, 여성경찰 등 많은 내용을 다루지 못해 너무 아쉬움이 남는다. 빠른 시일 내에 개정작업을 하여 부족한 부분을 보완할 것을 약속드린다. 경찰면접시험을 준비하는 응시자들에게 다소나마 도움이 되었으면 하는 마음이다.

2020년 1월
공저자 일동

# 차 례

# 제2장  경찰면접시험의 진행과정과 방법

# 제3장  경찰면접시험의 준비

## 제2편  경찰면접시험의 실전

### 제4장  면접시험전 사전조사서

# 제5장 경찰면접시험의 답변전략

# 제1편

# 경찰면접시험의 기초

# 제1장
# 경찰면접시험의 의의

## 1. 경찰면접시험의 의미

'공무원'(公務員, Public Servant)은 '사적'(私的)인 일이 아닌 '공적'(公的)인 일 즉, 공무(公務)를 수행하는 사람을 의미한다.[1] 그리고 이러한 공무는 특정 지배집단의 이해관계를 반영하기 위해 존재하는 것이 아니라 국민을 위해 수행해야 함은 분명한 사실이다. 이를 위해서 대한민국 헌법에서는 "공무원은 국민전체에 대한 봉사자이며, 국민에 대하여 책임을 진다. 공무원의 신분과 정치적 중립성은 법률이

---

[1] 사전적으로 공'(公)이라는 것은 '공평함'을 내포하는 것으로써, 직무수행과정에서 신분이나 직업 등에 의해 차별을 두어서는 안된다는 것을 의미한다. 한편, '공'(公)이라는 것은 '일반인'이 아닌 '귀인'(貴人)의 의미도 가지고 있다. 이러한 점에서 공무원은 공적인 일을 공평하게 수행하는 관청 또는 기관으로서 타인의 모범이 되는 훌륭한 인품과 전문성을 갖추고 있는 사람을 말한다. 따라서 장차 공무원이 되고자 면접에 응시하는 사람들은 공무원으로서의 자세와 태도, 그리고 언행을 갖추고 있어야 함은 물론이다. 최선우 (2017), 경찰학, 서울: 그린, p. 325.

정하는 바에 의하여 보장된다"는 점을 분명히 하고 있다(제7조).

경찰공무원(警察公務員)은 공적인 업무를 수행하는 여러 종류의 공무원 가운데 특히, 범죄 및 무질서 등 치안(治安, Public Security)에 관한 업무를 수행하는 국가공무원이라 할 수 있다. 그런데 경찰이 이러한 범죄 및 무질서 문제에 대응하는 과정에서 물리적 강제력을 수반하는 경우가 적지 않다. 그러나 이러한 물리적 강제력의 행사는 당해 직면한 사건의 해결을 위한 수단적 조치에 불과한 것이며, 따라서 경찰은 본질적으로 개인과 국민전체의 자유와 권리를 보호하는 봉사자로서의 위상을 가져야 한다는 점에서는 이론의 여지가 없다고 본다.

경찰은 법치주의 원리에 따라 법을 준수하는 개인의 자유와 권리를 보호하고, 법을 위반하는 자에 대해서는 물리적 강제력을 행사하는 일종의 '법치주의의 수호자'인 셈이다.

'면접'(面接)의 사전적 의미는 '얼굴을 마주하고 서로 대면하여 만나보는 것'을 말한다. '백문불여일견'(百聞不如一見)'이라는 말이 있듯이 사람이든 사물이든 직접 봐야 그 실체를 확실히 알 수 있다고 본다.

오늘날 공사조직을 막론하고 채용과정에서 면접의 비중은 높아지고 있고, 이를 중요한 평가수단으로 활용하고 있기 때문에 일종의 '말과 태도로 하는 시험(試驗)'이라 할 수 있다. 그리고 그 방법에서도 단순한 면담형식을 벗어나 발표, 토론 등 다양한 방식으로 발전해 가고 있다. 이러한 점에서 경찰면접시험은 면접응시자와 면접위원 사이에 이루어지는 상호작용이라 할 수 있다. 즉, 면접응시자와 면접위원 사이에 상대방의 '진의'(眞意)를 파악하고자 하는 지속적인 의사소통과정이라고 볼 수 있다.

경찰면접시험은 필기시험, 체력심사, 인·적성검사 등을 거치고 난 후, 최종적으로 이루어지는 평가과정이라 할 수 있다.[2] 면접시험은 필기시험, 체력검사, 인·적성검사 등으로 평가할 수 없는 응시자의 직무수행에 필요한 능력, 발전성 및 적격성을 검증하는 과정인 것이다(경찰공무원임용령 제35조 제1항).

---

2) 면접시험 일정은 모집 분야별, 지방경찰청마다 다르기 때문에 각 지방경찰청 홈페이지로 들어가서 메인화면의 채용 공고를 확인하면 파악할 수 있다. 그리고 면접시험 일정이 별도로 올라와 있지 않은 경우에는 필기시험 합격자 명단을 공지할 때 면접시험 일정이 함께 공지되는 경우가 있다.

## 신언서판3)

　　면접시험은 한 개인의 신언서판(身言書判)을 최종적으로 확인하는 과정이라 할 수 있다. 신언서판이라는 말은 중국 당나라 때의 인사채용 방식에서 유래한 말로 당서(唐書)「선거지(選擧志)」에 나온다. '무릇 사람을 고르는 방법에는 네 가지가 있다. 첫째는 몸이니 풍채가 늠름해야 하고, 둘째는 말이니 논리가 분명해야 하고, 셋째는 문필이니 필법이 옛날의 법을 따르면서도 아름다워야 하며, 넷째는 판단력이니 이치를 따르는 능력이 뛰어나야 한다. 이 네 가지에 뛰어나면 가려 뽑을 만하다.'4) 이후 우리나라에서도 고려와 조선의 관리임용에서 중요한 기준으로 삼았다고 한다.

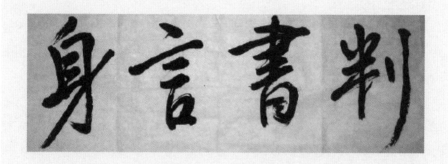

　　물론, 이러한 기준을 가지고 오늘날 경찰공무원 채용시험에 그대로 적용한다면, 부적절하다고 생각할 수도 있지만 현대적 관점에서 이를 재해석한다면 충분히 설득력을 갖는다고 본다. 체용(體用)의 관점에서 본다면, 신언서판을 본질[體]로 삼아 상황에 따라 이를 적절하게 활용[用]할 수 있을 것이다.

　　생각건대, 사람의 몸가짐(身, Appearance), 말씨(言, Speaking)와 글씨(書, Writing), 그리고 판단력(判, Judgment) 가운데서 가장 중요한 것은 결국 판단력이라고 본다. 개인이나 조직에 있어서 삶과 일의 성패는 결국 '판단의 문제'(to be or not to be, that is the question)에 달려 있기 때문이다.

---

3) 그림출처(http://blog.naver.com/e_mnb/90168801159).
4) 唐書「選擧志」. 凡擇人之法有四 一曰身 言體貌豊偉 二曰言 言言辭辯正 三曰書 言楷法遵美 四曰判 言文理優長 四事皆可取. http://cafe.daum.net/sinobiz/C4Ol.

그런데 면접시간은 제한되어 있고, 면접응시자는 제한된 시간에 어떻게 답변하느냐에 따라서 합격과 불합격이 결정되기 때문에 최선을 다해서 준비해야 한다. 면접응시자는 제한된 시간과 특정한 장소에서 자신의 인성과 가치관, 그리고 직무수행 등에 필요한 능력 등을 면접위원에게 최대한 표현하여 전달할 수 있어야 한다. 반면에 면접위원은 면접을 통해 응시자의 이러한 점들을 보다 냉철하고, 정확히 평가할 수 있어야 한다.

## 2. 경찰공무원 채용시험의 평가기준과 면접시험의 중요성

경찰공무원시험의 평가는 ㉠ 필기시험(50%), ㉡ 체력시험(25%), ㉢ 면접시험(20%), ㉣ 가산점(5%)으로 구성되어 있으며, 각 전형별 점수를 합산해서 높은 점수를 얻은 자가 최종 합격자가 된다.

그런데 경찰채용과정에서 다른 평가시험도 중요하지만 특히, 경찰면접시험은 중요하다(물론, 이의 중요성을 새삼 강조하지 않아도 모두가 인식하고 있는 사실이기도 하다). 과거에는 경찰공무원 채용에 있어서 면접은 시험의 당락을 결정짓는 중요한 요소가 아닌 일종의 '요식행위' 정도로 인식되었지만, 이제는 합격과 불합격을 결정짓는 매우 중요한 요소가 되었기 때문이다.

아래에서는 경찰공무원시험의 평가기준 및 면접시험의 중요성에 대해서 좀 더 자세히 살펴보기로 한다.5)

### 1) 경찰공무원 채용시험의 평가기준

#### (1) 필기시험

필기시험은 경찰공무원 채용에서 가장 오래되고 널리 쓰이는 방법이다. 필기시험은 교양부문과 전문부문으로 구분하고, 교양부문은 일반교양 정도를 전문부문은 직무수행에 필요한 지식과 그 응용능력을 검정하고 있다(경찰공무원임용령 제35조

---

5) 서정범(2015), 新개념 면접시험 가이드북, 서울: 패스이안, pp. 10-12.

제1항).

　이러한 필기시험은 경찰공무원채용에 있어서 가장 중요하고 본질적인 평가요소라고 할 수 있다. 일정 수준의 필기시험 점수를 얻지 못하여 1차 합격을 하지 못한다면, 다음의 평가과정 자체가 진행되지 않기 때문에 이의 중요성은 이론의 여지가 없다고 본다.

　그런데 주의할 것은 필기시험에 합격한 사람들만을 놓고 보면, 이들 간의 변별력은 상대적으로 떨어진다는 점이다. 즉, 필기시험의 경우, 50%를 반영한다고 하지만 대부분의 수험생들이 커트라인(cut line: 합격권에 든 마지막 점수) 선상에 밀집해 있음을 고려한다면, 사실상 필기시험에 합격한 수험생들 간에는 필기시험의 반영비율에 차이는 크게 나타나지 않는다는 점이다.

### (2) 체력시험

　체력시험은 직무수행에 필요한 민첩성·지구력 등 체력을 검정하는 것으로(경찰공무원임용령 제35조 제1항) 100m 달리기, 1,000m 달리기, 윗몸 일으키기, 좌·우악력, 팔굽혀 펴기 5종목을 평가하고 있다.

　경찰업무는 그 직무의 특성상 위험성, 돌발성, 기동성 등의 요소가 상존하고 있다. 이러한 상황에 적절하게 대응하기 위해서는 경찰공무원은 일정한 체력요건을 필요로 하기 때문에 수험생활과 병행하여 평상시에 체력관리를 철저하게 해둘 필요가 있다.

　경찰채용시 25%가 반영되는 체력시험은 상대평가가 아니라 일정수준 이상에 대하여 점수를 부여하는 '절대평가방식'을 취하고 있다. 아울러 1차 시험에 합격한 대부분의 수험생들 역시 이에 대한 준비를 철저하게 하고 있기 때문에 생각보다 많은 점수 차이가 나타나기 힘든 점이 있다.

### (3) 가산점

　5%에 해당하는 가산점은 거의 모든 수험생들이 예외 없이 이 요건을 충족시키고 있기 때문에 자격증 가산점 자체는 사실상 아무런 변별력을 갖지 못한다. 따라서 기본적으로 주어지는 가산점 점수를 채우지 못한다면 합격을 기대하기는 어려울 것이다.

## 2) 경찰면접시험 20%의 진정한 의미

경찰공무원 채용시험에 있어서 합격자를 결정짓는 평가요소 즉, 필기시험 성적, 체력시험 성적, 자격증 가산점에 비하여 면접시험 성적은 수험생들 간에 상당한 편차를 보인다는 점이다.

이러한 편차가 나타날 수밖에 없는 이유는 면접위원별 '배점분포비율'(配點分布比率)이 정해져 있고, 또 그러한 분포비율을 철저하게 준수하도록 하고 있기 때문이다. 즉, 면접위원별 배점분포비율은 대학에서의 상대평가제와 같은 형식으로 강제배분되어 있다.

▎면접위원별 배점분포비율

| 점 수 | 10−9점 | 8−7점 | 6−5점 | 4점 이하 |
|---|---|---|---|---|
| 분포비율 (10점 기준) | 20% | 30% | 40% | 10% |

면접위원별 배점분포비율로 인해 필연적으로 나타나는 면접시험에서의 점수편차를 고려한다면, 면접시험이야말로 경찰공무원 채용시험에 있어서 수험생들간의 변별력이 뚜렷하게 드러나는 평가영역이라고 할 수 있다(면접과정에서 응시자의 자격증가산점, 신원조회 이력, 인·적성검사 결과 등 자료가 면접위원에 제출되므로, 이러한 참고자료 역시 면접점수에 영향을 미친다고 볼 수 있다).

이러한 면접위원별 배점분포비율은 정도의 차이는 있겠지만, 경찰공무원 채용시험 이외의 다른 국가직 공무원시험이나 지방직 공무원시험에서도 일반적으로 적용되고 있다. 또 일반기업에서 신규채용시에도 면접이 차지하는 비중은 갈수록 높아지고 있다.[6] 이처럼 우리사회의 모든 영역에서 신규채용을 하는 데 있어서 거의

---

6) 최근 한국경영자협회가 전국 377개 기업을 대상으로 실제 기업들이 답한 채용과정별 중요도를 조사한 결과, 면접전형 65.0%, 서류전형 32.0%, 필기전형 3.0%의 순으로 나타났다. 면접전형을 1회 실시하는 기업은 39.3%. 2회 실시하는 기업이 60.2%, 면접을 보지 않는 기업은 0.5%에 불과하고 대기업의 경우 2회 면접비율이 83.7%로 나타났다. 한경리쿠르트(2015.09.25).

예외 없이 면접시험을 실시하고 있고, 그 중요성이 날로 강화되고 있는 것이 현실이다.

경찰면접시험의 선발인원은 필기시험 합격자 2배수 범위 수준에서 결정한다. 면접시험의 경쟁률은 기본적으로 2배수를 모집해 1배수를 떨어뜨리는 시험이라 할 수 있다. 1차 필기합격 이후 인·적성검사와 체력시험을 통해 면접까지는 보통 70~80일가량 준비과정을 필요로 한다. 이러한 이유로 면접시험 탈락은 수험생들에게 커다란 후유증을 남긴다.

## 3. 경찰면접시험의 평가방법

과거의 경찰면접시험은 총경 또는 경감으로 구성되어 약 5분 내외의 시간 동안 간단한 질문을 통한 한 차례의 개별면접방식을 취했다. 그러나 이러한 짧은 시간 동안의 평면적 면접으로는 지원자에 대하여 제대로 파악하는 데 한계가 있고, 또 경찰간부 중심으로 면접위원이 구성됨으로써 편향된 시각으로 지원자를 평가할 수 있다는 점이 제기되었다.

이에 따라 현재에는 2단계의 면접방식을 채택하고, 면접위원에 동료 근무자를 포함시키게 되었다.

즉, 현행 경찰면접시험은 일정한 자격을 갖춘 다양한 면접위원들을 구성하여 일정한 평가기준하에 2단계 면접(1단계: 집단면접, 2단계: 개별면접)을 실시하도록 하고 있다(경찰공무원 채용시험에 관한 규칙 제10조 제6항). 물론, 이러한 집단면접과 개별면접이 차례대로 이루어지는 것이 아니라 한 쪽에서 집단면접이 이루어지면 다른 한쪽에서는 개별면접이 진행되기 때문에 단계별로 진행되지는 않는다.

### 1) 경찰면접 단계별 면접위원의 구성

경찰면접시험이 제대로 이루어지기 위해서는 무엇보다도 일정한 자격을 갖춘 면접위원을 구성하고, 그들로 하여금 적절한 면접시험을 진행하도록 해야 할 것이다. 경찰은 이러한 점을 고려하여 일정한 자격을 갖춘 면접위원을 구성하도록 하고 있다.

즉, 경찰면접위원은 각 단계별로 5명 이내로 구성하되, 채용예정 계급보다 상위계급의 경찰공무원과 외부위원 중에서 선발하도록 하고 있다. 그리고 외부위원이 아닌 내부 면접위원은 다음의 어느 하나에 해당하는 사람 중에서 선발하도록 하고 있다(경찰공무원 채용시험에 관한 규칙 제23조).

### (1) 1단계 면접시험(집단면접) 면접위원 자격

① 모범공무원 또는 자랑스러운 경찰관으로 선발된 경력이 있는 사람
② 전년도 근무성적이 해당 계급의 상위 10퍼센트 내인 사람
③ 전년도 매분기 외근성적이 지방청 순위 5위 이내인 사람
④ 경찰서 소속 경찰공무원 중 경찰서장이 면접위원으로 추천한 사람
⑤ 경찰청장 또는 지방경찰청장이 면접위원으로 적합하다고 인정하는 사람

### (2) 2단계 면접시험(개별면접) 면접위원 자격

① 모범공무원 또는 자랑스러운 경찰관으로 선발된 경력이 있는 사람
② 경찰청장 또는 지방경찰청장이 면접위원으로 적합하다고 인정하는 사람

## 2) 경찰면접시험의 평가요소

경찰면접시험에서 면접관들은 면접응시자들에 대해서 무엇을 알고 싶은 것인가? 그것은 두말한 필요도 없이 경찰공무원으로서 적합한지 여부를 파악하는 것이라 할 수 있다.

경찰공무원으로서의 요구되는 기본 자격과 관련하여 법에서는 "경찰공무원은 신체 및 사상이 건전하고 품행이 방정(方正)한 사람 중에서 임용한다"고 규정하고 있다(경찰공무원법 제7조 제1항). 그리고 이러한 사람을 선발하기 위해 필기시험, 신체검사, 체력검사, 종합적성검사, 그리고 면접시험 등의 평가과정을 거치고 있다.

| 경찰면접시험의 평가요소

| 평가요소 | 배점 |
|---|---|
| ① 경찰공무원으로서의 적성 | 판단자료로 활용 |
| ② 의사발표의 정확성과 논리성 및 전문지식(집단면접)<br>　㉠ 경찰에 대한 기본 인식<br>　㉡ 상황판단 및 문제해결능력<br>　㉢ 의사소통능력<br>　㉣ 정보수집 및 분석능력<br>　㉤ 조정 및 통합능력 | 10점<br>(1~10점) |
| ③ 품행·예의, 봉사성, 정직성, 도덕성·준법성(개별면접)<br>　㉠ 경찰관으로서의 윤리의식(도덕성, 청렴성, 준법성)<br>　㉡ 국민의 경찰로서의 봉사정신과 사명감<br>　㉢ 조직구성원으로서 협동심과 공동체 의식<br>　㉣ 자기통제 및 적응력<br>　㉤ 자신감 | 10점<br>(1~10점) |
| ④ 무도·운전 무도·운전 기타 경찰업무 관련 자격증(가산점) | 5점<br>(0~5점) |
| 계 | 25점<br>(2~25점) |

　　면접시험의 평가요소는 1단계 집단면접에서는 의사발표의 정확성과 논리성 및 전문지식을 평가하고, 2단계인 개별면접에서는 품행·예의, 봉사성, 정직성, 도덕성·준법성을 평가한다(경찰공무원임용령 시행규칙 제36조 제1항). 이를 세부적으로 살펴보면 다음과 같다.[7]

　　이처럼 경찰면접시험은 25점 만점으로 하고 있다. 즉, 위 표 ①의 평가요소(즉, 경찰공무원으로서의 적성)는 ②와 ③의 평가요소에 대한 '판단자료'로 활용하고, ②와 ③의 평가요소는 1점부터 10점까지 정수로 평가하며, ④의 평가요소는 경찰청장이 정하는 기준에 따라 0점부터 5점까지 정수로 평가하도록 하고 있다(경찰공무원임용령 시행규칙 제36조 제1항).[8] 이상과 같은 경찰면접시험의 평가요소에 따른

---

7) 서정범(2015), 앞의 책, p. 33.
8) ① 가산점 점수(0~5점)은 관련자격증이라는 객관적 자료에 의하는데, 이에 대한 확인 및 평가부여는 면접과정에서 이루어지고 있음을 알 수 있다. 다만 객관적 가산점 점수

채점표는 다음와 같다(경찰공무원 채용시험에 관한 규칙(별지 제5호 서식)).

▌경찰공무원 채용 면접시험 채점표

| 응 시 분 야 | 응 시 지 구 | 응 시 번 호 | 성      명 |
|---|---|---|---|
|  |  |  |  |

| 평 정 항 목 | 배 점 | 득 점 |
|---|---|---|
| ① 의사발표의 정확성과 논리성 및 전문지식 | 10 |  |
| ② 품행, 예의, 봉사성, 정직성, 도덕성, 준법성 | 10 |  |
| ③ 전산, 통신, 무도, 운전, 기타 경찰업무 관련 자격증 가산 | 5 |  |
| 득 점 계 | 25 |  |

| (      ) 위  원 | 계  급 | 성      명 |
|---|---|---|
|  |  | (인) |

## 3) 경찰면접시험의 합격자 결정

면접시험의 합격자결정은 위에서 설명한 평가요소에 대하여 각 면접위원이 평가한 점수를 합산하여 총점의 40퍼센트 이상의 득점자로 한다. 다만, 면접위원의 과반수가 어느 하나의 평가요소(자격증 가산점은 제외)에 대하여 2점 이하로 평가한 경우에는 불합격으로 한다(경찰공무원임용령 시행규칙 제36조 제2항).

---

취득 여부를 떠나서 면접대상자가 어떠한 종류의 자격증을 취득하였는지도 일정부분 면접위원들의 면접평가과정에서 영향을 미칠 수 있다고 본다. 경찰이 가산점으로 인정하는 자격증 가운데는 어떤 것은 실제 활용도 및 가치가 있는 것도 있는 반면, 어떤 것은 단순히 가산점 취득만을 위한 자격증(예, 실용글쓰기 등)도 있기 때문이다. ② 따라서 장기적인 관점에서 볼 때, 단지 가산점 취득 목적이 아닌 경찰직무에 실질적으로 요구되고, 또 승진 및 퇴직 후에도 활용할 수 있는 자격증을 가산점으로 고려하는 것이 바람직하다고 본다.

# 동점자의 합격자 결정

① 경찰공무원의 채용시험 중 필기시험의 합격결정에 있어서 필기시험선발예정 인원을 초과하여 동점자가 있는 경우에는 그 인원에 불구하고 모두 해당 필기시 험의 합격자로 한다.

② 최종합격자의 결정에 있어서 동점자가 있는 경우에는 다음의 순위에 따라 선순위자를 합격자로 한다. 다만, 제1호의 경우 동점자가 있는 때에는 제2호 · 제3 호 및 제4호의 순위에 의한다.

1. 「국가유공자 등 예우 및 지원에 관한 법률」 제29조 또는 「독립유공자예 우에 관한 법률」 제16조의 규정에 의한 취업보호대상자
2. 필기시험성적
3. 면접시험성적
4. 체력검사성적

③ 제1항 및 제2항의 동점자 계산은 소수점이하 둘째자리까지 계산한다.

「경찰공무원임용령 시행규칙」 제37조.

## [참 고] 면접의 종류 및 특징

| 면 접 | 방 법 |
|---|---|
| 개인면접<br>(1:다수) | 지원자 1명에 대해 면접위원 한명 또는 다수의 면접위원이 면접을 진행하는 방법이다. 지원자 입장에서는 1:1 면접보다 긴장감을 갖는다. |
| 다차원면접 | 면접장에서 질문과 답변을 주고받는 기존의 면접을 진행하는 것이 아니라 지원자와 면접위원이 함께 회사 밖에서 하루 종일 함께 보내어 합숙생활이나 미션, 다양한 상황 등을 지원자에게 주어 어울리는 과정을 평가하는 면접방식이다. 각 상황에 따라 지원자를 관찰함으로써 지원자들의 창의력, 개성, 조직 적응력, 리더십, 위기상황에서의 대처능력, 직업관 및 협동심 등을 자연스럽게 파악할 수 있다. |
| 단독면접<br>(1:1면접) | 필기시험으로 판단할 수 없는 성품이나 능력을 알아내는 데 가장 적합하다고 평가받아온 면접방식으로 한 명의 면접위원이 지원자 한사람 한사람에 대해 개별적으로 질의 응답하는 방법이다. 기업 입장에서는 구체적이고 많은 정보를 얻을 수 있으나 시간이 많이 걸리고 면접위원의 주관(선입견)이 개입될 소지가 있다는 단점이 있다. |

| | |
|---|---|
| 동료평가 면접 | 지원자 7~8명을 한조를 이루어 별명·취미·특기 등 간단한 자기소개 및 토론 주제를 선정하여 토론을 벌이는 면접방식이다. |
| 무자료 (블라인드) 면접 | 블라인드 인터뷰라는 이름으로 시행되기도 하는 면접방법으로 면접위원은 지원자에 대해 미리 준비된 어떠한 기초자료 없이 단지 수험표와 이름만으로 평가하는 방식이다. 이는 면접위원의 선입관이 없이 객관적이고 공정한 평가가 가능하다는 장점이 있으며 공정성, 객관성 확보가 이 면접의 가장 큰 장점이다. |
| 발표면접 | 특정 주제에 대해 면접위원 앞에서 자신의 의견을 정해진 시간동안 발표하는 방식이다. 지원하는 곳에 따라 프레젠테이션을 사용하기도 하고 기자재를 전혀 사용하지 않는 경우도 있다. |
| 사원 면접관 제도 | 대리나 과장급의 실무진들이 면접위원으로 참여하여 보다 실제적인 사내 상황에서 발생할 수 있는 여러 사안들을 집중적으로 질문하여 지원자들의 반응을 평가하는 방식이다. 선배사원 또는 실무자 입장에서 입사 지원자들의 창조적인 사고와 도전정신을 소유한 유능한 인재를 선발할 수 있다는 장점이 있다. |
| 산행(경기) 면접 | 산행이나 기타 운동(축구, 족구, 농구 등)은 조직에서 어떠한 방식으로 협력하느냐를 평가하기 위한 방식이다. 임직원과 지원자가 함께 산행(경기)을 하고 면접위원은 밖에서 지원자의 모습을 관찰한다. 협동성, 패기, 적극성 등을 살피기 때문에 상황 판단력과 팀워크를 발휘하면 좋다. |
| 술자리 면접 | 면접이라는 강박관념에 사로잡히게 되어 자신을 표현할 수 있는 기회를 놓치게 되는 경우를 보충해 주려는 측면이 있다. 혹은 일부러 과음을 유도해서 다음날 출근시간을 체크해서 지원자의 성실성을 평가하기도 한다. |
| 심층면접 | 일대일 혹은 지원자 한 명에 두세 명의 면접위원이 함께 집중적으로 면접을 보는 방식이다. 기업에서는 자문위원 또는 면접질문 출제위원단을 구성해 집중적으로 면접을 준비한다. 면접위원들은 정해진 시간 안에 쉴 사이 없이 질문을 던져 지원자가 과장을 하거나 허위사실을 이야기하지 못하도록 한다. 또한 오래고 지루한 면접이다 보니 자주 면접태도가 흐트러지는 지원자들이 나타나므로 철저한 이미지 관리에 힘써야 할 것이다. |
| 압박 (스트레스) 면접 | 일부러 지원자의 말꼬리를 걸기도 하고, 비난하기도 하고, 고의로 약점이나 핸디캡을 들춰내 질문을 던지는 면접유형이다. 이는 일부러 지원자를 긴장상태에 놓아 그때에 지원자가 어떻게 대응하는가를 관찰하기 위한 방법으로 지원자의 자제력과 인내성, 판단력 등의 변화를 관찰하고자 한다. 긴장하거나 당황하지 말고 여유롭게 대처하는 것이 필요하다. |
| 업무 시뮬레이션 면접 | 지원자가 입사 후 업무현장에서 실제로 담당할 업무나 특정 상황을 연출해서 제시한 후, 지원자의 태도나 행동을 관찰해 보고 지원자와 기업의 현실적인 적합성 여부를 평가해 보는 면접방식이다. |

| 역량구조화 면접 | 과거의 행동을 바탕으로 미래를 예측하는 체계적인 면접방법으로 업무상 일어날 수 있는 상황에 대한 대응, 과거 업무경험 등을 통해 지원자의 역량을 파악하는 면접기법이다. |
|---|---|
| 역량면접 | 주로 경력자 채용시 활용하는 면접방식이다. 역량면접의 핵심은 사실관계에 대한 철저한 검증이다. |
| 영어면접 | 글로벌 경쟁시대를 맞이하면서 지원자의 영어 구술능력을 평가하기 도입되었다. 특히 외국인을 자주 접해야 하는 기업에서는 영어 구술능력과 함께 영어 프레젠테이션이나 영어토론까지 실시하는 경우도 있다. |
| 인성면접 | 면접위원 대부분이 임원진으로 구성되는 면접으로 개별면접 또는 집단면접으로 진행된다. 질문내용은 지원자의 성격과 가족소개, 학창시절, 동아리활동경험 등 개인적인 내용으로 이루어지는 것이 일반적이다. |
| 임원면접 | 회사의 임원진들이 지원자를 평가하는 방식이다. 대부분 채용의 마지막 절차에 진행되며 실무능력보다는 인성과 회사에 대한 열정과 업무에 대한 포부 등을 평가하게 된다. |
| 전화면접 | 주로 외국계 기업에서 경력사원을 채용할 때 혹은 중소기업에서 수시채용시 서류전형을 통과한 지원자를 대상으로 전화면접을 실시하고 있다. |
| 집단면접 패널면접 (다대다) | 다수의 면접위원이 다수의 지원자를 면접하는 방법이다. 중견기업 이상의 규모가 있는 기업에서 보편적으로 시행하며 통상 5명의 면접위원이 5명 내외의 응시생을 면접한다. |
| 집단토론 면접 | 면접에 임한 지원자들에게 특정한 주제를 주도 토론해 가는 과정을 평가하는 면접이다. 토의시간은 보통 팀당 30분 내외를 주고 한 팀의 인원은 5~8명으로 구성한다. |
| 프레젠테이션 면접 (PT면접) | 주어진 주제에 대해 지원자들로 하여금 자신의 견해, 지식, 경험, 열정 등을 발표하게 방식이다. 이 면접은 사고력과 표현력, 발표력, 전문적인 지식과 분석능력, 논리전개방법 등을 검토해 보는 면접으로 신입지원자의 경우 면접 전에 기업에서 제시한 주제 중 자신에게 적합한 것을 선택하여 발표하는 것이 일반적이다. |
| 합숙면접 | 말 그대로 면접위원과 24시간 합숙을 하며 평가를 하는 방식이다. 레크레이션, 미션 등을 통해 지원자의 인성, 적성, 토론능력, 과제 해결능력, 위기대처능력 등 종합적인 역량을 평가한다. |
| 현장체험 면접 | "주어진 재료로 가장 자신 있는 요리를 만들어 발표하라"와 같이 실질적으로 행동을 요구하는 등의 면접방식이다. 지원자의 실력뿐 아니라, 조직 적응력, 회사와의 적합성을 판단하기 위한 것이다. |

| | |
|---|---|
| 협상면접 | 주로 영업직무의 채용에서 많이 이루어지는 면접 형태이다. 어떤 상황을 주고 면접위원과 연기, 즉 상황극을 해야할 수도 있다. 대부분 실제 영업을 하며 일어날 수 있는 상황들이 주어지고 면접위원은 고객이 되어 지원자의 영업 능력을 테스트한다. |
| 행동관찰 면접 | 지원자들로 하여금 자신의 능력을 보일 기회를 제공하고 면접위원들은 그 결과를 평가하는 방식이다. |
| 화상면접 | 지원자가 직접 회사에 방문하지 않고 텔레비전이나 컴퓨터 화면을 통해 면접을 진행하는 방식으로서 금전적·시간적 비용을 줄일 수 있다는 장점이 있다. |
| 황당무계 면접 | "우리나라에서 하루에 양말을 두 번씩 갈아 신는 사람은 몇 명인가?"와 같이 평소 예상치 못한 질문을 던지는 방법으로써 지원자들의 위기대처능력 및 순발력을 판단하는 면접방식이다. 자신감 있는 대답이 중요하다. |

# 제2장
# 경찰면접시험의 진행과정과 방법

## 1. 경찰면접시험의 진행과정

　　일반적으로 면접시험은 ㉠ 면접장소 도착 → ㉡ 면접대기실 대기 → ㉢ 호명 → ㉣ 면접실 입실 → ㉤ 면접실시 → ㉥ 퇴실의 순서로 진행한다.

　　여기에서 주의할 것은 실질적으로 이루어지는 면접은 '면접실에서 면접위원과 응시자 간의 문답' 등을 통해서 이루어지지만, '면접장소에 도착해서 퇴실 이후의 모든 과정'에서 면접시험이 이루어진다고 생각해야 한다. 실제로 면접대기실에 대기하는 동안 실언(失言)을 하거나 퇴실 이후의 실수로 인해서 돌이킬 수 없는 치명적인 결과를 받아들여야 하는 경우도 있기 때문이다.[1]

---

1) 이하 김상운(2015), 한권으로 마무리하는 경찰면접, 서울: 미래가치, pp. 16-18 재구성.

## 유의사항

면접시험에서 반드시 준비해야 할 것은 '응시표'와 '신분증'이다. '응시표'와 '신분증'이 없다면 시험을 볼 수 없기 때문에 집에서 출발하기 전에 반드시 확인하고 챙겨 두어야 한다.

신분증을 지참하지 않은 경우 모든 시험절차에 응시할 수 없으며, 신분증은 주민등록증, 주민등록발급신청 확인서, 운전면허증, 주민번호가 인쇄된 장애인 등록증, 여권만 인정되고, 학생증, 자격수첩, 공무원증 등은 신분증으로 인정되지 않는다.

면접시험장을 사전에 방문하거나 이동시간에 대해서 알아보고 30분 정도 일찍 출발하는 것이 좋다. 30분 전에 오면 면접장 분위기에 적응할 준비를 할 수 있고, 자신이 편성된 조 및 순번을 확인하고 면접장 배치도와 면접 이동선을 확인할 수 있으며, 화장실에서 면접복장과 이미지를 점검할 수 있고 바로 잡을 수 있는 여유가 있다. 또 면접시험 평정표, 수험표, 사전조사서 기술을 차분히 할 수 있는 장점이 있다.

## 1) 시험은 면접시험장에 들어서면서부터 시작한다

면접시험장에서의 첫인상은 아무리 강조해도 지나치지 않다. 일부 응시자들은 너무 긴장한 나머지 경직된 표정을 짓기도 하고, 또 일부는 쓸데 없는 불만이나 잡담을 하기도 하는데 이는 좋은 태도가 아니라고 본다.

이 보다는 면접시험장에 도착하기 전부터 '마인드 컨트롤'(mind control)을 하고 면접시험장에 들어서면, 주위의 사람들에게 밝은 표정으로 가볍게 인사를 하는 것이 좋다. 면접시험장에는 다른 응시자들뿐만 아니라 면접시험에 관계되는 사람(안내원 또는 인사담당직원, 면접위원 등)이 나와 있기 때문에 자신의 태도를 바르고 긍정적으로 하는 것은 중요하다고 본다.

## 면접시험장에 늦게 도착하였을 때

면접시험에 지각한다는 것은 어떤 이유로도 통하지 않을 것이나 최선을 다하여 대처할 방법을 모색하여야 한다. 예를 들어, 교통체증 등 불의의 사고와 같은 사유가 있을 때는 사전에 신속하게 전화연락을 하도록 한다. 그 상황을 설명한 후, 타당성이 있으면, 시험주관 면접관계부서에서 면접순서를 늦게 배정할 수도 있기 때문이다. 늦게 도착하였더라도 면접위원에게 "죄송합니다. 뵐 면목이 없습니다. 꼭 면접을 받게 해 주시기를 부탁드립니다"라고 하는 방법도 최선의 대안이 될 수 있다.

## 2) 면접대기실

면접을 대기하는 중에도 보이지 않은 눈이 평가하고 있다고 생각하고 단정하고 바른 자세로 침착하게 기다려야 한다.

면접응시자는 면접대기실에 들어가게 되면 먼저, 출석확인 및 관련서류 등을 작성하게 되는데 침착하게 이를 확인·처리하도록 한다.

　㉠ 출석확인
　㉡ 면접시험 평정표의 인적사항란 기재
　㉢ 합격통지서 발송용 우편봉투에 자신의 주소 기재, 제출

다음으로 응시자들은 면접시험 응시요령 등에 대한 기본교육을 받고, 사전조사서를 작성하게 되는데, 이 역시 침착하게 숙지하고 처리하도록 한다.

　㉠ 면접진행요원의 면접진행 교육 실시
　㉡ 면접실 입실 전 사전조사서 작성(지방청에 따라 체력검사 당일 혹은 인·적성검사 당일 작성하는 경우도 있음)

한편, 면접대기실에서는 다음과 같은 사항에 대해서 유의하도록 한다.

　㉠ 입실과 동시에 휴대폰의 전원을 끈다.
　㉡ 대기실에서 순서를 기다릴 때는 옆 사람과 잡담을 하거나 졸지 말고, 침착

하고 바른 자세로 단정하게 기다리면서 예상되는 질문에 대한 답변을 정리하면서 마음을 가다듬는다.

ⓒ 예의 바르지 못한 자세로 있다가든가 하면 면접위원이 그 지원자의 수험번호(가슴에 달고 있는 수험표)를 기억해 주었다가 평가점수를 감점시키는 경우가 있으니 주의하도록 한다.

ⓔ 주의사항이나 순번을 잘 들어주고 차례가 가까워지면 다시 한번 복장을 살핀다.

## 면접응시자 유의사항

- 시험당일 칼라 응시표 및 신분증은 반드시 지참하고 집결시간 엄수하여 면접시험 응시자 대기실에 입실하여야 합니다.
- 대기실에 입실하면 준비된 명찰을 왼쪽 가슴에 착용하고 지정된 자리에 앉아 대기합니다.
- 대기실 입실 후 임의로 외출하지 못하며 타 응시자에게 방해가 되지 않도록 절대 정숙하여야 합니다.
- 응시자는 관리위원의 안내에 따라 면접장에 입실합니다.
- 입실 후 면접위원 앞에서 '응시번호 ○○번 ○○○입니다'로만 자기를 소개하여야 하며 불필요한 언행 등은 부정행위로 처리될 수 있습니다.
- 시험장 내에서 휴대폰 등 통신전자기기를 사용하는 자는 부정행위자로 처리됩니다.
- 면접 시험장에 입실할 때 개인 소지품을 가지고 들어갈 수 없습니다.
- 면접 종료 후에는 시험장에 잔류하지 말고 신속히 고사장 밖으로 퇴장하여야 하며 대기실에 다시 들어가거나 휴대폰 또는 다른 방법으로 면접 대상자와 연락하는 경우 부정행위로 처리합니다.
- 부정행위자의 채점표는 무효로 하고 퇴장시킬 수 있으며 관계 규정에 의거 향후 5년간 시험 응시자격을 정지시킵니다.
- 면접장 또는 대기실에서 타인의 시험에 지장을 주거나 관리요원의 지시에 불응하는 자에 대하여는 퇴실을 명할 수 있습니다.

- 시험장 내에서는 일체 흡연을 금하며, 휴지와 오물은 휴지통에 버리고 깨끗이 사용해야 합니다.
- 반드시 응시자 유의사항을 숙지하고 준수해야 합니다.

## 3) 호명

응시자는 자기차례가 되어 담당직원이 수험번호와 성명을 부르면 "예" 하고 대답한 후, 조용히 일어나 면접실 입구 앞에서 가벼운 노크를 한 후, 안에서 "들어오세요"라는 응답이 있으면 조용히 문을 열고 실내로 들어가도록 한다.

만일, 응답이 없는 경우에는 다시 노크를 하고 그래도 응답이 없으면 "실례하겠습니다"라고 말하고 문을 열고 들어간다. 면접장 문이 열려 있는 경우에는 노크를 하지 않아도 된다.

## 4) 입실

면접실에 들어서면 조용히 문을 닫은 다음, 정면을 향하여 가볍게 허리를 굽혀 인사한다(처음부터 문이 열려 있으면 닫을 필요는 없다).

그리고 면접위원이 지시하는 자리로 가서 면접위원을 향하여 다시 한번 정식으로 인사를 하고 "○○번 ○○○입니다"라고 자기의 수험번호와 성명을 말한다.

면접위원이 "앉으시오"라는 말을 하면 의자에 앉는다(면접위원의 말이 있기 전에는 의자가 눈에 띄더라도 앉지 말고 지시가 있기까지는 기다린다).

의자에 앉을 때는 허리를 적당히 안으로 당겨 앉고 등을 구부리거나 의자에 너무 기대어 앉지 않도록 한다. 다리를 꼬거나 벌리지 말고 가지런히 하며 두 손을 무릎 위에 자연스럽게 올려놓고 질문을 기다린다.

면접응시자의 시선은 면접위원의 눈보다 약간 아래로 던지는 것이 좋으며, 대답할 때는 면접위원의 눈을 바라보고 말하는 것이 바람직하다. 다만, 면접위원의 눈을 너무 빤히 쳐다보거나 시선을 이리저리 돌리는 것은 좋지 않다.

## 5) 질의응답

　뒤에서 자세히 설명하겠지만, 조별 5명 이내의 면접위원(경찰조직 내부위원, 대학교수 등 외부위원)으로 구성되어 개별면접은 약 10분, 집단면접은 약 30분 정도 이루어진다.

　질문이 시작되면 침착하고 밝은 표정으로 질문한 면접위원을 바라보며 또렷한 목소리로 대답한다.

　질문하는 면접위원에게 시선을 줄 때 질문하는 1명의 면접위원이 아닌 면접위원 전체가 질문하였다고 생각하고, 면접위원 모두에게 시선을 주되, 얼굴 전체나 상반신을 그 질문자의 방향으로 옮겨간다는 듯이 하면 질문을 정중하고 신중하게 듣고 있다는 태도를 보여 주는 것이 바람직하다.

　그리고 답변할 때는 지나치게 빨리 말하거나 말끝을 흐려 얼버무리는 인상을 주지 않도록 한다.


## 6) 퇴실

　면접이 끝나면 응시자들은 퇴실하게 된다. 면접실에 들어올 때와 마찬가지로 면접위원에게 인사를 정중히 하고 나와 문을 닫으면 면접시험이 종료된다. 면접이 끝났을 때에도 예의바른 태도를 잊지 말아야 한다.

　면접위원이 "수고하셨습니다" 등으로 면접이 끝났음을 알리면 의자에서 즉시 일어나지 말고 "감사합니다"라고 앉은 채로 가볍게 인사를 한 다음, 조용히 의자에서 일어나 의자 옆에서 면접위원을 향해 다시 한 번 인사를 한 후 문으로 걸어 나가도록 한다.

　만약에 면접시험과정에서 충분한 답변을 하지 못하였거나 불편한 상항이 있더라도 도망치듯 급히 행동하거나 문을 거칠게 여닫는 일 없도록 끝까지 세심한 주의가 필요하다. 또 면접을 끝내고 퇴실할 때, 간혹 모든 시험이 끝난 것처럼 해방감을 느끼며 주위 사람을 의식하지 못하고 면접실을 빠져나가는 사람도 있다. 이러한 행동 역시 주의해야 한다.

　요약건대, 면접은 대기실에서 차례를 기다리는 시점에서부터 면접이 끝나고 면접실 문 밖을 나서기까지의 연속된 과정이라 할 수 있다. 따라서 면접위원은 응시자들이 퇴장하는 모습까지도 평가할 수 있다는 점을 명심하여야 한다.

▌성공하는 면접의 하루 일과 정리

| 면접 시작 전 | |
| --- | --- |
| 당일 아침 | 아침식사는 가볍게 하고 신문, 뉴스보도 등을 본다. |
| 면접 대기실 | 대기실에서는 조용히 자기 순서를 기다리며 예상되는 질문을 생각해 본다. |
| 입실시 매너 | |
| 노크<br>2~3회 | 문을 2~3회 노크한다. "들어오십시오"라는 대답이 있으면, 문을 열도록 한다. 대답이 없는 경우에는 다시 노크하고 그래도 대답이 없는 경우 "실례 하겠습니다"라고 말하고 문을 열도록 한다(면접장 문이 열려있는 경우에는 노크를 하지 않아도 된다). |
| 인사 | 문을 열고 면접위원과 눈을 마주치고 "실례하겠습니다"라고 말한 다음 면접위원을 향하여 허리를 굽혀 가볍게 인사한다. |
| 문을<br>닫을 때 | 면접위원에게 등을 완전히 보이지 않도록 대각선으로 서서 문들 닫도록 한다. 문을 닫을 때 소리가 나지 않도록 주의한다. |
| 의자 옆으로<br>이동 | 당당한 자세로 걸어 들어가(이때는 면접위원과 눈을 마주치지 않아도 괜찮다) 의자의 옆에 선다. |
| 의자에<br>앉기 전 | 의자의 옆에 선다. 남성의 경우 손을 몸에 붙여 똑바로 펴고 여성의 경우 몸 앞으로 양손을 가지런히 모은다. 면접위원이 앉으라는 말을 듣고 앉도록 한다. |
| 의자에<br>앉을 때 | 앉을 때는 허리를 의자에 너무 많이 기대지 않도록 한다. 남성의 경우 손을 가볍게 쥐고 무릎 위에 올려 놓는다. 여성의 경우 양손을 모아 무릎 중앙에 올려 놓는다. |
| 다른 지원자가<br>면접을 볼 때 | 다른 지원자가 이야기중일 때는 고개를 끄덕이면서 경청하고 그 질문이 나에게 돌아올 수도 있기 때문에 신중하게 듣고 생각한다. |
| 면접을 본 후 | |
| 면접이<br>끝난 후 | 면접위원으로부터 면접이 끝났다는 신호가 있을 때는 앉은 채로 "감사합니다"라며 감사의 말을 전한다. 그 후 앉은 채로 가볍게 허리를 굽혀 인사한다(이 경우 감사의 말과 묵례는 동시에 하지 않는다). |

| 일어서서 다시<br>한번 인사 | 의자 옆에 일어서서 허리를 굽혀 인사한다. 목소리를 내지 않고 인사한다.<br>인사를 마친 후 당당히 문으로 걸어간다. |
|---|---|
| 문 앞에서 다시<br>한번 인사 | 면접위원을 향하여 바로 선후, 목소리를 내지 않고 다시한번 인사를 한다.<br>인사가 끝난 후 문을 열고 면접실을 나간다. 문을 닫을 때는 소리가 나지 않<br>도록 주의한다. |

## 2. 경찰면접시험의 방법

'면접은 이렇게 보는 것이다'라고 말할 수 있는 정답은 없다고 본다. 다만, 면접유형(집단면접, 개별면접)별 특징을 파악하여 어느 정도의 사전대비를 하는 것이 바람직하다고 본다.

앞에서 언급한 바와 같이 현행 경찰면접시험은 2단계로 진행한다. ㉠ 1단계 집단면접(의사발표의 정확성과 논리성 및 전문지식)과 ㉡ 2단계 개별면접(예의, 품행, 봉사, 정직, 성실, 발전 가능성)이다. 앞에서 설명한 바와 같이, 집단면접과 개별면접이 순차적으로 이루어지는 것이 아니다. 한쪽에서 집단면접이 이루어지면, 다른 한쪽에서는 개별면접이 진행되기 때문이다.

한편, 개별면접을 하는 과정에서 일정한 문제의 가능성이 있는 응시자에 대해서는 심층면접(深層面接)을 하게 된다. 심층면접은 별도로 구분하여 살펴보기로 한다.

### 1) 1단계 집단면접

(1) 집단면접의 실시방법

1단계 집단면접은 다수의 면접위원과 다수의 면접응시자가 질문과 응답을 주고받는 방식으로 응시자 3~5인이 동시에 면접장에 들어가서 면접에 임하게 된다. 집단면접은 일선현장에서 근무하고 있는 경찰관들이 면접관으로 참여하기 때문에 동료의 시선에서 지원자를 평가한다고 하여 '동료면접'이라고도 한다.

면접위원들에게는 사전조사서, 면접질문지, 채점표 등이 사전에 제공되고 면접시간은 보통 30분~50분 정도 소요된다.

[집단면접 방법(예)]

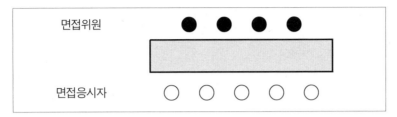

집단면접은 다수의 면접위원이 다수의 지원자를 평가하는 것으로 응시자에게 질문을 하고 지명하는 순서에 따라 대답하거나 무작위로 질문과 대답하는 방식 및 집단토론, 역할면접, 찬반토론 등의 몇 가지 형식으로 진행된다.

일반적으로 집단면접은 면접위원이 제시한 하나의 일정한 주제에 대하여 응시자들에게 동일한 질문을 던지고, 이에 대한 응시자들의 의견을 듣는 방식으로 진행된다. 즉, 면접위원은 참관인 자격으로 응시자들의 의견 개진 및 토론하는 모습을 보면서 이들을 비교평가하게 된다.

(2) 집단면접의 평가요소 특징

집단면접의 질문 주제는 경찰에 대한 기본인식, 상황판단 및 문제해결능력, 의사소통능력, 정보수집 및 분석능력, 조정 및 통합능력 등이다.

이러한 집단면접 과정에서 응시자의 의사발표의 정확성, 논리성, 전문지식 등을 평가하게 된다.

① 의사발표의 정확성

의사발표의 정확성(正確性)은 긴장하지 않고 자신이 생각하는 것을 명확하고 분명하게 표현할 수 있는지를 보는 것이다. 따라서 응시자는 말을 너무 빨리하지 않도록 주의하고, 사투리보다는 표준어를 사용하는 습관을 갖도록 한다.

② 의사발표의 논리성

의사발표의 정확성이 태도와 관련된 것이라면, 논리성(論理性)은 자신이 말한 앞뒤의 말이 논리적으로 일관성을 이루는지 여부를 의미한다. 면접위원은 경험이나 지식의 내용이 일관적인 것을 매우 선호한다. 앞뒤의 말이 논리적이지 않으면 거짓말로 들릴 수 있고, 매우 안 좋은 인상을 남기게 되므로 이 점에 특히 유의해야 한다.[2]

③ 의사발표의 전문성

의사발표의 전문성(專門性)은 경찰의 직무수행 등에 대한 전문지식과 관련된 것이다. 경찰이 업무수행과정에서 직면하는 상황판단 및 문제해결 능력을 평가하는 것이라 할 수 있다.

직무수행에 필요한 전문지식과 관련된 중요한 개념은 미리 정리해 두고 자기 생각을 접목하는 연습을 해야 한다. 장황하게 설명하기보다는 간략하고 명료하게 답변하는 것이 좋은 점수를 받을 수 있는 비결이다. 물론, 경찰의 직무수행상의 정답은 없다고 본다. 따라서 주어진 문제에 대해 객관적인 지식을 바탕으로 합리적인 판단을 하고, 상황에 맞는 적절한 의견을 제시할 수 있어야 한다.

## 의사소통능력의 중요성

경찰의 업무수행과정에서 적절한 의사소통능력은 특히, 갈등관리(葛藤管理)와 관련하여 중요하다고 본다. 즉, 적절한 의사소통을 통해서 조직내부 구성원들 간의, 그리고 조직내부와 외부간의 필요한 정보를 순환시켜주고, 이를 통해서 조직이 직면한 갈등문제를 해결할 수 있기 때문이다.

이러한 점에서 경찰면접과정에서 의사소통과 관련된 질문은 조직내부의 구성원들간의 관계와 관련된 것과 외부(개인과 국민, 언론기관 등)와의 관계를 대상으로 하는 것으로 나눌 수 있다. 외부와의 관계에서 특히, 사회적 약자(노인, 여성, 청소년, 장애인, 저소득층 등) 등과 관련된 질문이 나올 수 있다. 이 영역은 냉정하고 냉철한 모습보다는 긍정적이고 활기찬 태도를 보여주는 응시자가 유리하고, 특히 최선을 다해서 갈등을 해결하려는 노력을 보여주는 것이 요구된다.

---

2) 에듀인넷(2007), 엔조이 공무원 면접, 서울: 새롬, p. 23.

### (3) 집단면접의 주안점

집단면접에서는 여러 명의 응시자들이 함께 있으므로 개별면접의 경우보다 긴장감을 덜 받게 되어 응시자들 스스로 유리하다는 생각을 할 수도 있다. 그러나 응시자들 간에 즉석에서 서로 비교될 수 있고, 그것을 통해 면접위원들은 평가를 하므로, 응시자들은 최선을 다해서 자신의 의견을 명확하고 조리있게 밝히는 것이 중요하다.

그리고 집단면접시에 응시자는 가능한 한 간단·명료하게 자신의 의견을 제시해야 한다. 면접위원은 여러 명의 응시자들에게 질문을 해야 하기 때문에 시간이 부족하다. 길고 장황하게 대답하면, 자칫 논점에서 벗어날 수 있고, 면접위원의 외면을 받을 수도 있다.

토론시에는 상대방을 존중하는 태도를 보이되, 확실한 주장 없이 다른 사람의 의견에 편승하여 묻어가려는 인상은 좋지 않다. 가능한 한 자신 있게 자신의 의견을 내도록 한다.

그리고 다른 응시자가 답변을 할 때, 어느 정도 반응하며 자연스러운 포즈를 취하는 즉, '경청'(傾聽)의 자세가 필요하다. 다른 사람의 의견을 주의 깊게 듣는 모습을 보고, 면접위원은 그 사람이 포용력과 이해력이 높은 것으로 본다. 따라서 한눈을 팔거나 무관심한 태도를 보이거나 고개를 숙이는 행동 등은 바람직하지 못하다.

한편, 다른 사람이 이미 한 말을 번복하지 않도록 한다. 만일 의견이 같다면 "이제 방금 응답하신 분과 같은 말이 되겠습니다만 …" 하고 서두를 꺼내어 자신만의 의견을 추가한 후 공감의 뜻을 표시한다. 만약 제시된 주제에 대하여 잘 모르거나 자신이 없다면 첫 번째 발언은 피하고 다른 응시자들의 의견을 들으면서 자기 생각을 정리하도록 한다.


## 2) 2단계 개별면접

### (1) 개별면접의 실시방법

개별면접은 '사람됨' 즉, '인성'(人性)과 관련된 면접이라고 할 수 있다. 이는 다수의 면접위원 한명의 응시자에게 질문하는 면접방식이다. 개별면접은 보통 10분 정도 소요된다.

[개별면접 방법(예)]

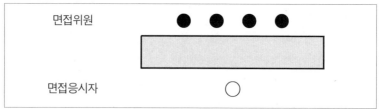

개별면접시에 면접응시자는 질문에 답변할 때, 여러 명의 면접위원이 지켜보고 있다는 점에 유의해야 한다. 비록 질문은 한 사람의 면접위원이 할지라도 응시자의 대답에 대해서는 다른 면접위원이 보고 평가를 하기 때문에 응시자들의 긴장감은 크다.

### (2) 개별면접의 평가요소 특징

개별면접에서는 응시자의 성장환경, 경력사항, 경험 등 개인적인 질문이 많으며, 질문을 통해 응시자의 인성과 성격, 가치관, 직무적응성, 윤리의식 등을 파악하게 된다. 이를 통해 응시자의 품행·예의, 봉사성, 정직성, 도덕성, 준법성, 성실성, 발전 가능성 등을 평가하게 된다.

### ① 품행과 예의

품행과 예의는 면접장 문을 열고 들어올 때부터, 자리에 앉는 자세, 발표하는 자세, 면접이 끝난 후 인사하고 나갈 때까지의 전반적인 과정에서 면접위원이 받은 인상이라고 할 수 있다. 따라서 응시자는 예의를 갖추고 겸손하게 답변을 하며 당혹스러운 질문에도 성실하게 답변하는 모습을 보여야 한다.

간혹 응시자 중에는 자신감이 지나쳐서 다소 자만하는 것 같은 인상을 주는 경우가 있는데 자신감과 자만은 엄연히 구별된다는 사실을 명심해야 한다.

② 봉사성, 정직성, 성실성

경찰공무원으로서 봉사성, 정직성, 성실성은 매우 중요하다. 어떻게 보면 경찰공무원은 국가와 국민을 위한 희생정신을 가지고 있어야 하며, 공권력을 행사하는 국가기관이기 때문에 정직하고, 정의로워야 국민으로부터 신뢰를 받게 된다. 아울러 주어진 임무에 최선을 다하는 자세, 즉 성실성은 필수불가결한 요소이다.

사실, 면접위원의 응시자들에 대한 이러한 요소에 대한 질문은 진부하게 느껴질 수도 있다. 따라서 응시자들은 사전에 준비한 생각들을 단순 암기식으로 나열할 수도 있다. 그러나 '눈은 마음의 창'이라는 말이 있듯이, 진정성을 가지고 눈에 열정을 가지고 소신 있게 답하는 응시자는 면접위원들의 눈에 띄기 마련이다.

경찰공무원으로서 전문적인 지식도 중요하지만 국가와 국민을 위한 그리고 나 자신과 한 가정의 일원으로서 투철한 사명감을 내면화하여 실천하는 것이야 말로 진정으로 중요한 것이라 할 수 있다.

③ 발전 가능성

면접과정은 새로운 인재를 뽑는 것인 만큼 낡고 오래된 사고를 갖고 있는 사람보다 새로운 생각을 가진 발전 가능성이 있는 사람을 선호하는 것이 당연하다. 물론, 경찰이라는 직업은 법을 집행하고 체제를 수호하는 역할을 하기 때문에 상대적으로 보수적인 면이 없지 않다.

그러나 변화하는 사회(예, 세계화와 다문화사회, 고령사회, 4차 산업혁명 등)에 부응하는 생각을 갖지 못하면, 적절한 경찰활동을 할 수 없음은 이론의 여지가 없다. 따라서 보수적이면서도 발전적인 사고를 갖는 것은 매우 중요하다고 본다.

이러한 점에서 예컨대, 면접위원은 응시자에게 "자신이 해왔던 일 중에 창의적이라고 생각하는 것은 무엇인가"와 같은 질문을 할 수도 있다. 이때 특별하게 생각나는 것이 없더라도 잘 생각해보고 답변해야 창의력 점수를 받을 수 있을 것이다.

그리고 발전 가능성과 관련하여 자신을 적극적으로 어필하는 것도 고려할 수 있다. 예컨대, "외국어 실력이 많이 부족하지만 틈틈이 공부하여 이를 일정 수준에 이를 수 있도록 노력하고 있습니다"와 같이 학업계획을 구체적으로 가지고 있다는 식의 자기주장도 필요하다.[3]

---

3) 에듀인넷(2007), 앞의 책, p. 24.

### (3) 개별면접의 주안점

개별면접을 위해서 평소에 논리 정연하게 대화하는 연습을 하도록 한다. 미리 준비한 듯이 느껴지는 암기식 어투는 피하고 최대한 자연스럽게 말하는 것이 중요하다.

자기소개시 자신의 매력을 보여 줄 수 있는 '간단한 표현'을 준비하는 것(예, 명언, 사자성어 등)도 좋은 인상을 남길 수 있는 방법이다. 그리고 신상 문제나 성격에 대한 압박성 질문도 예상하여 이에 대한 적절한 준비를 해야 한다.

그리고 다소 황당한 질문이나 짓궂은 질문을 받게 되더라도 재치 있게 받아 넘길 수 있어야 한다. 그리고 면접위원이 의도적으로 말꼬리를 물고 연속된 질문을 던져올 때는 적절히 대답하고 더 이상의 논쟁에 휘말리지 않도록 적절히 빠져나오는 것도 요령이다.

예컨대, "이 분야에 대해서 아직 부족한 점이 많습니다. 기회가 되면, 차후에 좀 더 깊이 공부하도록 하겠습니다" 등의 방법으로 분위기를 전환시키는 것도 필요하다. 이러한 대응은 긴장한 상황 속에서도 여유로움을 가지고 있을 때 가능한 것이다.

개별면접도 집단면접과 마찬가지로 면접위원이 질문할 때는 질문하는 면접위원에게만 응답한다는 태도를 취해서는 안된다. 면접위원 전원을 향하여 대답한다는 마음가짐으로 임하여야 한다. 따라서 시선도 질문하는 면접위원만 향할 것이 아니라 다른 면접위원들에게도 가끔 시선을 던져 보는 것도 중요하다.

면접위원들도 하나의 인간이기 때문에 응시자가 오히려 면접위원에 관심을 갖고 자신의 의견을 피력하는 것이 요구된다. 면접과정은 면접위원과 응시자 간의 '긴밀한 상호작용'이기 때문이다.


## 3) 심층면접

경찰면접시험에서 심층면접은 2단계 개별면접과정에서 실시되는데, 경찰청은 일정한 기준에 따라 심층면접대상자를 분류하고 있다.

면접응시자 가운데 심층면접대상자로 분류된 사람은 경찰공무원으로 채용되기에는 일정부분 '문제'가 있다는 것을 의미한다. 원칙론적인 입장에서 본다면, 아무런 문제점이 없는 채용후보자들이 충분히 있는데 굳이 심층면접대상자를 경찰공무원으로 채용하지는 않을 것이다. 다만, 심층면접대상자로 분류되어 있을지라도 그러한 사정이 충분히 고려되는 경우도 있음은 물론이다.

**▎심층면접 분류기준 및 대상자**

| 항 목 | 대 상 자 |
|---|---|
| 신원조사 | • 세평(世評, 어떤 사람에 대한 평판) 불량 등 특이 동향자, 신원조사서상의 부적격자 |
| 학생기록부 | • 무단 장기결석(10일 이상), 학교폭력 연루자, 품행불량자(교사의견) |
| 채무관계 | • 신용정보조회상 신용불량 또는 과다 채무자(1,000만원 이상) |
| 전과관계 | • 강도, 절도, 성범죄, 방화, 체포·감금, 사기 등 고비난성 범죄행위자<br>• 교통사고처리특례법, 도로교통법위반(음주, 무면허, 뺑소니), 사행업소 운영, 성매매 알선, 공무집행방해 등 경찰관으로서 근무하기에 부적절한 자<br>• 유해화학물질관리법, 도박 등 상습성이 큰 범죄행위자<br>• 기간에 상관없이 범법행위 사실이 2회 이상 상습성이 있는 자 |
| 적성검사 | • 적성검사 5등급 특이성향자 |
| 인성검사 | • PAI 검사결과 반사회성/ 공격성/ 우울/ 불안/ 자살관념/ 정신분열/ 알코올 척도 분야에서 위험판정 및 특이성향자 |

심층면접대상자 가운데 신원조사, 학생기록부, 채무관계와 관련된 부분은 내용이 명확한 관계로 특별히 언급할 것은 없다고 본다. 다만, 학자금대출을 1,000만원 이상 받아 심층면접대상자로 분류된 경우가 있는데, 이는 어려운 가정형편과 대학등록금이 비싸다는 점 등을 면접위원들도 충분히 인식하고 있기 때문에 크게 문제 될 소지는 없다고 본다.

아래에서는 전과관계, 적성검사와 인성검사에 대하여 좀 더 자세히 살펴보기로 한다.

(1) 전과관계: 전과자도 경찰공무원이 될 수 있는가?

① 형벌의 종류와 전과자

형법에서는 형벌의 종류로 사형, 징역, 금고, 자격상실, 자격정지, 벌금, 구류,

과료 및 몰수의 9가지로 규정(형법 제41조)하고 있는데, 이러한 형법상의 형벌을 받은 사람을 '전과자'(前科者)라고 부른다.

### ② 경찰공무원 결격사유

경찰공무원의 임용자격 및 결격사유는 경찰공무원법에서 규정하고 있다. 이에 따르면, 전과(前科)와 관련하여 다음과 같이 형사처벌을 받은 사람은 경찰공무원으로 임용될 수 없다고 규정하고 있다.[4] 이는 절대적 결격사유라 할 수 있다.

## 전과와 관련된 경찰공무원 결격사유

1. 자격정지 이상의 형을 선고받은 사람
2. 자격정지 이상의 형의 선고유예를 선고받고 그 유예기간 중에 있는 사람
경찰공무원법 제7조 제2항 제5호, 제6호.

## 자격정지와 선고유예

### 1. 자격정지

자격정지(資格停止)는 수형자에게 당연히 또는 특별한 선고로서 '일정한 자격'의 전부 또는 일부가 일정한 기간 동안 정지되는 명예형의 일종이다.

일정한 자격이란 ㉠ 공무원이 되는 자격, ㉡ 공법상의 선거권과 피선거권, ㉢ 법률로 요건을 정한 공법상의 업무에 관한 자격, ㉣ 법인의 이사, 감사, 지배인, 기타 법인의 업무에 관한 검사역이나 재산관리인이 되는 자격을 말한다(형법 제

---

4) 경찰공무원법 제7조 제2항에서 정하고 있는 결격사유에 해당하는 자에 대하여 임용권자가 결격사유를 과실로 밝혀내지 못하여 경찰공무원으로 임명을 한다고 하여도 그 임명 행위는 무효(無效)가 된다. 따라서 그러한 결격사유에 해당하는 자는 경찰공무원 신분을 취득할 수 없다. 물론, 결격사유가 있다는 것이 임명 후 퇴직할 때까지 밝혀지지 않을 수도 있다. 그러나 퇴직할 때, 임명당시에 결격사유가 있었다는 것이 밝혀지면 퇴직금을 전혀 받을 수 없게 된다. 비록, 임용권자가 임명 당시에 과실로 그러한 결격사유를 밝혀내지 못한 경우가 할지라도 결과는 마찬가지이다. 대판 1998.1.23., 97누16985선고.

43조).

자격정지에는 두 가지가 있다. 첫째, 유기징역 또는 유기금고의 판결을 받은 자는 그 형의 집행이 종료되거나 면제될 때까지 위의 ㉠ ~ ㉢의 자격이 당연히 정지된다(제43조 2항). 둘째, 특별한 판결로써 자격정지를 선고한 때에는 위의 ㉠ ~ ㉣의 자격의 전부 또는 일부를 1년 이상 15년 이하로 정지할 수 있다(제44조 1항).

이러한 자격정지의 선고는 다른 형과의 선택형으로서 단독으로, 또는 다른 형과 함께 병과형으로 과할 수 있다. 그리고 유기징역 또는 유기금고에 자격정지를 병과한 때에는 징역 또는 금고의 집행을 종료하거나 면제된 날로부터 정지기간을 기산한다(제44조 2항).

## 2. 선고유예

선고유예(宣告猶豫)는 말 그대로 형의 선고를 유예하여 피고인에게 처벌을 받았다는 인상을 주지 않는 것이 사회복귀에 도움이 된다는 특별예방적 목적을 달성하기 위한 제도이다.

이를 위해 1년 이하의 징역이나 금고, 자격정지 또는 벌금의 형을 선고할 경우에 양형의 조건(㉠ 범인의 연령·성행, 지능과 환경, ㉡ 피해자에 대한 관계, ㉢ 범행의 동기, 수단과 결과, ㉣ 범행후의 정황)을 고려하여 개전(改悛: 잘못을 뉘우침)의 정상이 현저한 때에는 그 선고를 유예할 수 있도록 하고 있다. 단 자격정지 이상의 형을 받은 전과가 있는 자에 대하여는 예외로 한다(형법 제59조 제1항). 형의 선고유예를 받은 날로부터 2년을 경과한 때에는 면소(免訴)된 것으로 간주한다(제60조).

선고유예의 판결을 할 것인가는 법원의 재량에 속한다. 그러나 선고유예도 일종의 유죄판결이므로 범죄사실과 선고할 형을 결정하여야 한다. 형을 병과(倂科)할 경우에도 형의 전부 또는 일부에 대하여 그 선고를 유예할 수 있다(제59조 2항). 이를테면 징역형과 벌금형을 병과하면서 어느 한쪽에 대해서만 선고유예를 할 수 있고, 또는 징역형은 집행유예를 하고 벌금형은 선고유예를 할 수 있다. 그러나 주형(主刑)에 대하여 선고를 유예하지 않으면서 이에 부가할 추징(追徵)에 대해서만 선고를 유예할 수는 없다.

출처: 다음백과(http://100.daum.net/encyclopedia).

③ 자격정지 이상의 형을 선고받지 않은 자

그렇다면, 자격정지 이상의 형을 선고받지 않은 사람은 경찰공무원이 될 수 있는가? 위의 결격사유 규정을 반대로 해석하면, 비록 전과자일지라도 자격정지 이상의 형을 선고받지 않은 경우에는 경찰공무원이 될 수 있다고 해석할 수 있을 것이다.

경찰공무원시험에 응시하는 응시자들 가운데 예컨대, 학창시절에 멋모르고 저지른 '경미한 사건' 또는 '경솔함, 부주의' 등으로 인해 형사입건되는 경우가 없지 않다. 이로 인해, 검찰단계에서 기소유예 처분을 받거나, 법원단계에서 벌금형, 구류, 과료, 몰수의 형을 선고받은 응시자들도 있다.

그리고 이러한 정도의 형사사건은 자격정지 이상의 형에 해당되지 않기 때문에 절대적으로 경찰공무원이 될 수 없다고 판단할 수는 없다고 본다. 특히, 검찰단계의 기소유예(起訴猶豫) 처분은 더욱더 그렇다고 볼 수 있다.[5] 그런데, 이러한 법해석상의 문제를 떠나 실제로 전과의 문제가 경찰공무원이 되는데 있어서 아무런 걸림돌이 되지 않는다고 확신하기는 어려운 것이 사실이다.

---

1. 사례 하나

경찰면접시험에 응시한 A는 부모의 이혼 후 어머니 손에 자랐으나 초등학교 시절 어머니마저 교통사고로 사망하였다. 그 후 경제적인 여유가 없는 외할머니 밑에서 성장하였는데, 중학교 3학년 때 열쇠가 꽂혀있는 오토바이를 보는 순간 한번 타고 싶은 충동이 발생하였다. 그래서 한번만 타보고 다시 그 자리에 돌려놓으려는 생각으로 올라타서 주행하고 있는 도중 오토바이 주인의 신고로 출동한 경찰관에 의해 체포되어 절도죄(자격정지 수준을 밑도는)로 처벌을 받았다.

그러나 고등학교 때부터 정신을 차리고 학업에 전념하였으며, 생활 또한 모범적으로 바뀌었고, 대학을 졸업한 후 경찰공무원 채용시험에 응시하여 필기시험에 합격하게 되었다. A가 경찰공무원으로 임용될 수 있겠는가?

출처: 서정범(2015), 新개념 면접시험 가이드북, 서울: 패스이안, p. 42.

---

5) 현행 「형사소송법」은 기소편의주의를 취하여 검사는 범인의 연령, 성행, 지능과 환경, 피해자에 대한 관계, 범행의 동기, 수단과 결과, 범행 후의 정황 등의 사항을 참작하여 소추가 필요 없다고 생각되면 기소하지 않아도 된다(형사소송법 제247조). 이와 같이 형사정책상의 고려에서 기소하지 아니하는 처분을 기소유예라 한다. 다음백과(http://100.daum.net/encyclopedia).

## 2. 사례 둘

경찰면접시험에 응시한 B는 중학교시절에 인터넷게임에 한 동안 중독되어 불법적인 방법으로 게임아이템을 거래하였다. 이후 게임아이템 관련 사기혐의로 입건되어 검찰단계에서 기소유예 처분을 받았다. 이후 B는 마음을 바로잡았으며, 고등학교 및 지방대학을 졸업하였다. 대학 졸업 후에 어려운 가정환경 속에서 생업을 병행하면서 경찰공무원 채용시험을 준비하였다. 기소유예 전과(?)가 있는 B는 경찰공무원으로 임용될 수 있겠는가?

B는 2013년에 1차 필기시험에 합격하였으나, 면접에서 기소유예 사유로 인해 떨어지게 되었다. 그러나 다음 해에 다시 1차 필기시험에 합격하여, 운 좋게(?) 면접에서 통과되어 합격하는 영광을 누리게 되었다. 물론, 동일한 지방경찰청에 응시한 것은 아니다. 현재 ○○지방경찰청에 성실하게 열심히 근무하고 있다.

### 21번 낙방, 10년 도전 끝에 합격: 소년원 출신, 왜 경찰되려 했나

소년원(少年院) 출신인 김 순경은 10년 동안 22번 경찰공무원 시험에 응시한 끝에 결국 지난해 합격했다. '2008년 1·2차 필기 불합격, 2009년 1·2차 최종 탈락, … 2017년 1차 필기 불합격, 2017년 2차 최종 합격.' 그는 10년 동안 같은 시험에 21번 도전하였다. 그리고 22번째, 마침내 최종 합격의 영광을 안았다.

지난 2018년 6월 30일 경찰공무원에 임용된 김모(36) 순경의 이십대 후반과 삼십대 초반은 오직 하나의 시험에 든 시간이었다. 김 순경의 합격이 더 의미 있는 건 긴 시간 굴하지 않는 도전을 했다는 점 외에 한 가지 더 있다. 그는 소년범(少年犯) 출신이다. 옛 충주소년원(현, 자활연수원)을 출소한 김군은 경찰이 돼 충주 중앙경찰학교를 졸업하고, 일선 근무를 명 받았다. 소년범 출신의 경찰 임용은 전례를 찾기 어렵다.

법의 심판을 받던 그가 법을 집행하는 일을 맡기까지, 변신의 과정은 긴 고통이었다. 실패가 반복되자 2011년 5번째 도전 때부터는 가족들에게조차 수험생이라는 사실을 숨겼다. 밤에 일하며 공부할 돈을 모았다. 낮에는 휴식을 취해야 했지만 천근만근인 몸으로 책상에 앉았다. 사람과의 관계도 끊었다. 문득 불합격의 원인이 과거 범죄전력 때문이라는 생각이 들면 괴로움과 좌절감에 허덕였다. 하지만 그때마다 그를 일으켜 세운 건 '직업으로서 가장 선(善)한 일은 경찰'이라는 신념이었다.

지난 16일 경기도 안성에 있는 사찰 영평사에서 김 순경을 만났다. 영평사는 10대 소년범 김군의 절망을 깨뜨리는 '울림'을 준 박삼중(전국교도소 재소자교화후원회 회장) 스님이 거처하는 곳이다. 김 순경은 스님께 정복입은 모습을 보여드리기 위해 이곳을 찾았다고 했다. 그는 익명을 요청했다.

질의: 삼중 스님이 준 울림이라는 게 도대체 뭔가.

응답: "15년 전 전국 12개 소년원에서 선발한 17명의 모범보호 학생이 4박 5일 일정으로 일본 문화체험 기회를 가진 일이 있다. 나도 그 중 한 명이었다. 당시 삼중 스님이 동행하셨는데 '너 한테서 좋은 향기가 난다'고 말씀하셨다."

질의: 향기로운 사람이 되라는 의미였나.

응답: "그렇다. '세상에 악취를 풍기기보다는 향기를 퍼뜨리는 사람이 되라'는 말씀이었다. (모범 소년원생이라고 하지만) 삶이 절망스러웠던 게 사실이다. 그냥 지나가는 말씀으로 하신지 몰라도 손가락질 받던 삶을 살던 나로서는 마음에 연꽃이 피는 듯했다. 삶의 전환점이 되었다."

질의: 왜 하필 경찰이었나.

응답: "직업으로서 가장 선한 일이라고 여겼기 때문이다. 난 한때 범죄를 저지르지 않았나. 그런 과거를 벗어나고 싶었다. 소년원 출소 후 의무경찰에 지원했다. 경찰시험을 준비한다고 했을 때 주위에서 다들 말렸다. 나도 인생이 걸린 문제니 깊이 알아봤다. 돌아오는 답은 이랬다. '음주운전 전력만 있어도 안 되는데 …, 넌 안 될 가능성이 커'였다."

질의: 과거 이야기 물어봐서 미안하다.

응답: "고등학교 3학년 때 시인으로 등단했다. 2002년 존경하는 시인이 교수로 재직중인 모 대학 문예창작과에 수석 입학했다. 곧 문학 열병을 앓았다. 방랑 아닌 방황을 하며 인생의 끝(심연)을 보고 싶었다. 세상에 대한 회의도 컸다. 2002년 11월 술에 취해 서울 관악구 신림동의 한 은행 현금인

출기를 돌로 부수려 했다. 돈이 목적은 아니었다. 하지만 현행범으로 체포됐다. 혐의는 절도미수였다."(김 순경은 당시 만 19세였다. 2007년 이전의 소년범 적용연령은 지금보다 한 살 많은 만 20세 미만이었다. 이에 그는 단기 소년원 송치처분을 받아 충주소년원에 수용되었다).

질의 : 21번이나 떨어질 줄 알았나.

응답 : "25살 되던 해인 2008년부터 준비했는데 10년을 내다봤다. 응시 나이 제한이 35살이었기 때문이다. 도중에 연령제한이 완화되기는 했는데, 희망 고문이었다. 약속한 10년 끄트머리에 합격했다. 그 기간에 내가 얼마나 어리석고 불완전하며, 죄 많은 인간이었는지 깨달았다. 또한 어떤 삶을 추구해야 하는지도 깨달았다."

질의 : 마지막 면접에서 뭐라고 답변했나.

응답 : "그동안에는 '이번에 떨어지면 또 도전하겠다'고 했다. 하지만 지난해 2차 시험 마지막 면접에서는 '다시 응시할지 모르겠다'고 했다. 다만, 살아가면서 많은 부분이 바뀌고 변하겠지만, 한가지만큼은 끝까지 품겠다고 했다. '인간에 대한 연민과 세상에 대한 선의'다."

질의 : 합격통지를 받고 나서 어땠나.

응답 : "그날 너무나 많은 눈물이 쏟아졌다. 그토록 추구하고자 하는 삶을 경찰관으로서 실현할 수 있겠다는 생각에 기뻤다. 단순히 소년원 출신이 경찰이 된 것보다, 다섯 과목의 지식을 쌓는 것보다, 9년 10개월의 세월 자체가 큰 공부였다. 향기를 품은 사람이 되고 싶다."

김 순경은 합격 후 삼중 스님에게 시계를 선물했다. 15년 전에 삼중 스님에게 시계를 선물받은 기억에서다. 시계 속에는 연꽃잎이 만개한 문양이 그려져 있다. 그는 지난달 20일 200만원도 되지 않은 첫 월급 중 100만원을 "어려운 이웃을 위해 사용해 달라"며 영평사에 시주했다. 공교롭게도 영평사 생활관 거실에는 한 사형수가 그렸다는 '연꽃' 그림이 있다. 연꽃은 진흙 속에서 피지만 고결함을 잃지 않는다.

출처: 중앙일보(2018.08.19.).

## ㉠ 면접과정에서의 불리한 상황

법적으로 아무런 하자가 없는 상대적으로 경미한 전과를 가지고 있는 응시자인 경우라 할지라도 면접과정에서 불리한 상황에 처할 가능성은 높다고 본다. 이는 다음과 같은 이유에서 비롯된 것이라고 할 수 있다.

첫째, 이는 경찰공무원의 업무특성과 관련된 것이라 할 수 있다. 경찰의 중요한 임무 가운데 하나가 범죄통제이다. 그런데 범죄의 경중을 떠나서 전과가 있는 응시자가 경찰공무원이 되어 범죄예방 및 수사 등의 업무를 담당한다면, 과연 그 직무를 제대로 할 수 있을 것인가? 그리고 이들의 직무집행에 대해서 국민들이 신뢰를 할 수 있을 것인가하는 문제이다.[6]

둘째, 지극히 현실적인 문제이다. 경찰면접시험의 선발인원은 필기시험의 합격자 2배수의 범위 수준에서 결정한다. 따라서 굳이 전과가 있는 응시자가 아니더라도 얼마든지 채용할 수 있는 대상은 많다고 볼 수 있다.

## ㉡ 경찰면접의 합격 가능성

따라서 자격정지 이상의 형을 선고받지 않은 자가 경찰공무원이 될 수 있는지의 문제에 대해 명확한 답을 내놓을 수는 없다. 다만, 원칙론적 관점에서 다음과 같이 정리할 수 있을 것이다.

첫째, 자격정지 이상의 형을 선고받지 않은 자(즉, 벌금, 구류, 과료, 몰수의 형을 선고받은 자 등)를 절대적으로 경찰공무원이 될 수 없는 것으로 처리하지는 않는다.

둘째, 이들을 심층면접대상자로 분류하여 해당 사건에 대한 구체적 전모를 파악하려 하고 있다. 즉, 면접시험의 2단계인 개별면접에서 시간을 확대하여 심층면

---

6) 2016년 제20대 경찰청장에 임명된 이○○ 경찰청장은 자신의 과거 음주운전 사고 전과로 인해 한 동안 경찰청장 자격 논란이 크게 일어났다. 그는 23년 전인 1993년 11월 21일 강원지방경찰청장 상황실장으로 근무할 당시에 점심식사 때 술을 마신 후, 음주상태에서 서울로 귀가하던 중 경기도 남양주 별내면 부근에서 교통사고를 냈다. 당시 그는 혈중알코올농도는 0.09% 상태에서 중앙선을 침범하여 차량 2대와 접촉사고를 냈고, 이로 인해 벌금 100만원 처분을 받았다. 그러나 사고 후, 경찰 조사과정에서 그는 경찰관 신분을 숨긴 것으로 나타났으며, 이로 인해 경찰 내부의 징계는 받지 않았다. 그러나 조사과정에서 신분을 조회하면 경찰이라는 것이 곧 밝혀질 텐데, 이 부분은 다소 납득이 안 된다. 참고적으로 당시에도 음주운전을 한 경찰들은 징계를 받았음은 물론이다. 이○○ 경찰청장 본인은 국회인사청문회에서 "당시에 너무 정신이 없고, 부끄러워서 조사받을 때 신분을 숨겼다"고 하였다. http://oldconan.tistory.com/36609.

접을 실시하도록 하고 있다. 이러한 과정은 이들이 과연 경찰공무원으로서 적합한지에 관한 의문점을 가지고 있다는 의미이며, 한편으로는 이들에게 경찰공무원이 될 수 있는 기회도 아울러 부여하기 위한 과정이라고 볼 수 있다.

ⓒ 면접위원들의 시각차

전과의 문제를 바라보는 시각은 면접위원들 간에 상당한 차이가 있다고 본다. 상대적으로 전과의 문제에 대하여 관대한 면접위원이 있는가 하면 비록 오래전 일이라고 하여도 범죄를 저질렀다는 것은 그 사람의 성향 자체에 문제가 있다는 것의 유력한 증거라고 생각하는 면접위원이 있다. '세살 버릇 여든까지 간다'는 옛말이 있기 때문이다.

분명한 것은 아니지만 일반적으로 볼 때, 계급여하를 막론하고 현직 경찰공무원의 신분을 갖고 있는 면접위원들은 전과 문제에 대해 엄격하지만, 외부면접위원들은(용인 가능한) 전과 문제에 대해서는 어느 정도를 관대한 모습을 보이는 경향이 있다.

결론적으로. 전과의 문제는 자격정지 이상의 형을 선고받은 경우가 아니라면 법률적으로는 아무런 문제가 되지 않는다. 그러나 현실적으로 심층면접대상자로 분류될 뿐만 아니라 심층면접에 있어서도 부정적으로 기능할 가능성이 매우 높다는 점도 부인하기 어렵다.[7]

교육학적 관점에서 볼 때, 청소년기에 그것이 범죄인 줄도 모르고 아무 생각없이 호기심 차원에서 한 행동을 가지고 무조건 전과자라는 낙인을 지워 경찰공무원이 되는 것을 제한하는 것은 바람직하지 않다고 보는 것 같다. 흔히들 말하는 청소년기는 '질풍노도의 시기'이며, 누구나 한 번쯤은 '일탈'(逸脫)을 경험하거나 꿈꾸는 시기이기도 하다. 따라서 면접위원들은 엄격한 기준을 가지고 평가를 하되, 응시자들의 기본 품성과 발전 가능성을 찾아 이를 반영해 낼 수 있는 혜안(慧眼)이 필요하다고 본다.

---

7) 서정범(2015), 新개념 면접시험 가이드북, 서울: 패스이안, pp. 41-46.

## 동성애자의 경찰지원 가능성

동성애자도 경찰이 될 수 있는가? 남성 동성애자이자 성 소수자 인권운동을 하고 있는 이○○(26) 씨는 23일 국민신문고(www.epeople.go.kr)의 민원란에 "국가인권위원회법 제2조 제3항을 보면 임용 등에 있어서 성적지향에 의한 차별을 금지하고 있습니다. 동성애자도 경찰이 될 수 있나요"라고 질문했다. 이튿날 경찰청은 '경찰공무원법 제7조'(임용자격 및 결격사유)를 제시하며 "경찰공무원은 신체 및 사상이 건전하고 품행이 방정한 사람 중에서 임용한다고 규정하고 있습니다. 이 점을 참고하시면 될 것 같습니다"라고 답변했다.

이 답변이 알려지면서 인터넷과 트위터를 뜨겁게 달궜다. 글을 올린 이○○ 씨는 "경찰청은 원칙적 답변을 했을지 모르겠지만 다른 부연 설명 없이 관련 조항만 붙여놔 오해를 사고 있다"며 "동성애자는 신체 및 사상이 건전하고 품행이 방정하니 임용이 가능하다는 답변인지, 반대의 이유로 임용이 불가능하다는 뜻인지 모르겠다"고 말했다. 경찰청 관계자는 "딱 부러지게 답하기 어려워 원칙적 측면에서 관련 법 조항을 올렸다"며 "다른 의도가 있는 것은 절대 아니다"라고 하였다.

출처: 한국일보(2012.05.27.); 최선우(2017), 경찰학, 서울: 그린, p. 365 재인용.

### (2) 종합적성검사

종합적성검사제도는 직무수행에 필요한 적성과 자질을 종합 검정하는 것으로(경찰공무원임용령 제35조 제1항 제4호), 인성검사와 정밀신원조회로 구분하여 실시한다(동령 시행규칙 제35조).

1993년부터 경찰전용 적성검사프로그램에 따른 적성검사(適性檢査)를 실시하여 면접시험에 반영하고 있다. 이 검사에 따라 합격·불합격 여부는 판정하지 않고, 검사결과는 면접위원이 면접시험 자료로 활용하도록 하고 있다(경찰공무원 채용시험에 관한 규칙 제10조 제5항).

적성검사 프로그램은 성격검사, 인재상검사, 경찰윤리검사 3개 항목 450문항을 130분간 측정하여 5개 등급(A·B·C·D·E)으로 분류 판정하고 있다.[8]

첫째, 성격검사는 경찰업무의 특성을 고려한 성격·심리검사로 경찰직무수행 중 발생할 수 있는 성·음주·폭력 및 금품 횡령, 대인관계, 스트레스 등 18개 항목 307개 문항 측정을 통해 경찰 일탈 및 비위행위 등 미래행동을 예측하여 잠재적 부적격자를 배제한다.

둘째, 인재상검사는 경찰공무원에게 필요한 역량 검사로 청렴, 공정, 성실성, 사명감 등 7개 항목 70문항을 측정한다.

셋째, 경찰윤리검사는 경찰공무원으로서 지녀야 할 도덕성, 윤리성, 자기통제력 등 3개 항목 75개 문항을 통해 경찰공무원이 된 후 발생할 수 있는 도덕적·윤리적 딜레마 상황에서 해결능력 정도를 평가한다.

이처럼 적성검사는 매우 많은 항목에 걸쳐 상당히 많은 시간을 할애하여 이루어진다(그러나 일부 심리학자들의 적성검사 결과에 대한 신뢰도는 그리 높지 않다). '수심가측 인심난측'(水深可測 人心難測)이란 말이 있듯이 사람의 내면적인 성향을 파악한다는 것을 결코 쉬운 일이 아니다. 적성검사 결과 역시 하나의 참고사항일 뿐이다.

따라서 응시자가 적성검사 결과 5등급 판정을 받게 되면, 심층면접대상자로 분류되기는 하지만 단지 5등급에 해당하는 판정을 받았다는 것만으로 불합격 결정을 받는 경우는 거의 없다고 할 수 있다.

그러나 면접위원들이 면접시험의 평가항목 중 다른 요소에 대하여 의문을 갖고 있는 경우라면 해당 항목에 대한 평가에 있어 적성검사 결과에 대한 판정이 어느 정도는 영향을 미칠 수 있다는 것은 부정할 수 없다.

8) 적성검사 종목별 세부 측정항목

| 항 목 | 대 상 자 | 문항수 | 검사시간 |
|---|---|---|---|
| 성격검사 | 우울 및 불안, 감각추구 및 충동, 편집, 정서적 외로움, 자기애, 열등감, 적응력, 사고장애 공감, 자아강도, 자존감, 스트레스, 대인관계, 분노, 성관련, 음주 관련, 폭력 및 금품횡령 관련 등 18가지 항목검사 | 307 | 60분 |
| 인재상검사 | 솔선수범, 청렴, 공정, 성실성, 팀워크, 열정, 사명감 등 7가지 항목 검사 | 70 | 30분 |
| 경찰윤리검사 | 도덕성(자기변명, 준법태도), 윤리성(성과 지상주의, 윤리민감성, 자기통제력 등 3가지 항목 검사 | 73 | 40분 |

출처: 경기남부청, 2018년 제3차 경찰공무원 채용 신체·체력·적성검사 계획.

따라서 경찰공무원이 되고자 하는 응시자들은 적성검사에 대해서도 철저한 준비를 하고 최선을 다해야 한다. 물론, 적성이라는 것은 사람마다 다른 부분이므로 적성검사문항에 정답이란 것은 있을 수 없다고 본다. 그러나 유사한 문항이 반복 출제되는 경우에 있어서 '일관성'(一貫性)은 매우 중요한 요소라는 것을 명심하여야 한다.

## 경찰관 자살률의 증가

최근 4년(2011~2014) 동안 경찰관 자살률이 10만명당 연 16.6명으로 전체 공무원 9.8명보다 1.7배 높은 것으로 나타났다. '경찰관 자살예방 종합대책' 보고서에 의하면, 2011년부터 2014년까지 4년간 20~59살 경찰관 자살률이 이와 같이 조사되었다. 같은 나이대 전국민 자살률은 29.7명이었다. 4년간 스스로 목숨을 끊은 경찰관 수는 총 69명으로 연평균 17.25명에 이르고 있다.

그리고 주목할만한 점은 지난 10년간 경찰관 자살자는 증가 추세에 있다는 점이다. 2007년 9명에서 2016년 9월 현재 24명으로 10년만에 2.6배 이상 늘어났다. 연도별 경찰관 자살자 수는 2007년 9명, 2008년 7명, 2009년 20명, 2010년 23명, 2011년 13명, 2012년 18명, 2013년 17명, 2014년 21명, 2015년 18명, 2016년 9월 24명에 이르고 있다.

계급별로는 경사 43명(38.7%), 경위 41명(36.9%), 경장 11명(9.9%) 등 경위 이하가 100명(90%)으로 절대 다수를 차지하였다. 총경 이상에서는 한 명도 없고, 경정 4명(3.6%), 경감은 7명(6.3%)에 이르고 있다.

자살 원인은 우울증 29명(26.1%), 가정불화 25명(22.5%), 경제문제·질병비관·신변비관이 각 13명(11.7%) 등으로 나타났다. 보고서에서 자살 원인에 대해 "경찰 자살은 표면적으로 우울증·가정불화가 주원인으로 분석되지만 교대근무·사건으로 인한 충격 등 각종 스트레스와 그로인한 일과 가정의 불균형 등이 복합적으로 작용하는 것으로 추정된다"고 밝혔다.

한편, 보고서에서는 "경찰관은 국민의 안전을 책임지고 총기를 다루는 직무특성으로 단 한건의 총기자살사고가 발생하더라도 사회적 파장이 크고 치안 누수와 조직 내부에 미치는 부정적 영향이 크다"며 대책이 필요하다고 강조했다. 경찰은 2013년부터 전문상담기관에 위탁해 전국 100여 개 상담소에서 심리상담을 실시 중이다.

출처: 한겨레(2017.01.16.).

한편, 정신병력이 있는 경우 경찰업무를 정상적으로 수행하는데 어려움이 있을 수 있다. 이로 인해 어떠한 사건이 발생하는 것을 미연에 방지하기 위한 방법의 하나로 '정신병력이 있는 자'를 경찰공무원법에 규정하고자 하는 논의가 있었다. 그러나 이러한 논의는 정신과의사들의 거센 반발에 부딪혀서 더 이상 진전되지 못하였다. 따라서 정신과 병원에서 치료를 받은 경력이 있다 하여도 단순히 그 사실 하나만으로 경찰공무원 임용이 원칙적으로 불가능하지는 않다고 볼 수 있다.9)

### (3) 채용심사관의 종합의견서 작성

개별면접 및 집단면접은 부적격자를 배제하는 최종 시험단계로서 중요하지만, 사실 평균적으로 개별면접 10분, 집단면접 30분으로 적격성을 검증한다는 것은 어렵다.

따라서 채용할 경찰공무원에 대한 효과적인 적격성 검증을 위하여 시험실시권자 소속으로 채용심사관을 둘 수 있도록 하고 있다(경찰공무원 임용령 제45조의2).

채용심사관은 경찰청·지방경찰청 및 소속기관에 경감 이상의 채용담당 경찰공무원 1명을 두도록 규정하고 있다(경찰공무원 임용령 시행규칙 제38조의2 제1항).

채용심사관은 응시자의 제출서류, 신원조사 결과 등 시험과 관련된 모든 자료를 심사·평가하여 채용담당 주무과장과 인사·정보·감찰 담당경찰의 검토를 받아 '종합 의견서'를 작성하여 면접위원에게 제공하여야 한다(제2항).

그리고 채용심사관은 신원조사 결과가 부실하거나 신원조사 결과에 대한 평가가 곤란한 경우에는 중점조사항목을 정하여 해당 부서에 신원조사를 다시 요구할 수 있다(제3항).

---

9) 질병, 장애, 노령, 그 밖의 사유로 인한 정신적 제약으로 정상적인 사무를 처리한 능력이 부족하거나 지속적으로 결여되어 법원으로부터 피성년후견인 또는 피한정후견인 심판을 받은 자는 결격사유가 되어 경찰공무원이 될 수 없음은 물론이다(경찰공무원법 제7조 제2항 제3호).

[종합 의견서]

| 수험번호 | | 성명 | | 주민등록번호 | - |
|---|---|---|---|---|---|
| 채용심사관 의견 | | | | | |
| 종합 검토의견 | | | | | |
| 참고사항 | | | | | |
| ○○지방경찰청 채용심사관(인) | | | | | |

경찰공무원임용령 시행규칙(별지 제14호 서식)

# 제3장
# 경찰면접시험의 준비

## 1. 긍정적인 이미지의 형성

"면접은 이렇게 보는 것이다"라고 말할 수 있는 정답은 없다고 본다. 다만, 면접유형(집단면접, 개별면접)별로 특징을 파악하여 어느 정도의 사전대비를 하는 것이 바람직하다고 본다.

### 1) 첫인상이 좋아야 면접평가도 좋다

대부분의 사람들이 그러하듯이 면접위원들 역시 응시자들의 '첫인상'을 중요하게 여긴다. 사람을 처음 만났을 때 상대에 대해 어떤 느낌을 갖게 되는 것을 첫인상이라고 하는데, 이는 그 사람에 대한 어떠한 이미지를 형성하는데, 중요한 요소 가운데 하나라고 볼 수 있다.

오늘날 '외모지상주의'가 문제시되기도 하는데, 반대로 외모만큼 짧은 시간에 직접적으로 자신의 모습을 상대방에게 어필하는 것만큼 좋은 것이 없다고 본다. 한 번의 짧은 시간의 만남으로 상대방의 모든 것을 판단할 수는 없지만 이러한 외적인 이미지를 통해서 어느 정도의 '호불호'(好不好)가 형성된다.

이러한 첫인상의 형성은 응시자가 면접실 문을 열고 들어올 때의 자세, 걸음걸이, 앉은 자세, 얼굴표정, 눈빛 및 눈의 응시방향, 두발상태, 의상스타일, 구두, 화장방법, 손톱 등 모든 요소들이 직간접적으로 영향을 미친다고 볼 수 있다. 따라서 면접시험에서 가능한 한 긍정적인 이미지를 형성할 수 있도록 최선의 준비와 노력을 해야 한다.

## 첫인상의 중요성

2009년 1월 방송된 MBC 스페셜 첫인상 편에서 MBC아나운서 입사시험을 볼 때, 응시자들을 무대에 30초 세워두고 대본을 읽도록 하였다.

이때 심사위원들은 응시자의 밝은 얼굴표정이나 들어올 때의 당당한 태도만 봐도 그 사람에게 인상이 좋다는 느낌이 들고, 그 사람에게 한 번이라도 더 눈길이 간다고 하였다.

첫인상이 좋은 사람은 입사시험에서도 한 번 더 바라보게 되고 인상이 좋다는 이유로 점수가 더 갈 수 있다는 의미이다. 실제로 대기업 인사 담당자들을 대상으로 한 설문조사에서는 면접시 '첫인상을 고려한다'(86%), '첫인상이 안 좋다는 이유로 감점한 적이 있다'(73%)고 나타났다.

출처: MBC스페셜 '첫인상 편'(2009.01.04.).

그렇다면, 아름다운 얼굴, 잘 생긴 얼굴은 태어날 때부터 가지고 있지만 짧은 시간에 호감이 가는 이미지를 각인시키려면 어떻게 해야 할까?

## 2) 표정은 인상의 중요 평가요소

첫인상에 있어서 응시자의 표정은 매우 중요하다. 사람은 주로 눈과 입으로 말을 하지만 감정은 얼굴 전체의 표정으로 나타난다. 표정은 정직하기 때문에 개인의 감정이 그대로 표현되기 마련이다. 지나치게 긴장을 하면 얼굴이 굳어져 적개심을 가진 것으로 오해를 받을 수도 있으므로 가급적 온화한 표정을 유지하는 것이 좋다.[10]

따라서 편안하고 부드러운 표정으로 면접에 임해야 하며, 답변을 할 때에는 진지한 태도로 상대방의 눈을 바라보며 얘기하는 것이 좋지만 너무 뚫어지게 바라보거나 눈을 자주 깜빡이는 것은 산만한 느낌을 주어 상대를 불쾌하게 만든다.

한편, 면접위원들이 가장 좋아하는 인상은 얼굴에 생기(生氣)가 있고, 눈동자가 살아있는 사람 즉, '기'(氣)가 살아있는 사람이다.


## 3) 패션도 전략이다

한 조사에서 인사담당자 137명에게 '면접복장이 채용결과에 영향을 미치는가?'에 대한 질문에서 68%가 면접복장이 채용결과에 영향을 미친다고 응답하였다.[11] 따라서 경찰공무원 면접시험에 응시하는 사람은 복장에 각별히 신경을 써야 함은 물론이다.

그렇다면, 면접위원들은 어떠한 복장을 선호할까? 이와 관련하여 면접복장은 남·녀 모두 단정한 클래식 정장차림이 가장 좋으며, 기본적으로 너무 눈에 튀지 않는 복장이 좋다고 본다.[12] 안경을 쓸 경우 본인에게 맞는 안경이 좋으며, 무엇보다 과하지 않고 눈에 너무 튀지 않는 안경을 선택하도록 한다.[13]

대부분의 수험생은 정장을 입고 생활한 경험이 많지 않다고 본다. 오랜 기간

---

10) 윤필병(2011), 면접·자기소개서·취업 논(작)문, 한국데이타, p. 14.
11) 취업포털 인크루트 조사(2015.11.16.~17).
12) 필자가 경험한 것으로 얼마 전 지방직 공무원채용 면접시험에 응시한 사람들 가운데 한 남성이 회색 가디건(옷깃 없이 앞자락을 터서 단추로 채우게 된 털로 짠 니트 의류의 종류)을 입고 참여한 경우가 있었다. 면접질문을 하는 과정에서 이 남성의 복장에 대해서 다른 면접위원들이 한마디씩 지적하였다. 복장이라는 것이 하나의 선입견(先入見)일 수도 있는데, 면접위원들이 보기에는 응시자가 통상적으로 공무원 채용시험에서 무난하다고 생각하는 정장이 아닌 평상복을 입고 온 것 자체가 면접에 임하는 자세 또는 준비성이 없다고 판단한 것이다. 본인 또한 그렇게 비춰졌음은 물론이다.
13) 고용노동부 공식블로그(2016), '고용노동부 청년기자단과 알아보는 올바른 면접복장 및 자세'(http://blog.naver.com/molab_suda).

수험생활을 하다 보니 평상복에 익숙함은 물론이다. 따라서 면접을 대비해서 모처럼 많은 비용을 들여서 준비한 정장은 본인 스스로 다소 어색하게 느낄 수도 있다. 좋은 의복이라는 것은 타인뿐만 아니라 당사자에게도 자연스러우면서도 세련되고 매력적인 모습으로 비춰져야 한다고 본다. 생각건대, 면접을 대비해서 준비한 정장을 면접 전에 면접을 준비하는 과정 또는 일상에서 여러 차례 입어보고 그러한 자신의 모습을 자연스럽고 익숙하게 적응시키는 것도 의미가 있다고 본다.

### (1) 남성의 경우

남성의 경우는 검정 또는 진한 남색(네이비) 계열의 클래식 정장과 와이셔츠에 넥타이를 기본으로 한다. 먼저, 정장은 검은색 또는 진한 남색 계열이 상대방에게 신뢰감(信賴感)을 줄 수 있기 때문에 기본적으로 선호하는 편이다.

와이셔츠의 경우는 흰색 또는 하늘색 계통의 셔츠가 무난하다. 와이셔츠는 반드시 깔끔하게 다려 입어야 한다.

넥타이는 눈에 튀지 않고 무난한 것이 좋으며, 완전한 단색 넥타이보다는 적당한 체크, 사선이 들어간 넥타이가 좋다. 작은 무늬가 들어간 넥타이도 나쁘지 않은 선택이다. 색은 남색/하늘색 계통 또는 와인색을 추천한다.

구두의 경우 기본적으로 검정 계열의 구두를 추천하며, 너무 광이 있는 구두는 피하는 게 좋다. 또한 본인의 키에 맞게 선택하되, 경우에 따라서는 키를 높여 줄 수 있는 '키높이 구두'를 선택할 수도 있다. 키가 175cm라면 5cm 정도의 굽이 있는 구두를 선택함으로써 더욱 보기 좋을 수 있으며, 키가 185cm를 넘어 선다면 굽이 거의 없는 구두를 선택하는 것이 좋다. 키가 너무 클 경우에는 면접위원이 부담스러워 할 수 있으므로 낮은 굽의 구두를 선택하는 것을 추천한다.

헤어스타일은 본인에게 어울리며 차분한 느낌을 줄 수 있는 단정한 스타일이 좋다고 할 수 있다. 최근 남성들도 개성 연출 차원에서 다양한 색으로 머리에 염색을 하는 경우도 있는데, 경찰공무원이라는 직업은 보수성을 띠는 경향이 있어 지양하는 것이 좋다고 본다.

### (2) 여성의 경우

여성의 경우에도 검정 또는 진한 남색 계열의 클래식 정장과 흰 셔츠 또는 블라우스를 기본으로 한다. 원피스를 입을 경우에도 흰색 또는 베이지 계열의 원피스와 검정 또는 진한 남색 계열의 재킷 또는 그 반대의 경우도 좋다고 본다.

화장은 부담을 느낄 수 있는 진한 화장을 삼가고 깔끔하고 단정한 인상을 남길 수 있을 정도로 자연스럽게 연출해내는 것이 좋다. 특히, 눈 화장은 두꺼운 아이라인을 피하고, 눈매가 또렷해 보이도록 점막을 꼼꼼히 채워주는 것이 좋다. 지나친 향수냄새 또한 지양하도록 한다.

복장은 바지보다는 치마를 입는 것을 권한다. 여성 정장은 바지가 아니라 치마라는 것이 암묵적인 규칙이라고 생각될 정도로 치마를 선호하는 편이다(굳이 눈에 띄게 바지를 입을 필요는 없다고 본다).

블라우스의 경우는 흰색 또는 베이지 계열의 깔끔하고 밝은 단색을 선택하는 것이 좋다. 무늬가 강하거나 눈에 튀는 다른 색의 셔츠, 블라우스는 좋지 않은 선택이다.

구두의 경우 어느 정도 굽이 있는 구두가 좋다고 본다. 하지만 너무 과한 '킬힐'(10cm 이상)은 지양하며, 기본적으로 정장에는 5~7cm 정도의 굽 높이가 잘 어울린다. 다만, 키가 큰 편이면 3~5cm 정도의 굽을 추천하며, 키가 작다고 해서 너무 과한 킬힐을 신는 것은 지양하도록 한다.

헤어스타일은 머리길이가 어깨를 넘어갈 경우 뒤로 묶어주는 것이 가장 좋고, 염색은 최대한 하지 않는 것이 좋으나 굳이 염색을 한다면 과하지 않은 갈색계열의 염색을 추천한다. 그 외에 너무 눈에 튀는 염색은 좋은 선택이 아니다.

## ▍면접위원의 눈을 사로잡는 옷차림(남성)

| | |
|---|---|
| 헤어<br>스타일 | – 약간 짧은 듯 하면서 단정하고 자연스러운 헤어스타일이 좋다.<br>– 옆머리는 귀를 덮지 않고, 뒷머리는 와이서츠 깃에 닿지 않도록 단정하게 빗어 올려 청결을 유지한다.<br>– 경우에 따라서는 무스, 헤어젤을 이용하여 앞머리가 흘러내리지 않도록 한다.<br>– 지나치게 유행을 따르는 머리는 삼가며, 슈트에 맞는 스타일을 선택한다. |
| 얼굴 | – 면도는 기본(구렛나룻, 턱수염, 코털 삼가)<br>– 너무 향이 진하지 않은 스킨이나 로션으로 상쾌한 느낌을 준다.<br>– 얼굴의 기름기는 제거한다. |
| 양복 | – 깨끗하고 깔끔한 인상을 주는 상하 한벌이 바람직하고 검정이나 진한 남색 계열이 무난하다. |

| | |
|---|---|
| | - 회색은 안정되고 지적인 분위기를 주나 너무 밝은 회색은 자칫 나이가 들어 보일 경향이 있다<br>- 단색의 단조로움을 피하고 싶을 경우에는 가는 줄무늬나 체크무늬도 괜찮다.<br>- 단추는 전부 채운다. |
| 와이셔츠 | - 셔츠는 흰색이 무난하지만 활동감이나 산뜻함을 줄 수 있는 푸른색이나 베이지색 등의 셔츠도 좋다.<br>- 소매 끝은 재킷 밖으로 1~1.5cm 정도 긴 것으로 선택하고 바지 속에 넣어 입는다. |
| 바지 | - 바지 색상은 상의와 같은 종류를 추천하며 다림질하여 단정히 입는다. |
| 넥타이 | - 넥타이는 양복과 셔츠의 색상과 조화를 이루어야 한다.<br>- 파란색 계열도 괜찮고, 검정이나 빨간색 등 튀는 색상은 자제하도록 한다.<br>- 사선 무늬의 넥타이를 추천하며 물방울 무늬가 찍혀 있거나 큐빅이 밝혀 있는 것은 자제해야 한다.<br>- 넥타이 길이는 너무 길거나 짧지 않도록 한다.<br>- 넥타이를 맬 때는 선 자세에서 벨트를 살짝 가리는 정도의 길이가 좋다. |
| 벨트 | - 흑색이나 짙은 갈색이 무난하다<br>- 요란한 무늬가 있는 것은 삼간다. |
| 구두와 양말 | - 구두는 심플한 디자인의 검정 구두가 단정하고 어떤 색의 양복과도 잘 어울린다.<br>- 양말은 양복과 구두의 중간색이 적당하며 흰색 양말은 피한다.<br>- 키가 작은 경우에는 키높이 구두를 이용하는 것도 좋다. |

## ▌ 면접위원의 눈을 사로잡는 옷차림(여성)

| | |
|---|---|
| 헤어<br>스타일 | - 짧은 머리의 커트나 단발 스타일이 활동적인 직업여성의 이미지를 준다. 그러나 지나치게 남성적인 인상을 주지 않도록 주의한다.<br>- 파마 머리는 단정하게 세팅하고 긴 머리의 경우에는 뒤로 묶는 것이 깔끔한 인상을 준다.<br>- 앞머리가 눈을 가리지 않도록 주의하고 짙은 염색이나 강한 웨이브는 삼간다.<br>- 미용실에서 막 나온듯한 스타일은 거부감을 줄 수 있다. |
| 화장 | - 자신의 분위기에 맞게 자연스럽고 밝은 이미지로 표현하는 게 좋다.<br>- 자신의 피부보다는 약간 밝은 톤으로 표현하고 파우더로 눌러 번들거림이 없도록 한다.<br>- 눈썹은 자연스러운 곡선미를 살려 부드러운 느낌을 주도록 하고 립스틱 색상은 피부색과 비슷한 핑크, 오렌지 계열의 빨간색이 무난하다. |

| | |
|---|---|
| | - 색조화장을 할 때 이지적인 면을 강조하고 싶으면 브라운 톤으로 하고, 화사하게 보이려면 핑크 톤이 효과적이지만 진한 톤의 입체화장은 자제하도록 한다.<br>- 아이라인을 너무 길게 그리거나 속눈썹을 붙이는 것, 또는 얼굴 각이 크다고 진한 색의 블러서 로 입체화장을 하는 것은 피한다. |
| 의상 | - 단정한 투피스 정장이 좋으며, 활동적인 직장여성 이미지에는 원피스도 어울린다.<br>- 옷깃은 차분한 베이지나 회색이 무난하고 브라운 톤의 매치도 멋스럽다.<br>- 복잡한 장식이 들어간 것 보다는 심플한 라인의 정장이 한결 세련되어 보인다.<br>- 짙은 갈색이나 검정이 좋으며, 치마길이는 무릎길이 정도가 좋다.<br>- 블라우스는 옷깃이 크지 않은 하얀 셔츠가 좋으며 목 부분이 너무 답답해 보이지 않을 정도로 적당히 파인 것이 좋다.<br>- 지나치게 화려하거나 요란한 색상의 의상은 거부감을 줄 수 있으므로 색상을 선택할 때는 세련되고 차분한 이미지를 위해서는 짙은 회색이나 검정색을, 신뢰감을 주기 위해서는 베이지색이나 브라운 톤으로 매치한다. |
| 구두와<br>스타킹 | - 구두는 재킷과 스커트 색상을 고려하여 어두운 색으로 한다.<br>- 정장 스타일에 무난한 구두는 5~7cm 굽이 적당하다. 지나치게 높은 굽은 삼가도록 한다.<br>- 새 신발이 아니더라도 깔끔하게 손질해서 신는 것이 좋다.<br>- 스타킹은 커피색이나 살색을 추천한다. 무늬가 있거나 망사스타킹은 금물이다. |
| 액세서리 | - 시계를 제외하고는 액세서리는 하지 않는 것이 좋다. |

## 2. 올바른 면접자세 및 태도

면접과정은 기본적으로 예의(禮義)에서 시작하여, 예의로서 끝나는 것이다.

예의라는 것은 '사회생활이나 사람 사이의 관계에서 존경의 뜻을 표하기 위해서 예(禮)로써 나타내는 말투나 몸가짐'을 말한다. 따라서 응시자가 예의에 어긋나는 자세나 태도를 취하거나 언행을 하게 되면, 그 결과는 자명한 일이다.

그러나 '과공비례'(過恭非禮)라는 말이 있듯이, 지나치게 공손해도 오히려 예의에 벗어난다. 따라서 상황에 맞게 적절한 예의(예컨대, 공손하면서도 당당함)를 갖추어야 할 것이다.

## 1) 조용하고 차분한 움직임

면접실의 문을 여닫을 때 '쾅' 소리가 나지 않도록 주의하고, 의자에 앉거나 일어설 때 의자를 끄는 소리가 들리지 않도록 살짝 들어서 옮긴다. 앉을 때는 허리와 가슴을 펴고 편안한 자세로 앉으며, 의자를 제자리에 놓을 때에도 마찬가지로 차분한 동작으로 시끄럽지 않게 한다.[14]

## 2) 묵례와 인사

면접응시자는 면접실에 들어서면 묵례와 상황에 맞는 적절한 인사로 예를 표한 다음 성명과 수험번호를 말한다. 묵례는 가볍게 15° 각도로 고개를 숙이는 것이며, 인사는 30° 정도 상체를 굽혀 인사하는 것이다.

어떤 사람은 90°로 몸을 숙이는 경우도 있는데, 이는 다소 지나치게 보인다. 반대로 어설프게 몸을 숙이는 것도 좋아보이지는 않는다. 그리고 인사를 할 때, 중요한 것이 '마음가짐'이다. 응시자가 진심으로 면접위원들에게 예의를 표시한다면, 그것은 은연중에 인사하는 모습에 나타나게 된다. 인사를 할 때 특히 주의해야 할 것이 눈빛이다. 가끔 몸은 숙이는데 눈빛은 상대방을 강하게 직시(直視)하는 경우가 있다. 이는 다소 공격적이고 저돌적으로 비친다. 따라서 몸을 숙이는 과정에서 눈빛에도 예의를 담는 것이 필요하다.

## 3) 의자에 앉는 법

의자에 앉을 때는 허리를 적당히 안으로 당겨 앉고 등을 구부정하게 안거나 의자에 너무 기대지 않도록 한다. 너무 깊숙이 앉으면 무릎이 올라가고 기대어 앉는 느낌을 주게 되므로 의자 등받이에서 등이 조금 떨어지게 앉아야 바른 자세가 나온다. 아랫배, 흔히들 말하는 '단전'(丹田)에 힘을 주면 허리와 목이 곧게 서게 된다.

---

14) 윤필병(2011), 앞의 책, p. 14.

허리와 목이 곧게 서지 못하면, 몸은 구부려지고, 이는 기운 없는 사람의 전형적인 모습이다. 또 앉은 자세에서 상체를 뒤로 젖히거나 목을 약간 비뚤어지게 하는 경우도 있다. 이 역시 예의 없는 모습으로 비치기 쉽다.

한편, 앉는 자세에서 다리와 손을 어떻게 둘 것인가는 매우 중요하다.

남성의 경우는 다리를 너무 많이 벌리지 말고 어깨 너비 만큼 벌리고, 손은 가볍게 쥐고 무릎 위에 올려놓는다.

여성의 경우는 양 무릎을 모으거나 약간 비스듬한 자세로 앉는 것이 단정해 보인다. 양손은 무릎 중앙에 올려놓는다. 주로 치마를 입고 면접에 임하는 경우가 많으므로 특히, 다리 모양 정돈에 신경을 써야 한다. 앉으면서 치마가 정돈되지 않는 경우가 많기 때문에 치마를 정리해 주는 것을 잊지 말아야 한다.

생각건대, 남성과 여성의 앉는 자세는 다소 다르다고 본다. 즉, 남성은 다리를 모두 모으기보다는 어깨 너비로 바르게 벌려주는 것이 좋다. 남성이 다리를 모아서 앉으면, 너무 유약해 보인다. 반대로 여성의 경우에는 다리를 모두 모아서 앉는 것이 좋고, 다리를 벌려서 앉으면 민망하다.

그리고 남녀 모두 앉는 자세에서 주의할 점은 다리를 꼬아 앉는 것(X형)과 무릎 쪽은 붙이고 아래는 벌리는 것(A형)은 바람직하지 않다는 점이다.

요약건대, 앉는 자세는 너무 거만하거나 건방지지도 않고, 너무 소심하거나 불안하지도 않게 단정하면서도 당당하게 앉는 것이 보기 좋다.


## 4) 몸짓과 시선처리

면접위원들에게 부정적인 선입견을 주는 응시자들의 몸짓 및 태도 등이 있다. 이러한 요소들은 그것이 비록 아주 작은 것이라고 하여도 면접응시자 처지에서는 꼭 확인해서 가능한 한 제거하거나 최소화하는 것이 바람직하다.

사람은 반복적으로 하는 행동이 어느덧 습관이 되고, 본인이 스스로 인지하지 못하는 상황에서 그러한 행동들을 하게 된다. 어떠한 경우에는 그것이 하나의 장애로 인식되기도 한다. '틱장애'(Tic disorder)가 대표적이다.[15] 응시자들은 면접시험

---

15) 틱(Tic)이란 갑작스럽고 빠르며 반복적, 비율동적, 상동적인 움직임이나 소리를 말하는데, 이는 단순틱과 복합틱으로 구분할 수 있다. 단순틱은 순간적인 눈 깜박임, 목 경련,

을 준비하면서 이러한 부분들로 인해 면접시험에서 불이익을 받지 않도록 노력해야 한다.

## (1) 자연스러운 시선

첫째는 시선이다. 응시자는 바른 자세로 정면을 응시하도록 하며, 과하지 않은 미소를 약간 머금은 얼굴이 가장 좋다. 또한 면접시에 멍한 표정을 하거나, 긴장을 너무 해서 인상을 쓰고 있거나, 아래쪽을 응시하는 등의 모습은 좋지 않다. 응시자의 시선처리가 좋지 못한 경우, 면접위원은 그 사람이 면접에 관심이 없거나 정서적인 문제가 있다는 인상을 받기 마련이다.

면접위원들은 불량스러운 태도를 좋아하지 않지만, 너무 긴장해서 불안해 보이는 응시자도 좋아하지 않는다. 이러한 긴장한 모습은 면접위원들의 시선을 받아내지 못하고 시선을 아래로 떨구는 것은 때로 자신감의 결여로 비칠 수 있다. 또한 시선을 고정하지 못하고 시선이 주변을 떠다니는 것 역시 신중하지 못해 보일 수 있다.

## (2) 자연스러운 몸짓

둘째는 자연스러운 몸짓이다. 미동도 하지 않고 가만히 앉아 있는 응시자는 딱딱해 보이고 대화에 집중하기 어렵게 만든다. 이때 자연스러운 몸짓은 면접위원들의 호감을 이끌어 내고 의사를 전달하는 데 도움이 된다.

그리고 살짝 미소를 머금은 상태가 좋다. 다만 미소를 너무 과하게 띨 경우 장난기 있어 보일 수 있고, 면접위원을 보며 비웃는 것 같은 느낌을 줄 수 있으니 주의해야 한다.

---

얼굴 찡그림이나 어깨 으쓱임 등으로 나타난다. 복합틱은 단순틱과 달리 한 군데 이상의 근육을 침범한 얼굴 표정, 만지기, 냄새를 맡거나 뛰기, 발 구르기 혹은 욕설행동증과 같은 좀 더 통합적이고 마치 목적을 가지고 하는 행동과 같은 양상을 나타낸다. 한편, 음성틱은 코와 목구멍을 통하여 흐르는 공기에 의해 생기며 헛기침, 꿀꿀하는 소리, 코로킁킁 거리기, 코웃음 치기와 동물이 짖는 소리 같은 단순 음성 틱이나 단어, 구 혹은 문맥을 벗어나는 문장, 외설증(Coprolalia: 사회적으로 용납되지 않는 단어들, 주로 외설스런 욕을 사용), 동어 반복증, 반향 언어증 등 복합성 음성틱으로 나타날 수 있다. 다음백과(http://100.daum.net/encyclopedia).

사람들은 대개 긴장하면 가만히 있지 못한다. 예컨대, 무의식적으로 손을 비비거나, 코를 만지거나, 안경을 고쳐쓰거나, 머리를 긁거나 쓸어올리고, 또 혀를 내미는 행동을 보이기도 하는데, 이는 면접위원들에게 비호감을 주게 된다.

그리고 두 발은 가지런히 단정하게 한다. 긴장한 나머지 자신도 모르게 발을 떠는 사람이 꽤 많이 있는데 이는 불안해 보이는 요인이 되기 때문에 반드시 고쳐야 한다. 과한 몸짓은 오히려 역효과가 날 수 있으니 주의하도록 한다.

따라서 응시자들은 면접준비과정에서 시선처리나 몸짓에 어색하지 않은지 등을 총체적으로 점검하면서 자연스러운 시선과 몸짓을 익히는 연습을 해야 한다. 이때 거울을 보고 연습하거나, 또는 모의면접을 실시하는 것도 효과적이다.

## 5) 첫대면과 끝인사

앞에서 설명한 바와 같이, 면접실 문을 열고 들어서면서 제일 먼저 마주치게 되는 첫인상은 매우 중요하다. 단정하고 신선한 이미지를 주는 첫인상과 의자에 앉을 때의 자세까지가 합격점의 1/3 정도를 차지한다고 해도 과언이 아니다.

이러한 첫인상 만큼이나 중요한 것이 바로 면접이 끝나고 자리에서 일어나 퇴실할 때까지의 자세이다. 따라서 처음에 호감이 가는 인상을 심어주었다면, 그 인상을 끝까지 남겨주고 퇴실하는 것이 중요하다.

모든 질문이 끝나고 면접위원과 헤어질 때는 자신을 매력을 보일 수 있도록 강렬하고 간절한 멘트 한마디를 하는 것도 고려해 볼 수 있다. 또 깔끔하고 예의바른 끝인사는 결코 잊어서는 안 된다.

## 3. 면접 답변요령

면접위원들은 면접응시자들에게 어떠한 질문을 하고 이들의 대답을 통해서 질문을 제대로 이해했는지, 또 질문에 대하여 어떻게 대처하는지를 평가하게 된다. 그러한 과정에서 다른 응시자와 구별하고 평가하게 된다.

면접에서 가장 중요한 것 중 하나가 이해력과 의사전달 능력이다. 아무리 좋은 표정에 좋은 옷차림이라고 하더라도 면접위원의 질문에 동문서답(東問西答)하거나 자신의 생각을 제대로 전달하지 못한다면 면접에서 좋은 점수를 받기 힘들 것이다. 응시자가 면접답변시 유의할 점이나 그 답변요령을 다음과 같은 「면접 10계명」으로 정리해 보았다.16)

## 면접 10계명

하나, 예의(禮義)를 갖춰라
둘, 평정심(平靜心)을 유지하라
셋, 질문의 요지(要旨)를 파악하라
넷, 정확한 발음(發音)과 용어(用語)를 사용하라
다섯, 정직(正直)하게 답변하라
여섯, 논리적 일관성(一貫性)을 가지고 답변하라
일곱, 전문성(專門性)있게 답변하라
여덟, 객관성(客觀性)을 유지하라
아홉, 나만의 소신(所信)을 보여줘라
열, 끝까지 최선(最善)을 다하라

### 1) 예의를 갖춰라

면접시험 응시자들은 이미 필기시험 등을 통과하였고, 어느 정도 합격권에 들어온 사람들이라 할 수 있다. 따라서 면접응시자들은 본인 스스로 '경찰공무원'이라는 자세를 갖고 공무원으로서 요구되는 품위(品位)를 갖출 필요가 있다. 이는 공손

---

16) 에듀인넷(2007), 엔조이 공무원 면접, 서울: 새롬, p. 23.; 윤필병(2011), 앞의 책, pp. 10-13. 김서인(2010), 인사팀장이 알려주는 채용의 오해와 진실, 굿잡투데이, pp. 114-141.; 운광희(2012), 면접 119, 법률저널, pp. 17-19.; 박봉훈(2013), 공무원면접 2013 INTERVIEW GUIDE, 서울: 고시각, p. 12.; 서정범(2015), 新개념 면접시험 가이드북, 서울: 패스이안, pp. 41-46.

하면서도 당당한 자세와 언행을 갖추어야 한다는 것을 의미한다. 응시자들이 경찰공무원으로서 자세와 언행을 갖추고 있다면, 면접위원들 입장에서도 이를 바로 느낄 수 있다고 본다.

## (1) 올바른 경어를 사용하라

이러한 응시자들의 예의는 기본적으로 올바른 경어(敬語, 존칭어)를 사용하는데서 비롯된다. 올바른 경어의 사용은 개인의 인격을 평가받는 중요한 요소이므로 지나치거나 부족하지 않도록 적절히 상황에 맞게 사용해야 한다.

그러나 올바른 경어의 사용이 쉬운 것 같지만, 평소의 잘못된 습관이나 면접실에서 지나치게 긴장한 나머지 부적절하게 사용할 가능성이 있다. 예컨대, "내가"라는 말투를 사용하기도 하고, 부모를 지칭할 때 습관적으로 "아빠, 엄마"라고 말하는 경우도 있다. 이처럼 응시자가 '경어사용법'도 모른다는 인상을 주게 되면, 면접위원들로부터 부정적인 평가를 받게 될 가능성이 높게 될 것이다.[17]

한편, 면접실에서 면접위원은 응시자가 평소에 갖고 있는 언어습관과 생활자세, 내면의 실체를 파악하기 위하여 가급적 편안한 태도나 어조로 질문하는 경우가 많은데 지원자는 이러한 점을 경계해야 한다. 자신도 모르는 사이에 편안한 분위기에 젖어 반말이나 정숙하지 못한 말투가 튀어나올 수도 있기 때문이다.

## (2) 겸손의 미덕을 보여라

경찰이라는 조직은 생각보다 보수적인 성향이 강하다. 특히, 계급제에 의한 상명하복관계를 기본으로 하는 피라미드식 계층구조에 의해서 조직이 운영되기 때문에 이러한 특성은 강하다고 본다. 그러면서도 조직외적으로는 국민에게 봉사하는 봉사자로서의 역할을 수행해야 한다. 따라서 타인의 의견을 경청하고 존중하는 태도를 갖추는 것은 매우 중요하다. 그렇기 때문에 응시자가 자신의 의견만을 일방적으로 개진하게 되면, 나쁜 인상을 주게 된다.

---

17) 응시자의 태도나 언행은 실제 면접할 때만 중요한 것이 아니다. 예컨대, 면접접수 담당자에게 실없는 농담을 한다든지 다른 사람의 업무를 방해하는 행동 따위를 해서는 결코 안 된다. 주변의 모든 한사람 한사람이 면접위원이라는 생각으로 임해야 한다. 이는 그 사람의 평상시의 언행을 보여주는 것이기 때문이다.

따라서 자신이 아는 지식을 전달하는 과정에서 부드럽게 답변을 하는 것도 필요하다. 예컨대, 답변을 하는 경우에도 "제 생각에는 ~", "부끄럽지만 저는 ~한 일을 해본 적이 있습니다"라는 식으로 말을 첨가하는 것도 고려할 수 있다.

한편, 이전에 면접을 경험한 적이 있어 익숙하게 행동하는 것이 나쁜 것은 아니지만 그것을 과시하는 행동은 좋지 않다. 따라서 다른 면접자를 도와준다거나 공연히 참견하는 행동은 지양하도록 한다.

## 2) 평정심(平靜心)을 유지하라

응시자는 적당한 긴장감을 갖되 평정심을 갖고 침착하고 차분하게 면접에 임하는 것은 매우 중요하다. 짧은 시간에 자신의 모든 것을 면접위원들에게 보여주려는 의욕이 앞서게 되면, 마음이 급해지고, 그렇게 되면 제대로 된 답변도 어려워지고, 또 평소에 알고 있었던 내용도 기억나지 않는 경우가 발생하게 된다. 그리고 응시자가 침착하게 평정심을 유지하고 차분하게 대답하면 위에서 언급한 예의에 어긋나는 언행도 일어나지 않을 것이다.

### (1) 엉뚱한 질문에 당황하지 말고 의연히 대처할 수 있다

면접과정에서 언제든지 돌발적인 상황이 발생할 수 있다. 그것은 본인 스스로 지나치게 긴장해서 비롯될 수도 있고, 또 면접위원들이 의도적으로 그러한 상황을 만들 수도 있다. 이런 경우 평정심은 매우 중요하다.

예컨대, 면접위원 중에는 일부러 엉뚱하거나 심술궂은 질문을 하는 경우도 있다. 이때 감정을 얼굴 표정에 담으면 좋지 않다. 아무리 곤혹스러운 질문을 받더라도 여유 있는 표정과 어조로 냉정하게 대처해야 한다. 이때 얼굴이 상기되거나, 홍분한 감정으로 응답해서는 안 된다.

면접위원이 이러한 질문을 하는 것은 개인적인 감정이 있어서가 아니라 응시자가 불리한 상황에서도 당황하지 않고 의젓한지 어떤지, 그리고 그 순간을 어떻게 재치 있게 넘기는 임기응변력과 순발력을 파악하려는 것이다. 이는 응시자가 경찰공무원이 되어 일선에서 직무를 수행하는 과정에서 직면하는 수많은 돌발 상황에 대처하는 자세를 평가하는 것이라고 볼 수 있다.

따라서 면접위원이 짓궂은 질문을 하여도 당황하지 말고, "미쳐 그 질문에 대한 답변은 준비하지 못했습니다. 입문하면 풍부한 상식을 갖도록 노력하겠습니다. 혹시 다른 질문이 있으면 답변하겠습니다"라고 부드럽게 넘어가면 오히려 좋은 인상을 받을 수 있다.

(2) 추가질문에 대해서도 침착하게 대응할 수 있다

"학창시절 어떠했는가? 문제는 없었나?" 이러한 질문의 유형에서 문제가 없었다고 대답해도 그에 따른 관련 추가질문이 나오게 마련이다.

예를 들어 "성적이나 학점은 어떠했나?"라는 질문이 이어지고 성적이 좋지 않았다고 말하는 경우 "앞에서 답변한 내용과 다르지 않는가?"라는 식의 다소 공격적인 추가질문이 들어올 수도 있다. 이러한 경우 순간적으로 당황하여 면접을 망치게 되기도 한다.

이 경우에도 평정심을 유지하면 침착하게 자신의 의견을 제시할 수 있다. 중요한 것은 자신을 포장하기 위해 그럴듯하게 지어낸 말이 아니라 솔직한 답변을 하는 것이 필요하다. 예컨대, 성적이 안 좋았다면 왜 안 좋았는지를 구체적으로 설명하는 것도 필요하다. 즉, 학비 마련을 위해 아르바이트를 했다거나 다른 동아리활동을 열정적으로 했기 때문에 다소 성적이 나빴지만 경찰관이 되어서는 이러한 경험을 바탕으로 더욱 직무에 충실한 경찰공무원이 되고 싶다는 말을 한다면 매우 부드러울 것이다.

## 3) 질문의 요지(要旨)를 파악하라

면접에서 가장 중요한 요소 가운데 하나가 바로 질문의 요지를 명확히 파악하는 일이라고 할 수 있다. 면접위원이 무엇을 물어보고 있는지를 정확히 이해하지 못한다면, 어떻게 제대로 된 대답을 할 수 있겠는가? 따라서 말을 잘하려 하지 말고 질문을 명확히 듣고 질문의도를 명확히 파악하여 면접위원이 만족해하는 대답을 의지와 노력을 함께 보여주는 것이 필요하다.

면접위원들의 입장에서 볼 때, 이들을 가장 당혹스럽게 만드는 것 가운데 하나가 응시자의 동문서답 형태의 답변이라 할 수 있다. 즉, 면접위원들이 물어본 것과는 아무런 관련성이 없는 답변이 응시자의 입에서 나온다면 어떻게 되겠는가? 이러한 상황이 도저히 있을 수 없을 것만 같지만, 종종 발생하고 있는 것이 엄연한 사실이다.

그렇다면, 이러한 이들이 일어나는 이유는 무엇인가? 면접위원의 질문내용이 이해하기 어려울 정도로 너무 난해한 것일까? 아니면 응시자 자신이 이해는 했지만 미처 그 부분에 대해 충분한 준비를 하지 못해서일까? 아니면, 비록 면접시험장임에도 불구하고 집중력을 발휘하지 못하고 다른 생각을 하고 있어서일까?

이유야 어떻든 간에 응시자들이 가지고 있는 잘못된 인식에서 비롯된 것일까? 즉, 면접위원들이 질문을 하였을 때, 질문의 내용을 되묻는다거나, 즉답을 못하고 잠시 머뭇거리면 좋은 점수를 받지 못할 것이라는 생각에서 다소 주제내용과 상관없는 내용을 장황하게 설명할 수도 있을 것이다.

그러나 면접위원들 가운데 그런 생각을 갖고 있는 사람은 없다. 따라서 질문의 요지를 제대로 파악하지 못했거나 미심쩍은 부분이 있다면, 그 내용을 다시금 확인하기 위한 질문을 하여도 무방하다. 또한 생각하지도 못한 질문이 있는 경우에는 "잠시 생각해 보겠습니다"라고 말하거나 그것이 부담스러우면 잠깐 생각하는 모습을 보이며 시간을 끌어도 된다.

## 면접위원이 제시한 질문의 뜻을 이해하지 못했을 때

면접위원의 질문내용이 정확히 이해되지 않거나 자세히 듣지 못했을 경우에는 다시 질문하여 질문의 핵심에서 벗어나지 않는 정확한 답변을 해야 한다. 궁금한 점이 있으면 자연스럽게 질문하자.

잘 듣지 못했을 때는 "죄송합니다만 잘 듣지 못했습니다. 다시 한번 말씀해 주십시오"라고 표현하면 좋다. "잘 들리지 않습니다"라는 식의 표현은 좋지 않다. 왜냐하면 면접위원의 잘못인 것처럼 어색한 분위기로 몰고 가 면접위원에게 나쁜 인상을 줄 수 있기 때문이다.

질문의 뜻을 잘 몰랐을 때는 질문사항이 애매모호하다거나 너무 긴장한 나머지 면접위원의 심리에 사로잡혀 질문과는 상이한 대답을 하게 될 수도 있는 상황이다. 이때 어떻게든 순간을 모면하려고 황당한 임기응변식의 표현을 하는 것은 금물이다.

따라서 질문에 의문이 갈 경우, "앞서 말씀하신 질문을 제가 이렇게 받아들여도 괜찮습니까?"라는 식으로 한다면 면접위원이 더 확실한 말로 질문을 해 줄 수 있어 어색한 분위기를 반전시킬 수 있다.

## 4) 정확한 발음(發音)과 올바른 용어(用語)를 사용하라

### (1) 발음은 정확히 말끝은 분명히 한다

면접위원의 질문에 대한 답변을 정확한 발음으로 하는 것은 매우 중요하다. 따라서 낮고 뚜렷하지 않은 낮은 음성과 자신 없는 듯한 말투로 대답을 하게 되면, 훌륭한 의견도 하찮은 것으로 들리게 되어 있다. 반대로 또렷또렷하고 시원한 말투로 이야기하면 내용 이상의 좋은 인상을 줄 수가 있다.

그리고 말끝이 사라져버리는 대화는 다른 사람에게 어두운 인상을 준다. 의외로 입속에서 중얼중얼하다가 언짢은 것처럼 이야기하는 사람이 많다. 그러나 이러한 화법을 절대로 사용해서는 안 된다. 경찰공무원이 되어서 이러한 말씨를 사용한다면 어떻게 정상적인 경찰직무를 수행할 수 있을 것이라고 기대할 수 있겠는가? 따라서 면접에 앞서 산뜻한 인상을 주는 화법을 평소에 연습해 두어야 한다.

### (2) 너무 큰소리로 너무 느리지도 빠르지도 않게 한다

면접위원의 질문에 자신 있다고 너무 큰소리로 대답을 하는 것도 주의해야 한다. 목소리가 크다는 것은 당당하게 보일 수도 있지만, 너무 클 경우, 오히려 불편함을 주기 때문이다.

그리고 대답을 할 때는 너무 빠르지도 않고, 또 너무 느리지도 않게 상대방이 듣고 이해하기 쉬운 속도로 해야 한다. 사람에 따라서 말하는 속도는 제각각이지만, 면접에서는 긴장이 되어 말이 빨라지는 경향이 있으므로 유의하여 조금 천천히 하는 것이 좋다.

사실, 말이 빠른 사람은 득보다 실이 많은 법이다. 가급적이면 자신의 나쁜 습관이 드러나지 않도록 주의하여 면접위원의 질문이 채 끝나기도 전에 성급히 대답해서 점수를 잃고 마는 우를 범하는 일이 없어야겠다.

따라서 스스로 말이 빠르다고 생각하는 사람은 면접위원의 질문이 끝나면 한 박자 쉬는 듯한 기분으로 천천히 답변하는 것이 좋다. 면접위원도 자신의 질문에 신중히 생각한 다음 답변하는 것으로 판단하여 오히려 좋은 인상을 받을 수도 있기 때문이다. 하지만 말이 빠르다는 것을 지나치게 염두에 둔 나머지 더듬거리거나 불필요한 감탄사(아! 아하!) 및 조사를 사용하는 것은 감점의 원인이 되기도 한다. 답변은 언제나 면접위원의 질문의 의도를 정확히 파악한 후 천천히, 분명한 어조로 대답하는 것이 좋다.

### (3) 말씨에 주의한다

응시자는 평소의 말씨가 습관적으로 면접시에 그대로 나오지 않도록 주의해야 한다. '…라든가', '…이고요' 라는 어미를 길게 당겨서 하는 말투는 특히 주의해야 한다. 또 '에 ~그리고' 라든가, '저~' 등 연결 언어를 계속 반복해서 사용하는 것도 피해야 한다.

따라서 고른 음성과 악센트, 속도 등에도 신경을 쓰면서 자신만이 가지고 있는 언어 습관을 녹음기를 이용하여 수정하거나 혹은 가까운 친구나 선배 주변사람들로부터 객관적인 평가를 받는 것이 좋다.

### (4) 올바른 용어를 사용하도록 한다

일부 응시자들 가운데는 일상적으로 사용하는 용어조차도 잘못 사용하는 경우가 있다. 예컨대, 우리나라를 저희나라로 잘못 표현하는 경우도 적지 않다.[18] 그리고 학창시절에 사용하던 은어나 유행어를 사용하기도 하는데, 이 역시 주의할 필요가 있다.

간혹 젊은 면접위원이 분위기를 띄우거나 응시자의 반응을 살펴보기 위해 학생들이 사용하는 은어를 사용하기도 하는데, 이에 대해 응시자는 무의식적으로 친

---

18) '저희'는 '우리'를 낮춘 말로서 상대방에게 자신을 낮추어서 겸양의 뜻을 나타낼 때 쓴다. 그러나 '저희 나라', '저희 민족', '저희 국가'라는 표현은 말하는 사람과 아울러 그 사람이 속한 나라, 민족, 국가도 낮춘 표현으로 자기 나라를 낮추는 것은 지나친 겸손으로 잘못된 표현입니다. 부산대 한국어맞춤법/문법검사기(http://speller.cs.pusan.ac.kr/results).

구들과 얘기하는 식으로 용어를 사용하는 것은 자제해야 한다.

또 법률용어를 사용할 때에도 약식명칭보다는 정식명칭을 사용하는 것이 좋다. 예컨대, '경찰관직무집행법'을 '경직법'으로, '도로교통법'을 '도교법'으로, '압수수색'을 '압색'으로 표현하는 것도 자칫하면 귀에 거슬릴 수 있다. 특히, 근래에는 경찰학이나 법학전공 등과 전혀 무관한 외부면접위원(예, 심리학과, 통계학과, 경영학과 교수 등)이 참여하는 경우도 적지 않기 때문에 표준용어를 사용하는 것이 바람직하다.

그리고 우리말로 해도 될 용어를 굳이 외국어를 사용해서 표현하는 경우도 있다. 물론, 현실에서는 외국어능력을 개인의 중요한 평가기준으로 삼으면서, 면접에서 이를 사용하지 말라고 하면 모순 같지만, 일상어로 정착하여 통용되는 용어를 제외하고는 면접 중에는 사용하지 않는 것이 좋다. 따라서 잘못 사용하면 오히려 감점을 당할 염려가 있으므로 정확하게 알고 있는 지식을 잘 정리해서 쉬운 용어로 답변하는 것이 좋다고 본다.

지방 출신이라도 가급적 표준어를 사용하는 것이 좋지만, 상대방에게 혐오감을 느끼게 하는 정도가 아니라면, 표준어를 사용하려고 긴장하다가 실수하기 보다는 자연스럽게 있는 그대로 표현하는 것이 좋다. 오히려 친근감을 느끼게 할 수도 있다.


## 5) 정직(正直)하게 답변하라

### (1) 정직하라

정직(正直)은 어떠한 조직을 막론하고 한 개인을 평가하는데 있어서 가장 본질적인 것이다. 즉, 정직은 면접시험에서 불합격 당하지 않기 위하여 응시자가 갖추고 있어야 할 최소한의 요건이라 할 수 있다. 이는 다른 어떠한 평가요소보다도 중요한 것이다. 정직이야 말로 면접시험에 합격하기 위한 최선의 방책이다. 이 때문에 면접과정에서도 면접위원들은 이 부분에 주안점을 두고 평가를 하고자 할 것이다.

따라서 응시자는 면접위원의 질문에 솔직하게 답변해야 한다. 자신의 이미지를 돋보이도록 하기 위해 과장하여 표현하거나 없는 것을 꾸며서 있는 것처럼 할 필요는 없다고 본다. 있는 그대로의 자신의 모습을 진솔하게 표현할 때 신뢰를 얻게 되는 것이다.

사실, 응시자의 정직성에 대한 평가는 극히 사소한 것에서부터 시작된다. 예컨대, 면접위원이 "취미가 무엇인가요?" 또는 "어떠한 사회봉사활동을 한 경험이 있습니까?", "존경하는 사람은 누구입니까?"라고 물어 볼 수 있다. 이때 응시자는 실제로 자신이 특별하게 관심을 가지고 있지 않고 또 그러한 활동을 제대로 하지 않으면서 그럴싸하게 보이려고 즉흥적으로 대답을 하기도 한다. 즉, 취미로 테니스나 꽃꽂이를 한다고 하거나, 고등학교 때부터 정기적으로 헌혈이나 양로원·보육원 봉사활동을 한다거나, 평소에 존경하는 인물로 링컨 대통령이나 간디 수상 등을 거론하기도 한다.

그러나 이러한 답변으로 인해 오히려 응시자는 곤경에 처할 수도 있다는 점이다. 질문을 한 면접위원 또는 동료면접위원이 응시자의 대답을 듣고 그냥 지나치면 상관없겠지만, 만약에 그러한 부분에 많은 관심을 가지고 있는 면접위원이라면 좀 더 구체적으로 해당 사항을 물어볼 가능성이 높다고 본다. 이 경우 응시자가 제대로 답변하지 못하는 것은 자명한 일이다. 자신이 그러한 활동을 하지 않았기 때문에 구체적인 질문이 들어가게 되면 당황할 수밖에 없을 것이다.

그리고 이러한 응시자의 반응을 면접위원들은 곧바로 파악할 수 있으며, 결과적으로 응시자에 대한 불신을 갖게 되고, 이는 그 이전의 답변에까지 확대되어 해석할 것이다.

생각건대, 면접시험은 응시자의 전문적 지식만을 테스트하기 위한 것이 아니며, 면접위원이 던진 질문에 대한 대답을 통하여 응시자의 경험이나 세상을 보는 눈을 가늠해 보고자 하는 의도도 함께 가지고 있다고 본다. 그리고 면접위원들은 응시자들이 어려운 필기시험에 대비하기 위하여 전력을 다하기 때문에 수험에 필요한 지식 이외에 일반적 상식에 어두울 수도 있으며 또 봉사활동 등에 많은 노력을 기울이지 못하기 쉽다는 것을 잘 알고 있다. 면접위원의 질문내용에 대하여 잘 모르고 있다고 하더라도 오로지 그것만을 이유로 불합격 판정을 하는 일은 없다.

다만, 최근 들어 면접시험에서 사회봉사(社會奉仕)에 관한 부분이 강조되는 추세에 있다. 사회봉사를 수험준비의 일환으로 한다는 것은 바람직하지는 않지만 일단 시험은 시험이기 때문에, 과거에 경험이 없다면, 필기시험을 치른 이후에라도 자신의 능력에 맞는 사회봉사를 경험삼아서라도 한번 시도해 볼 일이다.

### (2) 그러나 융통성 없이 정직한 것은 곤란하다

'털어서 먼지 안 나는 사람 없다'는 말이 있다. 있는 그대로의 솔직한 모습을 보이라고 해서 굳이 자신의 결점을 하나부터 열까지 일일이 열거할 필요는 없다. 단점을 위주로 표현하다 보면 자신의 한계를 인정하는 꼴이 되며, 또 열등주의 또는 비관주의를 가지고 있다는 인식을 받게 된다.

따라서 때에 따라서는 자신이 가지고 있는 단점 또는 약점을 스스로 인정하되, 그것으로 그치지 말고 발전 가능성 제시하는 것도 하나의 요령이라고 볼 수 있다.

예컨대, 봉사활동에 대한 질문을 받았을 때, 그러한 경험이 없다면, 솔직하게 "부끄럽지만 어린 시절에는 몇 차례 한 것 같지만, 대학에 진학한 이후에는 수험생활을 한다는 핑계로 아직 그러한 경험을 제대로 해보지 못하였습니다. 죄송합니다" 라고 하고, "그러나 마음 한편에서는 사회적 약자를 위해서 살아가야 한다는 신념을 가지고 있습니다. 저에게 기회를 주시면 좀 더 의미 있는 삶을 살고자 노력하겠습니다"라는 식의 표현도 고려할 수 있을 것이다.

또 자신의 단점 또는 약점을 말하되, 그것을 장점으로 승화시키는 방법이 필요하다. 여기에서 단순하게 말을 끝맺기보다는 조금 문장을 연결해서, 좀 더 구체적인 형태로 표현하는 것도 요령이다.

예컨대, "본인의 성격 가운데 단점이 있다면 무엇인가?"하는 질문에 대해 "지나치게 꼼꼼한 면이 있습니다. 그러다 보니 세상을 보는 시야가 좁은 편입니다."라는 식으로 연결하는 방법이다. 그리고 이에 더하여 "다만, 이러한 성격 때문인지는 몰라도 대학동기들 모임에서 총무 일을 맡고 있습니다. 경찰공무원이 된다면, 이러한 저의 성격을 필요로 하는 경무과 같은 부서에서 일해보고 싶습니다"라는 표현도 고려할 수 있을 것이다.

한편, 역설적이지만 지나치게 솔직한 태도를 보이는 것은 주의할 필요가 있다. 오늘날 일부 기업에서 실시하고 있는 '정직성 테스트'(integrity test)가 있는데, 정직하게 응답하는 것이 약(藥)이 될 수도 있고, 독(毒)이 될 수도 있기 때문이다.[19] 면접위원은 응시자들에 대해서 공식으로 확인하기 어려운 학창시절의 절도, 폭력, 왕

따, 알코올, 약물사용, 우울증 경험 등에 대해서 물어볼 수도 있을 것이다. 이때 어떻게 대답하는 것이 바람직할 것인가? 생각건대, 가능한 한 진솔하게 대답하면서, 자신의 삶의 가치관 변화과정 및 개선된 점, 또는 극복한 점을 제시하는 것도 좋다.

또 면접위원이 응시자에게 "살아가면서 임기응변을 발휘한 사례"에 대해서도 물어 볼 수 있다. 이에 대해서 예컨대, 자신이 임기응변을 발휘한 사례랍시고 "군대생활을 하면서 없어진 물건을 다른 소대에 가서 보충해왔다"라는 식으로 답변하는 것은 곤란하다. 이는 물건을 훔친 경험을 자랑스럽게 말하는 꼴이 되어 버리기 때문이다. 따라서 이러한 사례보다는 다른 사례를 들거나, 아니면 약간의 자기 포장이 필요하다. 물론, 자기가 적절하게 말로써 대처할 수 있는 것은 약간의 포장이 필요하지만 앞뒤의 논리 모순이 발생할 우려가 있는 경우에는 솔직하게 말하는 것이 바람직하다.

### (3) 지나치게 유창하게 말을 하면 때론 손해를 볼 수 있다

응시자 10명 가운데 8명은 면접에서 가장 중요한 것이 말을 잘하는 것으로 생각하는 경향이 있다. 따라서 면접위원의 질문에 망설임 없이 바로 답변해야 하며 말이 꼬이거나 더듬거리면 안 되고 여유 있게 유창하게 말해야 면접에서 합격할 수 있다고 생각한다.

사실, 면접은 말을 통해서 이루어지기 때문에 말을 잘하는 것은 그렇지 않은 사람에 비해 상당히 유리한 조건임에는 분명하다. 아무리 좋은 생각과 훌륭한 인성을 갖고 있다 해도 그것을 말로 표현하지 못하면 아무런 의미가 없기 때문이다. 그러나 말을 유창하게 하는 것보다 훨씬 더 중요한 것이 '진심'(眞心)이다.

따라서 면접에서 말을 잘해서 똑똑하게 보이는 것보다 다소 더듬거리더라도 본인의 진실성을 보여주는 것이 무엇보다도 중요하다. 이것을 다르게 표현하면 거짓말을 하거나 진실성을 오해받으면 바로 탈락한다는 것이다. 면접의 핵심은 말을 얼마나 유창하게 잘하느냐가 아니다. 자신이 가지고 있는 것을 가감 없이 진심으로 보여주는 것이 지원자가 할 수 있는 최선이다. 생각건대, 응시자는 유창하지는 않지만 가능한 한 진심으로 자기 생각을 말하는 것이 좋다.

---

19) Harris, William G.(1990), "The Integrity Test," Security Management: Special Supplement—The Ways and Means of Screening, p. 21.

## 6) 논리적 일관성(一貫性)을 가지고 답변하라

### ⑴ 논리적 일관성을 유지하라

응시자들이 정직하게 답변을 한다는 것을 전제로 할 때, 그 다음으로 면접위원들의 가장 중요하게 생각하는 것이 있다면 바로 논리적 일관성이라고 할 수 있다.

사실, 논리적 일관성이라는 것은 어떠한 주제를 막론하고 모두 해당한다. 면접위원들이 자주 하는 질문 가운데 하나인 '자기소개'를 해보라고 한다면, 응시자는 이에 대해서 논리적 일관성을 가지고 자기 자신을 소개해야 한다.

그런데 면접과정을 지켜보면, 응답자 스스로가 논리적 모순을 가지고 자기소개를 하는 경우도 없지 않았다.

예컨대, "저는 평소에 '이타적인 삶을 살자'를 저의 삶의 '좌우명'(座右銘)으로 삼고 있습니다.[20] 그래서 비록 내성적이고 소극적인 성격을 가지고 있지만, 주변의 어려운 사람들을 보면 항상 적극적으로 도와주고자 노력하였습니다"와 같이 말하는 것은 다소 문제가 있을 수 있다고 본다.

사전적으로 '내성적'이라는 것은 '속마음이나 감정 따위를 겉으로 드러내지 않고 마음속으로만 생각하는 것'을 말한다. '소극적'이라는 것은 '자진하여 나아가려는 태도나 마음가짐이 부족하고 활동적이 아닌 것'을 의미한다. 따라서 '내성적이고 소극적인' 성격과 '주변의 어려운 사람들을 보면 항상 적극적으로 도와주고자 노력하였다'는 것은 논리적인 일관성이 다소 떨어진다고 본다. 앞뒤 문장이 상치되기 때문이다.

또 응시자는 이러한 논리적 일관성을 가지고 최근의 이슈화된 주제(예, 남북정상회담, Me Too운동, 최저임금제 및 소득주도 성장정책, 사법부 재판거래 의혹, 공소시효 폐지, 낙태죄 인정, 사형존폐론, 양심적 병역거부, 사드배치, 4대강사업, 국정교과서, 성적소수자 인권, 재벌기업에 대한 형사정책적 배려문제, 경찰의 정치적 중립성, 자치경찰제 도입

---

20) 좌우명(座右銘)은 개인이나 단체나 국가에서 특별한 동기 부여를 위해 만드는 표어이다. 좌우명이라는 말은 후한(後漢)의 학자 최원(崔瑗)에서 시작되었다. 뜻 풀이를 해보면, '자리'(座)의 '오른쪽'(右)에 일생의 지침이 될 좋은 글을 '쇠붙이에 새겨 놓고(銘)' 생활의 거울로 삼은 데서 유래되었다. 한편, 서양에서는 이를 모토(Motto, 이탈리아어)라고 부른다. 위키백과(https://ko.wikipedia.org).

과 수사권독립 문제 등)에 대해서 자신의 주장을 제시해야 한다.

논리적 일관성이라는 것이 어떠한 정답과 관련된 것은 아니다. 이는 응시자가 알고 있는 객관적 사실을 바탕으로 자신의 주장을 논리적으로 일관되게 펼쳤을 때, 상대방을 설득 또는 공감시킬 수 있는 가능성이 높고, 그것만으로도 의미가 있는 것이다.

물론, 이러한 논리적 일관성을 유지한다는 것이 사실상 쉽지는 않다. 특히, 어떠한 주제가 복잡한 정치적·경제적·사회문화적 역학관계를 가지고 있는 경우에는 더욱 더 그렇다.

생각건대, 논리적 일관성이란 것은 어느 한 순간 시간을 정해놓고 학습하여 단기간에 향상되는 것이 아니기 때문에 평소에 논리적 사고력을 키우기 위한 노력을 게을리 하지 말아야 한다. 이를 위해서는 평소에 주변사람들과 논리적인 대화를 하는 습관을 지녀야 하고 특히, 신문이나 서적 등을 틈틈이 읽어 두어야 한다. 그리고 더욱 중요한 것은 주변의 시류(時流)나 분위기에 편승하기보다는 자신만의 '삶의 철학'이나 '가치관'을 올바르게 정립하고 있어야 한다는 점이다.

## 사 례

① 당신은 ○○경찰서 생활안전과에 근무하고 있다. 당신의 업무와 관련하여 상관이 위법·부당한 명령을 내렸을 경우, 어떻게 대처할 것인가?
② 당신은 무단횡단 등에 대한 단속권한을 가지고 있는 교통경찰관이다. 당신의 근무 도중 짐을 들고 있는 할머니가 멀리 떨어져 있는 횡단보도를 이용하지 않고 무단횡단을 하고 있는 것을 발견하였다. 이 경우 어떠한 조치를 취할 것인가?

위의 두 가지 질문이 무엇을 그 직접인 내용으로 하는지 살펴보기로 하자. 첫 번째 질문은 상관의 직무명령에 대한 경찰공무원의 복종의무와 법령준수의무가 충돌하는 경우의 대처방식을 묻고 있다.

두 번째 질문은 교통법규위반의 문제와 구체적 상황하에서의 실질적 타당성의 문제가 충돌하는 경우의 대처방식을 묻고 있다.

이처럼 두 가지 질문은 그 직접적인 내용은 다르다. 그러나 궁극적으로 '법령'에 대한 수험생들의 생각, 특히 법령과 다른 가치가 충돌해도 법령이 우선적으로 준수되어야 하는지를 묻고 있다. 이 두 가지 질문에 대한 대답에 있어서 응시자가 '법령준수'에 대한 상반된 인식에 기초하고 있다는 생각을 하게 만드는 답변이 행하진다면 곤란하다고 본다. 그렇다면, 어떻게 답변하는 것이 적절한가?

### (2) 결론부터 이야기 하는 것이 좋다

논리적으로 말하는 방법은 기본적으로 두괄식(頭括式)과 미괄식(尾括式)이 있다. 전자는 결론(즉, 자신의 주장)부터 말하고, 그 근거를 제시하는 방법이다. 후자는 여러 가지 근거를 제시하고 나서 마지막에 가서 결론에 도달하는 방법이다. 이 두 가지 방법 모두 나름대로 장단점이 있다.

그런데 면접과정은 상당히 제한된 시간에 자신의 의견 또는 주장을 관철해야 하므로 두괄식 즉, 결론부터 먼저 말하고 그 다음에 왜 그러한 결론에 도달하였는 지를 설명하는 것이 보다 더 유리하다고 본다. 이렇게 했을 경우, 면접위원들은 쉽게 응시자가 하고자 하는 기본 취지를 쉽게 이해할 수 있기 때문이다.

따라서 면접위원이 응시자에게 예컨대, "Me Too운동에 대해서 어떻게 생각하는가?"라고 질문을 하게 되면, 결론 즉, Me Too운동은 "필요하다 아니면 필요하지 않다", "문제가 있다 아니면 없다", "필요하지만 문제가 있다"는 결론을 먼저 내려주고 그 이유에 대해서 "첫째, 둘째, 마지막으로~" 식으로 논지를 펼치는 것이 바람직하다고 본다.

### (3) 답변은 너무 길지도 또 짧지도 않게 한다

답변이 길어지면 면접위원은 차츰 흥미를 잃게 되고 응시자 스스로 말의 핵심을 놓쳐서 논리적 모순에 빠질 우려가 있다. 따라서 적절하게 답변을 조절할 필요가 있다. 답변의 질은 답변의 양에 있는 것이 아니라 내용에 있기 때문이다.

또 응시자는 예상하지 못한 당혹스러운 질문을 받게 되면 정리되지 않은 상태에서 대답을 하게 되어 답변이 장황해진다. 이렇게 되면 면접위원은 응시자가 하고자 하는 말을 이해하지 못하게 되고, 심지어는 응시자 스스로 자기가 무슨 말을 했는지도 모르게 된다. 따라서 당혹스러운 질문을 받아도 2~3초간 여유를 갖고 말하고자 하는 바를 정리하여 대답하도록 노력해야 한다.

그리고 질문에 대한 답변과 관련하여 하나의 이유를 가지고 의견을 제시할 수도 있지만, 쟁점이 되는 사안(예, 경찰수사권 독립, 자치경찰제도 도입, 사형존폐론 등)에 대해서는 좀 더 세분화된 근거를 제시하는 것도 좋다고 본다. 통상적으로 어떠한 주장을 할 때 보통 '세 가지' 이유를 든다. 즉, 세 가지 정도의 논리적 근거라면 충분히 설득력이 있다는 이야기이다.

한편, 답변을 지나치게 짧게 하는 것도 문제가 있다. 예컨대, 면접위원이 응시자에게 1분 동안 자기소개를 하도록 하였는데, 불과 20초만에 끝내는 경우도 있다. 이렇게 되면, 면접위원은 "자기소개조차도 제대로 못하는데 다른 내용은 물어봐야 뭐하겠는가?"하는 생각이 들 것이다. 이와 동일한 맥락에서 면접위원이 응시자의 성격에 대해서 물었을 경우, 특별한 부연설명 없이 "저는 성실하고 매사에 꼼꼼한 편입니다"라는 식으로 말을 짧게 마치게 되면, "저 나이 먹도록 저 정도 어휘 밖에 사용하지 못하나"하는 생각도 하게 될 것이다.

### (4) 논리적 비약이 있어서는 안 된다

응시자는 주어진 주제에 대해서 어떠한 객관적인 사실을 바탕으로 자신의 주장을 논리적으로 전개하여 상대방 즉, 면접위원들을 설득시키는 것이 관건이다.

이를 위해서는 두괄식이든 미괄식이든 간에 일종의 '기승전결'(起承轉結)을 가지고 매끄럽게 이루어져야 한다. 여기서 기(起)는 시작하는 부분, 승(承)은 그것을 이어받아 전개하는 부분, 전(轉)은 의미를 전환하는 부분, 결(結)은 의미를 끝맺는 부분을 말한다.

그런데 이러한 기승전결의 과정을 거치지 못하고 논리의 비약(飛躍)을 하는 경우가 있다.[21] 쉽게 이야기하면, 'A(주장) → B(근거) → C(결론)'라는 과정에서 본다면, A라는 주장은 B라는 근거를 거쳐, C라는 결론을 도달해야 하는데, 여기에서 B의 단계를 생략하고 곧바로 C로 도출해 버리는 것을 말한다.

---

21) 논리의 비약과 논리의 결여는 의미상 차이가 있다. 논리의 결여는 논리가 없다는 것을 의미한다. 즉, 논리가 결여되어 있다는 것은 말이 안 된다는 의미이다. 그러나 논리의 비약은 나름대로 논리는 가지고 있지만, 추론과정에서 한 단계 건너뛰어 설명하게 됨으로써 설득력이 다소 약해지는 것을 말한다. 서정범(2015), 앞의 책, p. 81.

이처럼 논리의 비약이 있게 되면 면접위원들은 C라는 결론에 대하여 의문을 갖게 되고 그로 인해 응시자의 의견에 대해 만족할만한 동의를 이끌어내기가 어렵게 된다. 물론, 짧은 시간에 이러한 여러 가지 내용을 전체적으로 언급하기는 쉽지 않지만, 가능하다면 결론에 도달하기에 앞서 어떠한 근거를 언급하는 것이 좋다고 본다.

---

### 생각해 보기

① 오늘날 인구의 고령화는 우리사회가 직면한 심각한 사회문제 가운데 하나라고 볼 수 있다. 이들 고령자에 의한 범죄문제도 예외는 아니다. 이들의 범죄문제를 낮출 수 있는 형사정책적 대안으로 어떠한 것을 생각해 볼 수 있는가?
② 자유민주국가에서 경찰의 정치적 중립성 확립은 매우 중요한 의미를 갖는다. 그런데 오늘날에도 경찰의 정치적 중립성은 여전히 확립하기가 어려운 실정이다. 이의 원인은 무엇이라고 생각하는가? 또는 이의 대안이 있다면 어떠한 것을 생각해 볼 수 있는가?
③ 경찰은 형사절차상의 첫 단계로서 매우 중요한 역할하고 있다. 그러나 이러한 사정에도 불구하고 수사권한이 제한되어 있어서 적지 않은 역할한계에 직면하고 있다. 이에 대해서 어떻게 생각하는가?

---

## 7) 전문성(專門性)을 갖추고 구체적으로 답변하라

### (1) 뜬구름 잡는 이야기는 하지 말 것

위에서 설명한 바와 같이 면접위원들이 응시자들을 평가하는 중요한 평가요소 가운데 특히, 정직성과 논리적 일관성은 중요하다고 볼 수 있다. 여기에 또 하나 중요한 평가요소로서 전문성을 들 수 있다. 전문성이라는 것은 '특정 분야에 대한 상당한 지식과 경험을 가지고 있는 특성이나 성질'을 말하는 것이다.

과거와는 달리 경찰면접시험이 실질적으로 채용의 당락을 좌우하는 중요한 평가요소가 되었고, 따라서 응시자가 경찰직무 등에 대한 어떠한 전문적 지식을 가지고 있는지의 여부를 평가하지 않을 수 없다고 본다. 또 면접위원들 역시 변별력을 가지고 응시자들을 평가해야 하기 때문에 예전과 같은 단편적인 질문은 많이 줄었다고 볼 수 있다.

따라서 최근 경찰면접에서는 '사례제시 및 문제해결' 방식의 질문들이 주류를 이루고 있다. 즉, 어떠한 구체적 상황을 제시한 후, 그 상황에 대한 대응방법 등을 묻게 되는 방식이다. 이러한 접근방법은 응시자의 문제인식 능력 및 대응능력을 평가하기 위한 것이다.

다만 주의할 것은 면접위원들이 이러한 질문들을 통해 응시자들에게 최선의 대응방식 또는 문제해결방안을 요구하는 것은 아니라는 점이다. 즉, 정답을 요구하는 것을 결코 아니라는 점이다. 경찰업무 수행과정에서 직면하는 수많은 사건에 대한 대응방법은 주어진 상황에 따라 천차만별이고, 따라서 직접 그 상황에 직면해보기 전에는 알 수 없기 때문이다. 이러한 점에 대해서는 모든 면접위원들 역시 인식하고 있음은 물론이다.

따라서 응시자들은 정답을 말하려고 하지 말고, 나름대로 논리를 세워 설득력 있는 해결방안을 제시하면 그것으로 충분하다. 그리고 여기에서 전문적인 식견을 가지고 가능하다면 구체적인 해결방안을 제시하는 것은 매우 바람직하다. 그냥 막연히 원론적이고 추상적인 내용 또는 표현(예컨대, "~을 보니 대한민국 미래가 걱정됩니다", "~한 문제가 발생했을 경우 구성원들이 합심하여 해결하도록 노력하겠습니다" 등)을 하고 또 그러한 내용과 표현에 대한 구체적인 내용이 없다면, 좋은 평가를 받기는 어렵다고 본다.

## 생각해 보기

① 당신은 ○○지구대장에 부임하였다. ○○지구대에는 순경출신의 55세 경위, 경찰간부후보생 출신의 33세 경위, 또 순경출신의 40세 경사, 그리고 이제 갓 채용된 33세의 순경 등 20여 명의 직원이 근무하고 있다. 당신은 이처럼 다양한 인적 구성원들을 어떻게 효율적으로 통솔할 것인가?
② 당신이 근무하는 지역에 다문화현상이 뚜렷하게 나타나고 있다. 그리고 다

문화를 형성한 외국인의 특징을 보면 특히, 동아시아에서 이주해 온 사람이 다수를 이루고 있으며, 저소득층이 높은 비중을 이루고 있다. 그런데 최근 이들 다문화에 의한 범죄문제가 많이 증가하고 있다. 어떻게 대처하는 것이 바람직하다고 생각하는가?

③ 지난 2016년 5월 01시경에 서울 강남역 인근 상가의 남녀공용 화장실에서 23세 여성이 괴한의 흉기에 찔려 사망하는 사건이 발생하였다. 이 사건을 계기로 국가차원에서 몇 가지 대책을 내세웠으나 특별히 나아진 것이 없다. 경찰에서도 셉테드(CPTED) 관점에서 관할구역 내의 우범지역에 대한 전반적인 점검을 하기 위하여 전담반을 편성하고 외부 전문가를 초빙하여 자문을 구하는 등의 시도를 하였으나, 얼마 뒤에 소리 소문 없이 흐지부지 되었다. 무엇이 문제인가?


## (2) 법률 및 관련 이론 등을 부가하면 더욱 좋다

주어진 주제에 대한 관련법을 제시하고, 그 내용을 일부 설명할 수 있다면, 전문성을 부각할 수 있을 것이다. 또 어떠한 이론적 설명이 필요한 부분에서는 관련 분야의 국내외 전문가의 견해를 제시하는 것도 의미가 있다고 본다.

예컨대, "쓰레기매립장, 교도소 등 혐오시설의 설치를 반대하는 관련 주동자들이 과격시위를 한다면 어떻게 하겠는가?" 이러한 질문의 경우, 시설의 특성을 설명하는 것에 초점을 두기보다는 '시위의 합법적인 범위와 불법적인 범위를 잘 판단해서 불법적인 시위에 대해서는 단호한 대응을 해야 한다는 점' 등을 잘 설명해야 한다. 면접응시자들도 아마 이러한 점에 초점을 두고 답변을 할 것이다.

그리고 여기에 부가하여 「집회 및 시위에 관한 법률」 등 관계 법령을 언급하며 답변을 하게 되면, 가점을 받게 되며 좋은 인상을 심어줄 수 있다. 세부적인 법조문까지 일일이 알 필요는 없지만 기본적으로 법률명과 핵심 조문 정도는 기억해 두는 것이 바람직하다고 본다.

또 "기초질서 위반에 대해서 어떻게 생각하며, 경찰은 어떠한 방법으로 대응하는 것이 바람직한가?"와 같은 질문을 받게 되면, 응시자는 관련법으로서 「경범죄처벌법」 등을 제시하면서 응답할 수 있을 것이다. 그리고 여기에 어떠한 이론적 배경을 설명하는 것도 좋다고 본다.

## 어느 심리학자의 실험

스탠포드대학의 심리학자인 짐바르도(P. G. Zimbardo)는 세워둔 자동차에 대한 '파괴행위' 진행과정에 대한 연구(1969)를 실시한 후, 이에 대한 실험결과 보고서를 작성하였다.

"차량 번호판이 없는 한 대의 자동차를 준비하여, 그 자동차의 보닛(bonnet)을 열어 놓은 채 브롱크스(Bronx, 미국 뉴욕 주 남동부에 있는 자치구)에 있는 어느 길거리에 주차시켜 놓았다. 그리고 이와 유사한 자동차를 팰러앨토(Palo Alto, 미국 캘리포니아 주 샌타클래라 군에 있는 시) 지역의 길거리에 주차해 놓았다. 브롱크스에 세워둔 자동차는 방치해 놓은 지 10분 이내에 곧바로 일부의 사람들(vandals)에 의하여 공격을 받게 되었다. 자동차 주변에 처음 도착한 무리 중의 첫 번째는 한 가족 이었는데, 아버지, 어머니, 그리고 어린 아들이었다. 그들은 차량의 라디에이터와 베터리를 제거하였다. 이후 24시간 이내에 값어치가 나가는 모든 차량부품들은 완전히 분해되어, 사라져 버렸다. 이후 자동차는 마구 파괴되기 시작하였다. 자동차의 창문은 박살 났으며, 다른 부품들도 파괴되고 찢어 없어졌다. 아이들은 마치 자동차를 운동장처럼 이용하여 그 위에 올라가서 뛰어 놀기 시작하였다. 파괴행위에 참여한 대다수의 사람은 말쑥하게 차려입은 아주 깔끔한 백인들이었다.

그런데 팰러앨토에 세워 둔 자동차는 1주일이 넘게 아무도 손을 대지 않은 채로 그대로 있었다. 그때 짐바르도는 큰 쇠망치로 자동차의 일부를 부숴버렸다. 그러자 곧, 행인들이 가담하기 시작하였다. 몇 시간 안에 그 자동차는 완전히 파괴되었다. 이번에도 첫 번째 실험에서 목격된 것처럼 상당히 품행이 단정한 것처럼 보이는 백인들이 파괴행위를 한 것으로 나타났다. 이와 같은 파괴행위를 할 거이라고는 꿈에도 생각하지 않았던 평범한 사람들조차도 자동차 파괴는 정당한 게임거리로 전락하게 된 것이다. 결과적으로 두 지역의 자동차는 모두 파괴되었지만, 브롱크스와 같이 도시의 익명성과 자동차들이 자주 방치되고, 물건들이 자주 도난당하고, 주변 기물들이 파괴되는 지역은 팰러앨토와 같이 개인 소유물에 대한 의식과 법준수에 대한 인식이 있는 지역보다 훨씬 빨리 파괴행위가 시작되었음을 알 수 있다."

이 실험을 통해 여러 가지 의미 있는 결과(즉, 지역사회의 수준에 따른 구성원들의 법준수 태도 등)를 발견할 수 있는데 이 가운데 특히, 깨진창이론(Broken-Window Theory)을 검증하였다고 볼 수 있다. 이러한 관점에서 보면, 만일 깨어진 창문이 신속하게 보수되지 않으면, 그 집에 있는 다른 모든 창문도 곧바로 파괴되기 시작할 것이다. 그리고 도심 중심가의 도로변이나 번화가에서 퇴폐행위나 무질서, 파괴적 행위, 낙서, 위협적인 구걸행위, 나뒹구는 쓰레기, 노상방뇨 등이 방치된다면, 결국 심각한 범죄로 발전될 가능성이 높을 것이다. 이러한 깨진창이론이 경찰활동에 응용되어 이른바 '무관용 경찰활동'(Zero Tolerance Policing) 전략으로 실행되어 '경미한 범죄자에 대한 엄격한 대응'이 모색되기도 하였다.[22]

출처: 임준태, 범죄통제론(2003), 서울: 좋은세상, pp. 498-501.

## 8) 객관성(客觀性)을 유지하라

### ⑴ 자신에 대해서 객관적이어야 한다

면접과정에서 객관성을 가지고 있어야 한다는 것은 먼저, 자기자신에 대한 객관성 또는 중립성에서 출발한다.

예컨대, 면접위원이 묻지도 않는데 굳이 자신이 나온 학교와 지역을 말할 필요는 없다. 이런 것을 언급하게 되면 오히려 마이너스의 효과를 낼 수 있으니 주의할 필요가 있다. 면접시험은 블라인드(blind)라는 것을 명심하고, 면접위원이 묻지 않거나 필요 없는 말은 언급할 필요는 없다고 본다.

### ⑵ 질문에 대해서도 객관적이어야 한다

면접위원의 질문에 대한 답변이 객관적이어야 한다는 것은 어느 정도의 중립

---

22) 그러나 주의할 것은 경찰의 '무관용'(無寬容)적인 태도는 시민과의 거리감과 갈등을 야기할 가능성이 있으며, 따라서 '커뮤니티 경찰활동'(Community Policing)은 본질적으로 무관용을 지향하는 것은 아니라는 점이다. 경찰이 경미한 기초질서위반사범까지 엄격하게 대응을 한다면, 장기적으로 시민과 불편한 관계를 초래할 가능성도 있기 때문이다. 바꿔 말하면, 깨진창이론의 근거에 기초하여 경찰이 관용적인 태도로 사전예방적 접근을 할 것인지, 무관용적인 태도로 사후대응적 접근을 할 것인지에 대해서는 진지한 고민이 필요하다고 본다. 최선우(2017), 경찰학, 서울: 그린, pp. 573-574.

성적인 시각을 가지고 주어진 문제에 접근해야 한다는 것을 의미한다. 즉, 어떠한 쟁점에 대해서 지나치게 한쪽으로 치우쳐서 극단적으로 자신의 주장을 하는 것을 경계해야 한다는 의미이다.

면접위원들은 정치적·경제적·사회문화적인 최근의 이슈를 응시자에게 물어보는 경우가 적지 않다. 특히, 외부 면접위원들의 경우 이러한 질문을 자주 던진다고 본다. 따라서 최근 이슈화 된 사건 등에 대해서는 관련 기사 및 사설 등을 꼼꼼히 읽어보고, 자신의 관점에서 정리하여 논리적으로 표현할 수 있도록 준비해야 한다.

그런데 응시자들의 대부분은 현 정부의 정책 또는 경찰의 치안정책에 대해서 전폭적인 지지를 보이는 경향이 있다(예컨대, 본인이 박근혜 전대통령 집권기에 경찰대학에서 4학년들을 대상으로 특강을 할 때, '광화문 촛불집회에 대한 경찰차벽 설치의 정당성 문제'를 학생들에게 물은 바 있었는데, 모든 학생이 그것은 정당하다고 답변했던 것이 기억난다).

물론, 개인적인 가치관 자체가 그렇게 형성되어 평소에도 그러한 생각을 하고 있다고 본다면 문제가 없다. 문제는 경찰공무원 면접시험에서 현 정부의 정책 등에 대해서 부정적 또는 비판적 입장을 보이는 것이 자신에게 불리하게 작용할 수도 있다고 생각해서, 평소의 자기의 생각과는 다른 답변을 할 때 발생하게 된다.

이렇게 되면, 논리적 일관성에서 허점이 보일 수 있기 때문이다. 즉, 면접위원의 앞서 한 질문에 대해서 응시자는 질서보다는 개인의 자유와 권리를 강조하고, 그러다 보니 일정부분 진보적인 태도를 견지하였는데, 갑자기 정부정책에 대해서는 보수적인 태도를 보이게 되면, 그 진실성에 대해서 의구심을 갖게 된다고 본다.

사실, 경찰은 군대와 마찬가지로 체제유지의 성격이 강하고 따라서 조직문화가 상대적으로 보수적이라고 본다. 이 때문에 외부면접위원들은 다소 개방적이고 진보적인 답변에 대해서 긍정적인 평가를 할 수도 있지만, 내부면접위원(즉, 현직경찰공무원)들은 이에 대해서 어떻게 평가를 할지는 확신하기가 어렵다.

또 본인이 경험해본 바에 의하면, 현직 경찰공무원 가운데에서도 보안 및 정보기능에 근무하는 경찰공무원의 경우에는 그 업무의 특성상 상대적으로 보수적인 경향이 강하고, 반면 수사나 생활안전기능에 근무하는 경찰공무원의 경우에는 어느 정도 진보적이고 개방적인 사고를 하고 있었던 것 같다(그러나 이러한 경향 역시 개인차에 불과하다고 본다).

다만, 시대가 많이 변하여 경찰공무원들 역시 전적으로 체제유지적이고, 보수적인 성향을 보이는 것 같지는 않다고 본다. 이들 역시 매우 합리적이고, 객관적인 시각으로 문제를 인식하고 있다고 볼 수 있다. 다만, 경찰공무원의 신분상 외부로 자신의 내심을 표출하지 않는다고 본다.

따라서 결론적으로 말한다면, 응시자의 의견이 한쪽으로 너무 지나치게 치우치지만 않는다면 어느 정도의 비판적 태도는 문제될 것이 없다고 본다.

## 9) 나만의 소신(所信)을 보여줘라

### (1) 나만의 색깔을 보여줘라

면접응시자들은 면접위원들의 질문에 대해 객관적 자세를 갖되, 일정부분 자신만의 소신을 보여주어야 한다. 자신의 색깔이 전혀 없는 무색무취(無色無臭)의 답변이야 말로 가장 치명적인 독이 될 수도 있다는 점을 명심해야 한다.

대부분의 응시자들은 면접준비를 하는 과정에서 기출문제를 적지 않게 참고하게 된다. 그러나 기출문제는 참고사항일 뿐이다. 기출문제를 적절하게 분석하여 면접경향을 파악하는 것은 필요하지만 그것에 전적으로 의존하는 것은 매우 위험하다.

그리고 앵무새처럼 기출문제를 외워서 기계적으로 답변하려고 하다보면, 정작 중요한 자신만의 색깔 또는 본 모습을 보여주지 못할 수가 있다. 그리고 같은 질문이라도 면접위원에 따라서 다른 답변을 요구하는 경우도 있고, 응시자가 모범답안이라고 암기한 것은 이미 다른 지원자가 같은 방법으로 암기하여 선수를 칠 수도 있다(이 경우 매우 당황하게 됨은 물론이다).

이러한 점에서 볼 때, 응시자가 지나치게 기계적인 태도를 보이는 것도 바람직하지 못하다고 본다. 비록 공정중립적이고 객관적인 관점에서 당면한 문제에 접근하는 것은 바람직하지만, 그렇다고 해서 사무적·기계적인 태도를 취하는 것은 지양해야 한다고 본다.

어떠한 상황이든 '선택의 문제'에 직면하고 거기에 적절한 대응을 요구하기 때문이다. 이를 경찰활동상에서 접근한다면, 일종의 재량행위(裁量行爲)와 관련된 것으로 볼 수 있다. 경찰공무원은 직무수행과정에서 법률유보원칙에 따라 법을 집행하는 국가기관이지만, 법집행과정에서는 항상 선택의 문제에 직면하게 된다.

이 선택의 문제는 큰 틀에서 본다면 민주주의의 기본가치 즉, '인권과 질서'가운데 무엇을 우선시할 것인가 하는 것과도 관련된다. 양자를 항상 동시에 달성할수 있는 것은 아니기 때문이다. 따라서 인권을 보호하고자 한다면 질서유지가 어려울 수도 있고, 또 질서유지에 초점을 두게 된다면, 인권침해도 발생할 수도 있기 때문이다. 따라서 응시자는 짧은 시간이지만 본인 스스로가 경찰공무원이라는 생각을가지고 면접위원들이 제시한 문제에 진지하게 답해야 한다.

여기에서 중요한 것은 '정답은 없다'라는 점이다. 따라서 그러한 선택의 문제에 대해 충분한 고민을 하고 있다는 것만으로도 충분할 수 도 있을 것이다. 물론, 거기에서 소신 있는 자신만의 의견을 개진하는 것도 필요하다고 본다.

### (2) 나만의 강점을 보여줘라

'체용'(體用)의 관점에서 본다면, 어떠한 조직이든 그 운영의 본질적인 요소는동일하다고 본다. 즉, 조직목표와 구조, 인사관리, 예산관리, 정보 및 보안관리, 환경대응 및 그에 대한 적절한 현장운용 등은 정도의 차이는 있지만 기본적으로 요구되는 사항들이다.

바꿔 말하면, 경찰조직의 각 활동영역의 쓰임새에 맞는 인재(人才)를 필요로한다는 점이다. 예전에, 경찰공무원을 준비하는 한 학생을 경찰시험 합격하기 전에심층면담을 한 적이 있었다. 그 학생은 상담과정에서, 자신은 이기적(利己的)인 성격을 가지고 있다고 하였다. 그리고 장점이라고 한다면, 계산능력이 매우 뛰어나다고 하였다. 그렇다면, 이러한 사람이 경찰공무원으로서 적합한지에 대해서 어떻게생각하는가?

일반적으로 경찰공무원이라고 한다면, 이타적(利他的)인 성격을 바탕으로 하여일선현장에서 범죄와 무질서 등으로부터 국민을 보호하는 등의 주어진 임무를 성실하게 수행해야 한다고 본다. 그러나 이러한 관점에서 본다면, 위 학생은 우리가 생각하는 '경찰상'(警察像)과는 다소 거리가 있다. 그렇다면, 면접에서 떨어졌을까? 아니면 면접에서는 이러한 자신의 모습을 감추고, 다른 모습으로 면접에 임하였을까?

본인과의 면담과정에서 이 학생은 자신이 성격을 충분히 잘 알고 있었고, 따라서 경찰조직에 근무한다면, 자신의 성향을 잘 살려서 대민부서보다는 경찰서 등 내부에서 계산능력을 필요로 하는 '경무과' 등에서 근무하고 싶다고 한 바 있다. 그리고 실제 경찰면접과정에서도 자기소개에서 이러한 모습을 보여주었다고 한다.

원론적인 관점에서 다시 한번 강조한다면, 경찰은 쓰임새가 있는 인재를 필요로 한다고 본다. 적어도 자신만의 소신 또는 강점(예컨대, 친화력, 기획력, 정보력, 계산력, 브리핑 또는 프리젠테이션 능력, 외국어능력, 추진력 등)을 어필할 수 있어야 할 것이다.

면접위원들 역시 이러한 생각을 하고 있음은 물론이다. 특히, 내부면접위원들의 경우에는 "내가 상관이라면, 저런 사람을 내 부서의 직원으로 삼고 싶지는 않다" 또는 "저런 사람이 내 부서의 직원으로 들어오면 참 좋겠다"는 생각을 할 수 있다고 본다.

### (3) 차분하면서도 소신 있게 답변할 것

만약 면접위원이 "○○씨는 어느 부서에서 근무하고 싶습니까?"하고 물으면서 "네, 기회만 주어진다면, 어떠한 업무든지 최선을 다해서 열심히 할 수 있습니다"라고 패기 있게 대답하거나, "네, 저는 ○○분야에 관심이 많습니다. 그래서 ○○에서 일하고 싶습니다"라는 식으로 소신 있게 대답하면 무난하다.

또, "상사가 퇴근한 뒤, 중요한 사안을 직접 결정해야 할 상황이 있다면 어떻게 하겠는가?"라는 질문한다면 "최종 결정권을 가진 분이 퇴근하셨기 때문에 결정을 미루도록 하겠습니다"라는 답변보다는 "중요한 사안이라면 독단으로 판단하기보다는 휴대폰 등으로 연락을 취하고, 그에 따른 조치를 하도록 하겠습니다" 또는 "제가 책임질 수 있는 범위 내에서 긴급조치를 하고, 곧 바로 연락을 취하여 보고하겠습니다" 등의 적극적인 답변이 바람직하다고 본다.

---

**답변순서와 소신 있는 답변의 어려움**

집단면접의 경우, 일반적으로 동일한 문제를 제시하고 응시자 차례대로 답변을 하도록 하는 경우가 많다. 그런데 제시된 문제에 대해서 자신보다 앞서 여러 수험생들이 답변을 한 경우(특히, 맨 마지막에 답변하는 경우)라면, 그리고 응시자 스스로 특별히 그 문제에 대한 깊은 지식을 가진 경우가 아니라면 "저도 앞사람과 같이 생각합니다, 또는 저도 그렇게 생각합니다"라는 답변 외에는 사실상 할 말이 없게 된다.

이 경우, 응시자가 어떤 차별화된 답변을 한다는 것은 사실상 쉬운 일이 아니다. 그렇다고 해서 사족(蛇足)을 덧붙여 이야기하게 되면, 자칫 논리적 일관성을 해치게 되고, 만약에 면접위원이 이를 지적하게 되면, 오히려 문제가 복잡해질 수 있다.

따라서 이 경우에는 다시 원칙론적으로 접근할 수밖에 없다. 바로, 솔직하게 자신의 의사를 표시할 수밖에 없다고 본다. 다만, 단답식으로 "저도 앞 사람의 의견과 동일하게 생각합니다"라고 끝맺기보다는 조금 유연하게 대처하는 것도 좋을 듯하다. 즉, "제가 맨 마지막에 답변을 하다 보니, 앞 사람과 차별화 된 의견을 개진하기가 쉽지 않은 것 같습니다. 저 역시도, ~에 대한 문제와 관련하여 '반대'하는 입장입니다"라고 끝맺을 수 있을 것이다.

그리고 응시자가 좀 더 관련 사견을 가지고 있다면, 앞의 설명에 덧붙여, 예컨대, "그 반대 이유 가운데 저는 특히, 두 번째 이유가 가장 악영향을 미치기 때문이라고 생각합니다"라고 답변할 수 있을 것이다. 이렇게 되면, 면접위원은 더 이상 질문을 하지 않을 수도 있고, 아니면 추가로 그 '두 번째 이유'에 대한 구체적인 질문을 추가로 할 수 있을 것이다. 물론, 응시자는 '두 번째 이유'를 왜 자신이 강조하였는지는 분명히 밝혀야 한다.[23)]

출처: 서정범(2015), 新개념 면접시험 가이드북, 서울: 패스이안, p. 79.

## 10) 끝까지 최선(最善)을 다하라

면접과정에서 질문에 답변을 제대로 못하거나 분위기가 좋지 않아지더라도 결코 도중에 포기해서는 안 된다. 언제든지 상황을 역전시킬 수 있기 때문이다. 최후까지 용기를 갖고 성의 있게 면접에 임해야 한다.

---

23) 답변순서가 응시자의 소신 있는 답변을 할 수 있는 기회를 제한한다거나 또는 논리적 일관성을 유지하는데 영향을 미칠 수 있다는 점은 면접위원들 역시 잘 알고 있다는 점이다. 이러한 사정 때문에 면접위원들은 답변순서를 문제마다 다르게 정한다. 예컨대, 첫 질문은 오른쪽 응시자부터 시작하고, 다음 질문은 왼쪽에서 시작한다. 그리고 그 다음 질문은 중앙에 있는 응시자부터 시작하게 하고 시계방향 또는 반시계방향으로 진행하게 된다. 물론, 일부 면접위원에 따라서는 먼저 손을 드는 응시자에게 답변의 기회를 주는 경우도 있다. 서정범(2015), 앞의 책, p. 79.

면접은 일종의 의사소통과정으로 말을 '어떻게' 전달하느냐에 따라서 합격의 당락이 결정될 수 있다. 따라서 목소리 크기, 빠르기 등 말할 때 전달되는 각각의 요소들을 이해하고 효과적으로 전달하기 위한 방법을 습득하는 것이 중요하다.

그리고 질문에 대한 대답이 자신이 없더라도 침착하고 당당한 태도로 대답하는 것이 좋다. 면접위원은 질문에 대한 대답보다는 지원자의 태도를 더욱더 높게 평가한다.

## (1) 내가 모르는 것을 물었을 때

살아가는데 있어서 남의 단점보다는 장점을 보아야 한다는 말을 종종 듣고 하게 된다. 그러나 면접위원들은 면접과정에서 응시자들의 장점을 파악하는 것도 있지만, 일정부분 탈락시켜야 하므로 단점에 특히 주목하는 경향이 있다. 따라서 면접위원들이 응시자들을 답변하기 곤란한 상황으로 몰고 가기도 한다. 이를 위해 답변하기 어려운 질문들을 제시하기도 한다.

그러나 면접응시자들이 면접시험을 대비하여 모든 것을 준비하고 기억한다는 것은 사실상 불가능하다. 하나도 빠짐없이 모두 아는 사람은 없다. 면접위원들도 이점에 대해서는 충분히 공감하고 있다고 본다. 따라서 모르는 것을 물었을 때는 응시자는 그것에 대해 적절하게 대응할 수 있어야 한다. 모르는 것을 물어도 당황하지 말아야 한다.

이러한 경우, 대충 대충 얼버무려 대답하지 말고 솔직하게 "모릅니다"라고 시인하는 편이 정직한 인상을 줄 수 있다. 그리고 모르는 질문에 재치 있게 답변하려면 "A는 잘 모르지만, 그 대신 B에 대해서는 잘 알고 있습니다. 이에 대해서 설명해도 되겠습니까?"라는 식으로 답변하는 것도 요령이다.

## (2) 변명은 떨어지는 지름길

면접위원들이 간혹 지원자들에게 압박을 걸곤 한다. 예컨대, "나이가 남들보다 3살이나 많은데, 나이 어린 선배 밑에서 배울 수 있겠는가?", "몸이 굉장히 왜소해 보이는데, 경찰은 체력을 중시하는데 일할 수 있겠느냐" 등의 질문에 어설프게 변명만 하면 더 강한 압박이 들어온다.

"왜 인정은 안하고 변명만 하느냐? 내가 그렇게 얘기해서 기분 나쁘냐?" 등

이런 질문에 지원자들은 당황하게 되고, 또 기분이 좋을 리 만무하다. 어떤 지원자는 얼굴이 시뻘게지기도 하고, 어떤 지원자는 울기도 한다.

이러한 압박면접의 목적은 어렵고 난처한 상황을 만났을 때 그 사람이 어떻게 행동할까를 예측해 보는 것이다. 면접위원들은 똑같이 난처한 상황에서 누구는 침착하게 이성적으로 대응하고, 누구는 흥분하거나 감성적으로 대응하는 것을 평가하게 된다.

그리고 압박으로 들어오는 질문은 응시자 본인의 약점일 가능성이 크며, 이에 대해서 대부분의 응시자는 다양한 형태의 변명으로 최대한 자신의 약점을 방어하려고 안간힘을 쓴다. 그러나 이런 상황에서 응시자들이 반드시 알아두어야 할 점이 있다. 면접위원들은 응시자의 약점 자체에 별로 관심이 없다는 사실이다. 그보다는 약점을 들춰냈을 때의 응시자의 반응에 관심이 있다. 따라서 압박 질문에서 반드시 하지 말아야 할 행동은 욱하거나 흥분하는 것과 같은 '감정적 대응'을 하는 것이다.

완벽한 인간은 없다. 약점이나 단점이 없는 응시자는 있을 수 없다. 어떤 면에서 보면, 면접에서는 완벽한 사람을 찾는 것이 아니라 자신의 약점을 인정하고 그 상황을 슬기롭게 헤쳐 나갈 수 있는 사람을 찾는 것이다.

### (3) 지나친 최선은 오히려 독(毒)이 되기도 한다

면접과정에서 많은 응시자가 최선을 다한답시고, 다음과 같이 자신을 표현하는 경우가 있다.[24]

> "(뽑아만 주신다면) 열심히 하겠습니다"
> "맡은 바 임무에 충실하겠습니다"
> "상관의 명령에 절대적으로 복종하겠습니다"
> "사명감을 가지고 일하겠습니다"
> "충성스러운 경찰공무원이 되도록 하겠습니다"
> "패기 있게 업무를 처리하도록 노력하겠습니다"

---

24) 서정범(2015), 앞의 책, p. 88.

그러나 이러한 '사명감 또는 충성심'있는 표현은 오히려 자신을 지나치게 포장하는 것에 불과하고, 오히려 역설적으로 들리기도 한다. 따라서 자기소개를 하는 과정이나 마무리하는 과정에서 이러한 표현은 가급적 지양하는 것이 바람직하다.

## 면접시 비상 상황 대처방법

### 1. 말하는 도중 앞뒤의 말이 어긋나는 경우

긴장된 상태에서는 자신이 한 말의 앞뒤가 맞지 않는 경우가 생길 수 있다. 이때 그냥 얼버무리면서 넘어간다고 예리한 면접위원들이 놓칠리 만무하다.

"죄송합니다. 제가 너무 긴장한 나머지 말이 조금 어긋난 것 같습니다. 정정해서 다시 말씀드려도 되겠습니까?" 라는 이야기를 건넨다면 당당함과 위기 탈출 능력까지 인정받을 수 있다.

### 2. 당혹스러운 질문이 쏟아지는 경우

자신에게 쏟아지는 질문과 시선에 당황해 질문을 잘 듣지 못하거나 질문의 뜻을 이해하지 못하는 경우가 종종 발생한다. 이럴 때 혼자 판단해서 엉뚱한 답변을 하거나 당황해서 얼굴을 붉히거나 고개를 숙이면 감점요인이 될 수 있다. 솔직하게 "죄송합니다만 다시 한번 설명 부탁 드립니다" 라고 물어보는 것이 바람직하다.

## 면접위원이 싫어하는 답변 형태

면접위원의 질문의도를 파악하는 연습을 하기 전에 기본적으로 피해야 할 답변 형태는 어떤 것이 있는지 알아보자. 기본적으로 다음과 같은 것은 숙지하고 면접에 임하도록 한다.

### 1. 모범생형

면접위원이 싫어하는 답변 형태 중 하나가 바로 모범 답안지를 보고 읽는 듯한 답변이다. 이미 널리 알려진 내용이나 주변사람에게 들은 내용을 외워서 답변하면 아무리 능숙한 화술을 구사하더라도 공감이 가지 않고 꽁장한 거부감을 느끼게 된다. 면접위원은 흔해 빠진 모범 답변보다 지원자의 개성 있고 솔직한 답변을 원한다.

## 2. 무기력형

면접위원이 가장 꺼려하는 형태이다. 무기력 답변형이란 "내 분수에 이 정도면 됐지", "안정성 있으니까", "대우가 좋으니까" 등의 답변이나 "이왕지사 나무 그늘에 선다면 큰 나무 아래에 서겠다"라는 의타적인 생각도 부정적인 인상을 준다. 무기력한 답변을 하는 지원자를 좋게 봐 줄리는 없을 것이다.

## 3. 자기과시형

안하무인격의 태도가 드러나는 인물이다. 면접위원이 자기소개를 해보라고 하면, 자기자랑을 늘어놓고 묻지도 않은 말까지 떠벌인다. 또 다른 사람의 의견을 전혀 받아들일 줄 모르고 일만 잘하면 되는 것은 아니냐는 식의 발언도 서슴지 않는다. 설령 실력이 있다 해도 좋게 보이지 않을 텐데 실력도 없이 자존심만 강해 이런 발언을 하는 응시자들도 꽤 있다고 한다.

## 4. 자기비하형

자신의 능력을 지나치게 비하하는 형태이다. 겸손은 미덕이지만 정도가 지나치면 이 또한 듣기 괴로운 수준이 된다. 예를 들어 "취미가 무엇인가"라는 질문에 "○○이지만 그냥 좋아할 뿐 잘하진 못합니다."라고 대답하거나 자기 자랑을 해보라는 요구에 "특별히 자랑할 만한 것이 없습니다"와 같은 답변을 하는 것이다. 이런 지원자들에 대하여 면접위원은 "저렇게 내세울게 없나, 도대체 뭐하고 살았나?"라는 생각을 하게 된다. 또, 마마보이 형태의 지원자도 자기비하형에 속하는데 예를 들어 지원동기를 밝히라는 질문에 "교수님의 추천"이나 "선배의 권유" 등의 답변을 하는 경우이다.

# 경찰면접시험의 실전

# 제4장
# 면접시험전 사전조사서

## 1. 사전조사서의 의의

　　사전조사서는 면접응시자의 경험과 행동, 생각 등을 통해서 가치관과 역량을 추적하여 경찰공무원으로서 자질이 있는지를 보는 면접시험전에 제출하는 자료이다. 합격의 당락에는 직접적인 영향을 미치지는 않지만 개별면접 또는 집단면접시 면접위원들에게 제공되는 중요한 면접자료라 할 수 있다.

　　사전조사서 작성은 면접시험 당일 또는 체력검사일 또는 인·적성검사 시에 1~2개의 질문을 주고 정해진 시간 내에 작성하도록 하고 있다. 작성시간은 일반적으로 10분~30분 가량이며 지방청마다 다소 차이가 있다. 사전조사서는 대략 다음과 같은 형태를 갖고 있다.

　　사전조사서를 잘 쓰기 위해서는 사전에 기출문제 및 합격자가 쓴 답안을 참고하여, 이를 토대로 자기 생각을 조리 있게 정리해 두는 것이 좋다. 사전조사서의 작성방법은 논술식으로 장황하게 늘어놓기보다는 ㉠ 간결하게 쓰되, ㉡ 가급적 쉬운 단어로 표현하고, ⓒ 군더더기 말이나 과도한 수식어는 빼고, ⓔ 긍정적이고 친근한 단어를 사용하는 것이 좋다고 본다.

## 사전조사서(예)

직급(직렬) :
응시번호 :
성    명 :

&lt;구체적인 정보를 사실로 작성하기기 바랍니다&gt;

---

1. 본인의 어린 시절 경찰관에 대한 기억과 경찰활동과 관련된 경험이 있다면 구체적으로 서술하시오.

2. 경찰의 인권을 향상시키기 위한 방안으로는 무엇이 있는지에 대하여 서술하시오.

---

## 2. 사전조사서 내용

사전조사서는 100% 주관식으로 작성하도록 하고 있다. 최근에 각 지방경찰청에서 제시된 주제를 살펴보면 아래와 같다.

- 힘들었거나 갈등을 겪었던 상황을 어떻게 해결해서 무엇을 배웠으며 경찰이 되면 어떻게 적용할지 그리고 극복하지 못한 약점을 서술하시오(2018. 인천).
- 최근 5년간 사회나 가족생활에서 억울했던 경험과 대처방안에 대해서 이야기하시오. 그리고 이를 이용한 스트레스 푸는 법에 대하여 서술하시오(2018. 경기남부).
- 그동안 살아오면서 죽이고 싶은 사람과 이유를 기술하시오(2018. 경기남부).
- 경찰 일하는데 선배가 소극적이고 책임회피하고 실망스럽게 했을 때 어떻게 극복하겠는가?(2018. 서울).
- 공직자의 SNS 의사표현 제한이 정당한가?(2017. 서울).
- 법은 사회적 약자를 위해 존재하는가?(2017. 충북).
- 봉사활동 경험과 느낀 점, 경찰이 되면 어떤 봉사활동을 하는가?(2016. 경기).
- 인생에서 가장 자랑스러웠던 일 세 가지와 후회되는 일 세 가지를 서술하시오(2016. 강원).
- 미국경찰은 사회적으로 자랑스럽고 영웅시 되는 경향이 많다. 경찰을 소재로 하는 영화에서도 주인공은 국가와 사회적으로 국민을 위한 영웅으로 비춰진다. 하지만 우리나라 경찰은 비리 연루나 범죄자와 결탁한 것이 주류를 이루는데 이에 대해 경찰관이 사회에 미치는 영향을 세 가지만 작성하시오(2016. 인천).
- 본인이 어떠한 점이 경찰공무원에 적합한지 기술하고 그러한 점을 발전시키기 위하여 어떠한 노력을 하였는지 기술하시오(2016. 경기 북부).
- 경찰서에서 난동 부리는 주취자에 대한 대응방안에 대해 서술하시오(2016. 경기).
- 선택과목제 도입으로 인해 경찰, 검찰의 수사조정 관련 경찰관의 법률지식 수준에 대한 본인의 생각을 작성하시오(2016. 충북).

- 격려해주고 싶은 주변 사람에게 편지를 쓰시오(2016. 충북).
- 무기사용과 도덕적 윤리요구가 어떤 관련이 있는지 자신의 생각을 서술하시오 (2016. 서울).
- 사회적 약자의 기준과 정의, 사회적 약자에 대한 경찰 정책과 방안을 쓰시오 (2016. 학교전담경찰).

그런데 여기에서 주의할 점은 면접응시자들이 작성한 사전조사서의 내용을 면접과정에서 면접위원들이 다시 물어볼 수 있다는 점이다. 따라서 사전조사서를 작성할 때, 정직하고 일관되게 할 필요가 있다. 사전조사서의 내용을 과장하여 기술한다거나, 없는 이야기를 거짓 기술하는 경우 자칫 큰 낭패를 겪을 수 있다는 점을 명심해야 할 것이다. 또 사전조사서에 기술된 내용을 통해 압박성 질문도 가능하기 때문에 그러한 부분에까지 마음의 여유를 두고 생각해 두고 있어야 한다.

그리고 첨언한다면, 만약 면접과정에서 면점위원이 사전조사서의 내용을 물어본다면, 면접응시자는 사전조사서에 작성한 내용과 일관성을 유지하되 일정부분 내용을 보완하는 것도 괜찮다고 본다. 앵무새처럼 사전조사서의 내용을 암기하여 말하기보다는 조금 보완 내지 부연 설명함으로써 면접위원들로부터 좋은 평가를 받을 수 있기 때문이다.

- 사전조사서 관련 질문. (2018. 서울 집단면접, 101경비단 개별면접, 경기남부 개별면접, 경기북부 개별면접, 광주 개별면접, 인천 개별면접, 전남 개별면접, 전북 개별·집단면접, 충남 개별면접)

- 사전조사서는 왜 이렇게 짧게 작성했는가? 사전조사서에 쓴 단점 말고 다른 단점은 없는가?(2018. 서울 개별면접, 충남 개별면접)

- 사전조사서 후속 질문(압박 예: 자신의 신념을 굽힌적이 있는가? 있다면서 사전조사서에는 왜 없다고 했는가? 경찰조직에서는 어떻게 할 것인가?)(2018. 전북 개별·집단면접)

# 제5장
# 경찰면접시험의 답변전략

면접은 또 하나의 중요한 시험이다. 시험공부를 한 사람과 하지 않은 사람의 결과는 다를 것이다. 보다 좋은 점수를 받기 위해서는 시험공부를 해야 한다. 특히, 면접시험에서는 기출문제를 먼저 파악하고 공부하는 것이 중요하다. 면접시험에서 제시되는 문제는 새로운 것(예컨대, 이슈화된 문제 등)도 있지만, 기본이 되는 문제들은 상당부분 반복적으로 나오는 경향이 높기 때문이다.

이러한 점에서 기출문제를 통해 "이러 이러한 유형이 나오고, 이런 내용이 나오는구나," "이러한 경우는 이렇게 답변하는 것이 필요하겠구나"하는 식의 감각을 가지고 체계적으로 준비를 할 필요가 있다.

따라서 아래에서는 그동안 기출되었던 문제를 중심으로 이에 대한 관련 내용 및 답변 방법을 제시하고자 하였다. 물론 이러한 답변방법이 완벽한 것은 결코 아니다. 이 역시 주관적인 요소가 적지 않게 내재되어 있기 때문이다. 다만, 아래의 내용들을 참조하여 면접응시자들 개개인이 진실되고, 개성 있고, 재치 있는 답변전략을 구성하여 좋은 성과가 있기를 기대한다.

### 1) 자기소개

---

■ 자기소개를 해보시오. (2018. 전국, 2017. 전국, 2016. 전국)

---

　자기소개는 면접시험의 기본 가운데 기본이라 할 수 있다. 대학입학생 면접, 공무원채용 면접, 일반기업채용 면접 등 여러 시험에서 자기소개는 가장 기본적인 질문사항이 된다.

　면접응시자들이 면접시험장에 들어갔을 때를 상상해 보자. 면접위원들을 보고 인사를 하고 자리에 앉는다. 그리고 가장 먼저 받게 될 질문은 무엇일까? 변수는 있을 수 있겠지만 90%는 첫 질문이 "자기소개를 해 보시오"가 될 확률이 높다.

　왜 그럴까? 대부분의 면접위원이 응시자에게 자기소개를 하도록 하는 것은 응시자들을 평가하기 위한 것도 있지만, 그 이면에는 면접위원 자신들을 위한 것 또한 없지 않다고 본다. 면접이라는 것도 우리가 어떤 자리에서 다른 사람을 처음 만나는 것과 같은 출발점이다. 첫 대면은 항상 어색하고, 불편하기 마련이다. 그렇기 때문에 상호간의 배려가 필요하다.

　자기소개는 이러한 어색함과 불편함·긴장감 등을 다소 완화시키고, 상대방을 약간 배려할 수 있는 시간이라 할 수 있다. 그리고 면접위원들에게도 짧지만 '숨고르기'를 할 수 있는 시간이 된다. 면접위원들이 수많은 면접응시자를 계속해서 평가하는 과정은 많은 긴장감과 집중력을 필요로 한다. 따라서 처음 면접장에 들어온 응시자들에게 가볍게 자기소개를 하도록 하고, 약간 편안한 분위기에서 상대방(응시자)을 분석할 수 있는 시간적 여유를 가질 수 있게 된다.

　그런데 자기소개가 긴장 완화, 숨고르기 등의 역할을 한다고는 하지만 이의 중요성은 그 무엇보다도 비교할 수 없다고 본다. 다소 지나치다고 볼 수도 있지만, 첫 질문인 자기소개는 면잡응시자의 첫인상을 결정짓는 요인이 되기 때문이다(첫인상의 중요성은 앞서 강조하였기에 이에 대해서는 생략하겠다). 사실, 자기소개를 하는 시간은 매우 짧다. 1분 정도 된다고 생각하면 된다. 그렇다면, 자기소개를 잘 할 수 있는 방법은 무엇일까?

첫째, 자기소개의 처음은 경찰공무원으로서 공적인 특성에 맞게 자기를 나타내는 '단어'나 '문구'로 시작하는 것도 좋다고 본다. 그리고 지나치게 자기 자랑을 과하게 하거나, 지나치게 자기 자신을 낮추어 겸손한 자세를 취하는 것도 지양해야 한다고 본다.

　면접위원이 싫어하는 유형으로 학벌, 집안, 스펙 등 은근슬쩍 자랑하는 응시자, 그리고 감정 없이 앵무새처럼 줄줄이 외워서 하는 답변은 좋은 결과를 얻기 어렵다고 본다. 그리고 자기소개를 하는 과정에서 특히, 가족 가운데 경찰공무원이 있다는 답변을 하는 것은 오히려 감점 대상이 될 수 있기 때문에 주의할 필요가 있다.

둘째, 자기 삶의 철학 또는 가치관·인생관을 담는 이야기를 하는 것도 좋다. 이 경우, 명언(名言)을 함께 곁들이는 것도 좋다고 본다. 그리고 자신의 강점 또는 장점을 표현하고자 하는 경우에는 세 가지 이내의 핵심 단어(key words)로 요약하되, 가장 중요하다고 생각되는 내용을 먼저 말하도록 한다(면접진행 상황에 따라 시간이 짧아지거나 중간에 중단할 수 있으므로 강조하고 싶은 부분을 미리 말하는 것이 좋다).

셋째, 가능하다면, 면접위원에게 깊은 인상을 주거나 감동을 줄 수 있는 멋지고, 위트있는 멘트를 하나 정도를 미리 준비하는 것도 좋다고 본다. 면접 분위기에 따라서 지나치게 과장되지 않는 선에서 자신을 당당하게 드러내는 것도 좋다고 본다(자기소개도 하나의 광고이다).

　면접위원들은 자기소개를 하는 면접응시자들을 바라 볼 때, '경찰 지원자'라는 관점보다는 '현직 경찰관'이라는 관점에서 바라보고 질문을 하는 경향이 있다. 따라서 응시자들이 경찰직에 대한 좀더 확고한 '신념'(信念)을 가지고 면접에 임하는 경우, 그러한 모습들이 면접위원들의 눈에 긍정적으로 비칠 수 있다는 의미이다.

　그러므로 자기소개를 할 때, 핵심 키워드는 경찰관이 되기 위한 꿈과 이를 향한 노력, 그리고 나의 능력과 경험을 살려 준비된 경찰관임을 어떠한 형식이든 어필할 수 있다면 좋은 평가를 얻을 수 있다고 본다.

그리고 아래에서 설명하게 될 지원동기, 성격과 장·단점, 취미와 특기, 수험기간, 입직후의 포부, 봉사활동, 가족관계, 친구관계 등은 모두 자기소개의 연장선에서 이루어지는 것들이라고 할 수 있다. 따라서 현재 경찰공무원 채용시험에서 자기소개서를 하나의 '서류'로 제출하는 것은 없어졌지만, 평소에 일정한 형식으로 이를 작성해 두고 시간이 날 때마다 '거울' 등을 보면서 반복적으로 이를 읽고, 그러한 과정에서 자신의 삶에 대한 신념과 반성, 그리고 목표 등을 진지하게 생각하는 것은 의미가 있다고 본다.

## 2) 지원동기

■ 경찰을 지원하게 된 동기는 무엇인가?(2018. 전국, 2017. 전국, 2016. 전국)

■ 경찰이 된다면, 구체적으로 근무하고 싶은 부서(또는 기피부서)는 어디인가?(2018. 서울 개별·집단면접, 101경비단 개별·집단면접, 경기남부 개별·집단면접, 경기북부 개별면접, 인천 개별면접, 전남 개별·집단면접, 전북 개별·집단면접, 충남 개별·집단면접, 경남 개별면접, 광주 개별·집단면접)

■ 서울지방경찰청(또는 경기남부경찰청, 전남지방경찰청 등)에 지원한 구체적인 이유는?(2018. 서울 개별면접, 경기남부 개별면접, 전남 개별면접, 인천 개별면접, 충남 개별면접)

지원동기는 자기소개의 연상선에 있는 질문이라 할 수 있다. 그리고 경찰공무원이라는 직업은 다른 직업 또는 공직과 비교되는 상대적 특수성(위험성, 돌발성, 기동성, 조직성, 보수성, 권력성 등)을 가지고 있다는 점을 인식할 필요가 있다. 그리고 면접위원의 연령대도 조금 고려할 수 있다. 연령대에 따라 면접위원의 성향이 다르게 나타날 수도 있기 때문이다. 또 경찰조직 내부의 면접위원(경찰공무원)은 보수적인 면이 있다면 외부의 면접위원(대학교수 등)은 상대적으로 개방적인 면도 있다고 본다. 이러한 점을 고려하여 다음과 같은 점에서 지원동기를 설명할 필요가 있다.

첫째, 자신의 강점이 경찰공무원에 적합하며 경찰조직에 꼭 필요한 사람이라는 확신을 주어야 하며, 이때 자신의 경험 등을 넣어서 말하는 것도 고려할 수 있다. 그러나 지나치게 과장되거나 추상적인 답변은 지양해야 한다.

둘째, 나이가 조금 많다거나 연고지(緣故地: 출생지, 거주지 등)가 다른 지역에 응시하였을 경우, 2차 질문으로 이어질 가능성이 높다. 나이가 많다고 생각되는 응시자는 늦은 나이에 경찰시험에 응시하게 된 이유를 솔직하게 말하되, 나이가 많다는 것은 곧 다른 응시자들보다 사회경험이 많다는 의미가 있기 때문에 이를 장점으로 승화시킬 수 있는 답변을 준비해 둘 필요가 있다(이와 같은 답변은 2차 질문에서 나이를 거론할 때 해야 한다. 나이에 대한 질문이 없다면 굳이 먼저 말할 필요는 없다고 본다).

셋째, 거주하고 있는 지역과 응시 지역이 다른 경우에는 자신이 지원한 지방경찰청과의 인연(또는 해당 지방의 문화·환경 등 지역적 특징)을 생각해 보고 그 인연에 따라 답변을 구성하는 것도 좋다고 본다. 이때에도 면접위원이 그 이유에 대하여 물어보는 경우에만 답변하되, "필기 커트라인 점수가 다른 청보다 낮아서 지원했습니다"라는 식의 답변은 지양해야 한다.

## 3) 성격과 장·단점

- 자신의 성격과 장·단점.(2018. 전국, 2017. 전국, 2016. 전국)

- 친구들에게 이것만은 고쳤으면 좋겠다고 들은 말이 있는가?(또는 칭찬을 들은 적이 있는가?) (2018. 서울 개별면접, 경기북부 개별면접, 충남 개별면접, 광주 개별면접)

- 정말 친한 사람이 나에게 장점과 단점을 말해 주어서 변하게 된 것, 또는 내가 말해 주어서 변화를 준 경험이 있는가?(2018. 광주 개별면접)

- 자신의 단점으로 피해 본 상황이 있는가? 어떻게 극복하였는가?(2018. 101경비단 개별면접)

- 본인이 장점으로 내세운 성실성을 입증할 만한 경험이 있는가?(2018. 경기남부 개별면접)

- 본성(本性)이 나쁜 사람이 있다고 생각하는데, 이에 대한 당신의 생각은?(2018. 경기남부 개별면접)

■ 다른 일반직 공무원도 있는데, 본인은 경찰에 적성이 맞는다고 생각하는 가?(2018. 전남 개별면접)

■ 자신은 냉철한 사람인가, 따뜻한 사람인가?(2018. 전북 개별면접)

면접응사자의 성격과 묻는 질문에 적절하게 응답하기 위해서는 평소 자신의 성격을 여러 관점에서 스스로 생각해볼 필요가 있다. 성격을 설명할 수 있는 여러 가지 표현들이 있다. '외향적이다, 사교적이다, 활달하다, 적극적이다, 뒤끝이 없다, 성급하다, 내성적이다, 신중하다, 꼼꼼하다, 분석적이다, 냉철하다, 소극적이다, 비판적이다, 이성적이다, 합리적이다, 감성적이다, 정이 많다, 긍정적이다, 부정적이다, 불의를 보면 참지 못한다, 어려운 사람을 보면 그냥 지나치지 못한다, 남에게 민폐를 끼치는 것을 싫어한다 등.' 그렇다면, 이러한 표현들 가운데 면접응시자 본인은 어떠한 것을 선택하여 설명하겠는가?

우리가 사용하는 말의 뉘앙스(nuance: 어떤 말의 소리, 색조, 감정, 음조 등에서 기본적인 의미 이외에 문맥에 따라 달리 느껴지는 섬세한 의미 차이)에 따라 그것은 '약'(藥)이 될 수도 있고, '독'(毒)이 될 수도 있다. '말 한마디로 천냥 빚을 갚는다'(一言千兩債蕩減)는 옛말을 명심하자.

그리고 이러한 개인의 성격은 보는 관점에 따라 장점이 될 수도 있고, 단점이 될 수도 있다고 본다. 즉, '좋은 성격'과 '나쁜 성격'은 결코 없다고 본다. 예컨대, A상황에서는 해당 성격이 장점으로 작용할 수도 있지만 B상황에서는 그것이 단점으로 작용할 수도 있기 때문이다. 면접응시자는 자신의 장·단점에 대해서 다음과 같은 방법으로 접근할 수 있을 것이다.

첫째, 면접장에서 자신의 장점을 말할 때는 자신감 있게 적극적으로 표현하며, 단점을 말할 때는 가능한 한 그것 또한 장점으로 돋보이게 하는 말로 요령 있게 돌려서 말하도록 한다. 일부러 자신의 단점을 단정적·구체적으로 끄집어내어 말할 필요는 없다고 본다. 그리고 면접위원이 "단점을 말하시오"라고 말하였는데, 그 대답의 내용이 장점식으로 표현되었다고 해서 면접위원은 이를 꾸짖거나 나무라지는 않는다.

둘째, 자신의 단점을 너무 정직하게 말한다면, 오히려 융통성이 없어 보인다든가

믿지 못할 사람으로 인식될 수 있다. 그리고 예컨대, "고지식합니다", "성급한 편입니다", "귀가 얇은 편입니다"라고 단답식으로 대답하고 말을 끝맺는 것은 지양해야 한다고 본다. 이렇게 되면, 면접위원은 그 사람을 정직한 모습보다는 "고지식함", "성급함", "귀가 얇음"과 표현 자체에 의미를 부여할 가능성이 높다고 본다. 따라서 단점을 언급해야 할 상황이 된다면 반드시 '그것을 개선하고자 노력하고 있음'을 전달해야 한다.

셋째, 자신의 성격상의 단점 등으로 인해 과거에 잘못했던 일 또는 실수를 물어 볼 경우, 자신은 전혀 없다고 말한다면 그것은 거짓말이라고 본다. 인간은 누구나 실수하기 마련이기 때문이다. 따라서 이러한 부분에 대해서는 너무 적나라하게 하지 않는 선에서 진실되게 말하고, 현재에는 그 사건을 계기로 반성하고 또 많이 성숙하게 되었다는 식으로 말할 필요가 있다.

### 4) 취미와 특기 등

- 본인의 취미와 특기는 무엇인가?(2018. 전북 개별면접, 2013. 경북 개별면접, 2012. 서울 개별면접, 2011. 서울 집단면접, 경남 집단면접, 2009. 부산 집단면접)

- 최근에 감명 깊게 읽은 책은?(2018. 서울 개별면접, 충남 개별면접, 광주 집단면접, 전북 집단면접, 2015. 부산 개별면접, 대구 집단면접, 2014. 부산 개별면접, 2013. 경기 집단면접, 2011. 부산 개별면접, 2009. 서울 개별면접, 경기 집단면접)

- 평소에 좋아하는 운동은?(2018. 서울 개별면접, 101경비단 개별면접, 경기남부 개별면접, 충남 개별면접)

- 최근에 어떤 영화를 보았는가?(2018. 전북 집단면접, 2015. 부산 집단면접, 서울 집단면접, 2010. 대구 개별면접)

- 본인의 주량은?(2015. 광주 개별면접, 경기 개별면접, 강원 개별면접, 2014. 서울 개별면접, 경기 개별 · 집단면접, 학교전담 개별면접, 2012. 서울 개별면접, 2011. 경북 집단면접, 2008. 서울 개별면접)

- 담배는 피우는가?(2015. 서울 개별면접, 2009. 서울 개별면접)

응시자들에게 취미와 특기를 물어보는 것은 그것을 통해서 그 사람의 성격과 성향을 알 수 있을 뿐만 아니라 경찰관 생활을 얼마나 창의적으로 할 수 있는지를 미리 관찰하여 발전 가능성을 진단하려는 의도도 함께 가지고 있다고 본다.

　　여러 가지 취미 또는 특기 가운데, 독서, 음악 감상, 영화감상 등은 많은 사람들이 일상적으로 즐기는 활동 가운데 하나이기 때문에 특별한 인상에 남지 않을 수 있다. 이 가운데, 독서와 관련해서 살펴보자. 나머지는 이를 응용해서 준비해보도록 한다.

첫째, 단순히 읽은 책의 양이 많다고 해서 좋은 것은 아니라고 본다. 너무 거창하고 많은 양의 책은 그것이 정말 여러분이 읽었다 해도 면접위원에게는 진실성을 의심하게 하고 인상을 흐리게 하는 수도 있다. 단 한 권이라도 감명 깊이 읽고 느낀 점을 적절하게 전달할 수 있으면 된다. 그리고 주의할 점은 면접응시자가 거짓말을 하고 있다 의심하게 되면 2차, 3차, 4차 질문으로 이어진다. 꼬투리를 물면 솔직하지 못한 사실이 들통나기 마련이다.

둘째, 그리고 책 제목을 언급하면서 책의 저자를 먼저 언급할 필요가 있다. 즉, "○○의 ○○○"을 감명 깊게 읽었습니다. 책이라는 것은 내용도 중요하지만 저자의 철학 내지 가치관를 반영하는 것이기 때문에 저자 이름조차 알지 못하면서 책을 읽었다고 하는 것은 그 책을 제대로 읽지 못했다고 볼 수 있다. 저자에 대한 어느 정도의 지식은 중요하다고 본다.

셋째, 책을 읽으면서 가장 인상 깊은 내용을 이야기하면서 경찰에 지원하게 된 계기를 자연스럽게 연결시키면 효과적이다. 그리고 최근 대중에게 널리 알려진 '경찰 관련 서적'을 거론하는 것은 오히려 역효과가 날 수도 있다. 이러한 책들은 경찰면접을 위한 인위적인 의도가 다소 있다고 볼 수 있다. 면접원원들이 여러 응시자들에게서 동일한 책의 이름을 반복적으로 듣게 된다면, 그 역시 그 의미가 조금 퇴색될 수도 있다고 본다. 진정한 독서는 자신의 인생관에 어느 정도 영향을 줄 수 있는 책이라고 본다. 그리고 좀더 논의가 진행된다면, 해당 책을 선정하고 읽게 된 이유, 그리고 작가의 사상적 배경, 시대적 상황 등을 일부 곁들여서 설명하면 좋다고 본다.

　　그런데 경찰은 상대적으로 보수성이 강한 직업이라 할 수 있다. 따라서 인터넷

서핑이나 게임, 타투(tatoo: 문신), 춤과 노래와 같은 취미와 특기는 자칫 중독, 반항, 일탈 등과 같은 부정적인 이미지를 심어줄 수 있다고 본다.

또 경찰관은 많은 신체적 활동을 필요로 하는 직업이므로 운동(축구, 농구, 태권도, 유도, 등산 등)과 같은 취미나 특기를 가지고 있다고 하면 다소 긍정적인 평가를 받을 수 있다고 본다. 단체로 하는 운동은 개인기가 아닌 조직력을 바탕으로 하는 것이고, 경찰활동 역시 조직적으로 움직여야 그 성과가 극대화될 수 있기 때문에 여러 사람이 함께 하는 운동은 의미가 있다고 본다.

생각건대, 응시자가 취미와 특기 등을 이야기 할 때, 자기 나름의 사연(성격 개선, 가족관계 개선, 질병 극복 등)을 설명하여 면접위원들로 하여금 긍정적 관심을 유발할 수 있도록 하면 좋을 것 같다. 아울러 취미와 특기 등을 통해 얻은 것을 이야기의 주제로 삼아 경찰활동과 연관 지으면 긍정적인 효과를 거둘 수 있다고 본다.

## 취업·알바의 걸림돌: 타투

신규직원을 채용하는 공공조직이나 민간조직 모두 보수적인 면을 가지고 있다. 조직이라는 것은 여러 사람들이 일정한 '조직규범'에 순응하면서 조직 목표달성을 위해 함께 상호작용하는 결사체이기 때문에 남들과 뚜렷이 구별되는 (다소 거부감을 불러일으킬 수 있는) 개인적 취향은 환영받지 못하는 것 같다. 대표적인 것이 바로 타투(tatoo) 즉, 문신(文身)이라 할 수 있다. 경찰이나 군인 등 직업은 문신이 아예 '불합격 사유'에 해당된다. 2014년부터 3년간 문신 탓에 경찰채용시험에 떨어진 사례는 15건에 이른다.

과거에는 문신은 범죄조직의 구성원임을 상징하는 징표 가운데 하나로 인식되었는데, 오늘날에는 많은 젊은이들이 개인적 취향으로 매우 다양한 형태로 이를 하는 경우가 적지 않다. 그리고 연예인, 스포츠인 등의 상당수가 이를 하고 있고, 또 공중매체를 통해서 그대로 전파되고 있으며, 많은 사람들이 이를 모방하기도 한다.

그러나 이러한 문신 탓에 취업은커녕 변변한 아르바이트 자리 하나 구하기 어려운 현실도 한 발생하고 있다. 이런 고민들은 한 포털 질문 게시판에 고스란히 드러난다. '목에 문신이 있는데, 편의점 알바 할 수 있나요', '양팔 문신이 있어도 알바 가능한 곳이 있나요' 등 내용의 게시글이 1,000건 이상 올라와 있다. 펄펄 끓는 폭염에도 문신을 가리려 검은색 티셔츠를 입거나 긴팔 셔츠, 팔토시를 입어야 하는 고충을 토로한 글도 여럿 있다. 취업포털 알바몬 관계자는 "고용주의 가치관에 따라 다르지만 연회장 등 단정한 외모가 필요한 직종에서는 문신이 있을 경우 채용이 어려울 수밖에 없다"고 설명했다. 2017년 10월 인사담당자 639명을 대상으로 한 설문조사에서도 '구직자의 문신 여부가 감점 및 탈락 요인이 되나'라는 질문에 53.8%가 '그렇다'고 답했다.

출처: 세계일보(2018.08.23.).

한편, 면접위원이 응시자들의 주량이나 흡연 등에 대해서도 물을 수 있다. 조직생활에서 술은 빼놓기 힘든 부분이다. 지나치게 술을 좋아하는 것도 문제지만 지나치게 거부 반응을 나타낸다면 원만한 조직생활에 지장을 줄 수 있다는 인상을 줄 수 있다. 따라서 면접위원이 "주량이 얼마나 되는가요?"라고 물을 때 "소주 3잔 정도 됩니다"라든가 "맥주 500ml 정도 마십니다" 등으로 적당한 주량을 말해 주는 것이 좋다. "술로는 누구에게 져 본적이 없습니다", "맨 정신으로 밤새 마실 수 있습니다"와 같이 주량이 세다는 것을 자랑하는 것은 절대 바람직하지 않다.

그리고 술을 전혀 못 마시는 경우에는 "저는 술은 마시지는 못하지만 회식자리에는 빠지지 않고 참석합니다. 회식자리에는 꼭 술만 있지는 않으니까요"라는 등의 재치는 답변도 좋다고 본다.

### 5) 스트레스(Stress) 극복방법

> ■ 본인만의 스트레스 해소방법이 있는가?(2018. 101경비단 개별면접, 경기남부 개별면접, 울산 개별면접, 전남개별, 전북 집단면접, 충남 개별면접, 경남 개별면접, 광주 개별면접, 2015. 서울 집단면접, 부산 집단면접, 101경비단 집단면접, 2014. 서울 집단면접, 경기 개별면접, 101경비단 집단면접, 경남 개별면접, 2013. 서울 개별면접, 경기 개별·집단면접, 경북 개별면접, 2012. 서울 개별면접, 경기 개별면접, 2011. 서울 집단면접, 경기 개별·집단면접, 울산 개별면접, 경북 개별면접, 2009. 서울 집단면접, 경기 개별면접)

오늘날과 같이 나날이 복잡해지는 사회구조와 과도한 업무 및 학업, 대인관계에서 오는 어려움 등으로 인하여 누구나 스트레스(stress)를 경험하며 살아가고 있다. 사실, 스트레스를 받지 않고 살아간다는 것은 불가능하다고 본다. 그리고 스트레스는 우리의 삶을 지탱해주는 근본적인 힘이면서도,[1] 과도할 경우 부정적인 요소를 가져다 줄 수도 있다. 따라서 이러한 스트레스는 ㉠ 긍정적 스트레스와 ㉡ 부정적 스트레스로 나눌 수 있다.

당장에는 부담스럽더라도 적절히 대응하여 자신의 향후 삶이 더 나아질 수 있는 스트레스는 긍정적 스트레스이고, 자신의 대처나 적응에도 불구하고 지속되는 스트레스는 불안이나 우울 등의 증상을 일으킬 수 있는 경우는 부정적 스트레스라고 할 수 있다.

적절한 스트레스는 우리의 생활에 활력을 주고 생산성과 창의력을 높일 수 있다. 즉, 스트레스에는 긍정적 혹은 부정적 생활사건 모두가 포함될 수 있으나 주로 부정적 생활사건과 관련된 스트레스만을 가리킬 때를 일반적으로 스트레스 상황으로 인식하고 있다.

그런데 미국의 심리학자 라자루스(Lazarus)는 같은 스트레스 요인이라고 할지라도 받아들이는 사람에 따라 긍정적 스트레스로 작용하느냐, 부정적 스트레스로 작용하느냐 달라질 수 있다고 하였다. 스트레스 요인이 발생하면 먼저 그것이 얼마나 위협적인가 또는 도전해 볼만하냐 하는 일차 평가가 일어나게 된다. 만약 위협적이라고 평가한 경우라면 위협에 따른 부정적인 감정을 처리하기 위한 다양한 대처를 고려하는 다음 단계(이차 평가)를 거치게 된다.

따라서 스트레스 상황을 부정적으로 받아들이면 결국 질병으로 가게 되지만,

---

1) 스트레스라는 말은 원래 19세기 물리학 영역에서 '팽팽히 조인다'라는 뜻의 stringer라는 라틴어에서 기원되었다. 의학영역에서는 20세기에 이르러 한스 셀리에(Hans Selye)가 '정신적 육체적 균형과 안정을 깨뜨리려고 하는 자극에 대하여 자신이 있던 안정 상태를 유지하기 위해 변화에 저항하는 반응'으로 발전시켜 정의하게 되었다. 이하 다음백과(https://100.daum.net/encyclopedia) 재인용.

긍정적으로 받아들이면 생산적이고 행복해질 수 있다는 의미이다. 긍정적 스트레스의 경우 생활의 윤활유로 작용하여 자신감을 심어주고 일의 생산성과 창의력을 높여 줄 수 있다는 점에서 긍정적 효과도 나타난다. 요약건대, 스트레스를 어떻게 받아들이냐에 따라 건강, 행복, 성공의 열쇠가 될 수 있다는 의미이다.

따라서 면접위원들은 스트레스를 다스리지 못하는 사람은 그 스트레스로 인하여 직장생활에 영향을 초래하게 되며, 그로 인해 그만두는 경우도 발생하기 때문에 선발과정에서 이러한 것들을 확인하려는 것이다.

면접응시자들이 수험생활 또는 일상적인 생활을 하면서 스트레스를 극복하는 방법에는 여러 가지가 있다. 여기에는 운동, 등산, 음악, 독서, 영화감상 등을 들 수 있다. 다만, "술을 마신다", "담배를 핀다", "게임을 한다", "격렬한 운동을 한다" 등과 같은 표현은 지양하는 것이 좋다고 본다.

경찰공무원으로서 직무를 수행하는 과정에서도 조직 내외적으로 적지 않은 스트레스를 받는 것은 마찬가지이다. 오히려 수험생활을 하는 경우보다 더 많은 스트레스를 받는 경우도 적지 않다고 본다. 상관 등 동료 경찰관들과의 갈등, 승진 등 인사문제로 인한 좌절감, 그리고 불규칙한 근무패턴 등으로 인한 가족생활의 불균형 문제 등 수많은 문제가 노출될 수 있기 때문이다.

## 6) 수험기간 등

- 수험기간은 얼마나 되는가? 경찰시험 응시 횟수는? 면접은 몇 번인가?(2018. 서울 개별면접, 101경비단 개별면접, 경기남부 개별면접, 인천 개별면접, 전남 개별면접, 전북 개별면접, 충남 개별면접, 경남 개별면접, 광주 개별면접, 2016. 서울 개별·집단면접, 경기북부 개별면접, 대전 개별면접, 2015. 서울 개별·집단면접, 경기 개별면접, 부산 개별면접, 인천 개별면접, 대전 집단면접, 2014. 서울 개별면접, 2013. 서울 개별면접, 2011. 경남 개별면접, 2010. 대구 개별면접, 경기 집단면접, 2009 전남 개별면접)

- 수험기간 동안 후회되는 일은 무엇인가?(2018. 서울 개별면접)

- 수험기간 동안 힘든 일을 어떻게 극복하였는가?(2018. 경기남부 개별면접, 전북 개별면접, 충남 집단면접, 광주 개별면접)

그 동안 경찰면접시험이 내용을 살펴보면, 수험기간과 관련된 질문이 생각보다 많다는 것을 알 수 있다. 수험기간과 관련하여 두 가지 관점에서 접근할 수 있다.

첫째, 수험기간 역시 인생의 중요한 일부라고 본다. "인생을 진실로 즐기는 사람은 재미있는 일을 선택하는 사람이 아니라, 아무리 어려운 상황에서도 재미있게 일을 해내는 사람이다"라는 말이 있다. 즉, 수험기간은 어떻게 보면 자신의 인생에서 힘들고 고달픈 '암흑기'(暗黑期)가 아니라 자신의 적성과 삶의 방향을 확인하고, 그것을 향해 준비해 나아가는 '황금기'(黃金期)인 것이다.

따라서 수험기간 동안의 삶의 태도(긍정 또는 부정) 및 노력(계획성, 성실성 등)의 정도 등을 통해서 응시자의 자기관리능력과 실천력 정도를 보려는 것이다.

둘째, 경찰공무원을 지원한 것이 자신의 적성에 따른 직업선택의 중요성을 인식하고 있는가를 알아보려는 의도도 있다고 본다. 힘든 수험생활을 할 수 있었던 힘은 어디에서 비롯된 것인가? 여러 가지 이유가 있다고 본다. 직업적·경제적 안정성, 가족의 기대, 경찰직에 대한 사명의식 등이 있다고 본다. 가장 바람직한 것은 경찰직을 단순히 직업적·경제적 안정성도 있지만, 경찰이라는 직업 자체에 대한 매력과 범죄와 같은 위험으로부터 노출된 사회적 약자를 보호하려는 사명의식을 함께 가지고 있는 것이라 할 수 있다. 특히, 대학의 전공이 경찰과 전혀 무관한 사람이 경찰시험에 응시할 경우, 자신의 전공을 무시하면서까지 경찰시험을 보려는 진정 이유를 알고 싶은 것 일 수도 있다.

어쨌든 일반적으로 수험기간은 그 기간은 응시자의 지적 능력 등을 판가름할 수 있는 하나의 기준이 될 수 있다고 본다. 예컨대, 1년 공부해서 1차 필기시험에 합격한 사람과 3년 또는 5년 공부해서 1차 필기시험에 합격한 사람은 학업능력 면에서 차이가 있기 때문이다. 그러나 수험기간이 짧았다고 해서 면접평가에서 유리하고, 길었다고 해서 불리한 것은 결코 아니라고 본다. 그 이면에 응시자의 태도 내지 자세, 그리고 인생관 등이 오히려 중요하다고 할 수 있다.

수험기간이 매우 짧았다면, 학업능력 내지 지적능력이 뛰어나다는 장점이 있다. 그러나 그 정도의 좋은 능력이면 경찰직 말고 다른 공무원시험을 준비할 수도 있고, 또 순경시험이 아닌 경위시험(경찰간부후보생)도 충분히 준비할 수 있을 것이다. 면접관이 이러한 부분에 추가적인 질문을 하게 된다면, 응시자는 이에 대해 적절한 준비를 해야 할 것이다.

반면, 수험기간이 길었다면, 응시자의 인내력과 도전정신을 높이 살 수도 있을 것이다. 그리고 오랜 수험기간 동안 수험생활만 한 것이 아니라 중간에 다른 직장을 다니다가 그만두고 다시 경찰공무원 수험생활을 할 수도 있을 것이다. 면접관이 이러한 부분에 추가적인 질문(즉, 경찰시험을 포기하지 않고 계속한 이유 또는 다시 경찰시험을 준비한 이유)을 하게 된다면, 응시자는 이에 대한 적절한 준비를 해야 할 것이다. 이러한 답변에는 정답은 없다고 본다.

만일, 압박성 질문으로 "형법이나 형사소송법을 5~6개월 정도 공부했다고 했는데, 본인은 어느 정도 실력을 갖추고 있는가?" 또는 "형법과 형사소송법을 잘 모르면 경찰업무를 수행하는데 어려움이 있을 수 있는데, 본인은 현재 어느 정도 수준인가?"라고 물을 수도 있다. 이러한 경우, 어떻게 답변하겠는가?

"수험기간은 짧았지만 형법이나 형사소송법과 같은 법과목을 다른 사람들보다 훨씬 심도 있게 공부하였기 때문에 경찰업무를 수행하는데 있어서 전혀 지장이 없으리라 생각합니다""네, 짧은 수험기간에 형법과 형사소송법을 이해하기는 참 힘들었지만 최선을 다해서 노력했습니다. 아직도 형법이나 형사소송법에 대한 지식이 부족하지만 만일 제가 경찰이 된다면 저의 부족한 부분을 배우면서 경찰업무를 수행해 가고자 합니다."

여러분이라면 어떤 몇 번을 답 하겠는가? 전자를 택하였을 경우 면접위원은 형법이나 형사소송법에 대한 2차 질문으로 이어질 수가 있다. 이때 적절한 대답을 한다면 문제는 없겠지만, 대답을 제대로 못하고 얼버무린 경우에는 오히려 역효과가 날 수도 있을 것이다.

## 7) 봉사활동 등 인생의 경험

- 봉사활동의 의미와 가치에 대해서 경험을 토대로 설명해보시오. (2018. 서울 개별면접, 101경비단 개별면접, 경기북부 개별면접, 울산 개별면접, 전남 개별면접, 전북 개별면접, 충남 개별면접, 경남 개별면접, 광주 개별면접, 2016. 서울 개별면접, 2015. 101경비단 집단면접, 경기 개별면접, 대구 개별면접, 부산 집단면접, 2014. 서울 개별면접, 경기 개별·집단면접, 2013. 서울 개별면접, 경북 개별면접, 부산 집단면접, 2012. 서울 개별면접, 2011. 서울 개별·집단면접, 경기 집단면접, 부산 개별면접, 대전 개별면접, 2010. 서울 개별면접, 전남 집단면접, 대구 개별·집단면접, 2009. 경기 개별면접)

- 가장 힘들었던(또는 즐거웠던, 후회되었던 등) 인생 경험이 있는가?(2018. 서울 개별면접, 101경비단 개별면접, 경기남부 개별·집단면접, 경기북부 개별면접, 인천 집단면접·개별면접, 전남 개별면접, 전북 개별면접)

- 갈등을 해결·중재한 경험, 협동심을 발휘한 경험이 있는가?(2018. 경기북부 집단면접, 인천 개별면접, 전남 개별면접, 전남 개별면접, 전북 개별면접, 충남 개별면접, 광주 개별면접)

- 자신이 정의로운 일을 했다고 생각되는 경험이 있는가?(2018. 서울 개별면접, 경기남부 개별면접)

면접위원들은 면접응시생에게 어떠한 '경험'(經驗)을 묻는 질문이 의외로 많다. 따라서 면접응시생들은 이러한 자신의 경험내용과 소감 등을 어느 정도 정리해서 준비할 필요가 있다고 본다. 그리고 이러한 경험 질문 가운데 가장 대표적으로 물어보는 것이 봉사경험이라 할 수 있다. 아래에서는 봉사를 중심으로 살펴보기로 한다.

생각건대, 봉사경험을 중요시하는 것은 공무원 내지 경찰공무원의 직업적 특성과 밀접한 관련성이 있기 때문이라고 본다. 봉사(奉仕, Service)는 한자어의 '받든다'는 의미의 '봉'(奉)과 '일로 삼아 섬기다'라는 의미의 '사'(仕)가 결합되어 있다. 사전적 의미로는 '국가나 사회 또는 남을 위하여 자신을 돌보지 아니하고 애씀'이라는 뜻을 담고 있다.

주지하는 바와 같이 경찰공무원을 위시한 모든 공무원은 국민전체에 대한 봉사자로서 주어진 역할을 다해야 함은 분명한 사실이다. 봉사자로서 역할을 한다는 것은 '이타적'(利他的)인 삶을 요구하는 것이다. 인간은 본질적으로 이기적인 존재이기 때문에 이타적인 삶을 산다는 것은 결코 쉬운 일이 아니다.

물론 이러한 이타적인 삶 내지 봉사자로서의 삶이라고 해서 거창하게 타인을 위해 극단적인 희생을 감수해야만 하는 것만을 의미하는 것은 아니라고 본다. 역지사지(易地思之)라는 말이 있듯이 어떠한 상황에서도 남을 배려하고 상대방의 입장에서 문제를 해결하려는 자세를 의미하는 것이다.

## 봉사경찰상의 구현

역사적 관점에서 볼 때, 봉사경찰의 외형적인 모습은 미군정기(美軍政期, 1945~1948)에 시작되었다고 볼 수 있다.

즉, 일제강점기의 억압적인 경찰 이미지를 쇄신하기 위하여, 경찰의 표어를 '봉사와 질서'로 채택하고 그 정신을 함양하기 위하여 그 표어의 마크를 제복상의 좌측 흉장의 위쪽에 패용케 한 것이다. 봉사란 시민의 피해를 방지하고, 피해당한 사람을 원조하고, 무법(無法)한 사람들이 시민을 해치지 못하게 하는 경찰의 임무를 의미하였다. 질서란 경찰이 교통과 군중을 정리하고, 사회활동이 원활하게 이루어질 수 있도록 인도하고, 국민을 대표하는 정부가 발포한 모든 법령을 시행하도록 함을 뜻하였다.

비록 경찰활동에 있어 '봉사'의 의미는 당시에는 선언적인 것에 불과하지만 한국경찰에 있어서 역사적인 의미가 있음은 분명하다고 본다.

출처: 수도관구경찰청(1947), 수도경찰발달사, pp. 23-24.

대학생들 가운데, 광주 하계유니버시아드 대회(2015), 평창동계올림픽(2018), 광주 세계수영선권대회(2019) 등에 자원봉사로 활동한 학생들도 적지 않다. 그런데 봉사라는 것이 어떠한 단체에 가입 또는 참여하여 정기적으로 또는 일정기간 동안 수행한 활동만을 의미하는 것은 아니라고 본다. 예컨대, 경찰학 관련 학생들과 상담을 하다보면, 남학생과 여학생을 불문하고 의외로 헌혈을 수십 차례 한 학생들을 많이 발견하게 된다. 남을 위해서 자신이 아끼는 것을 제공한다는 것은 참 아름다운 일이다. 또 우연히 길을 걸어가다가 어려움에 빠진 노약자에게 도움을 주는 것도 의미있는 봉사라고 본다.

경찰관을 꿈꾸고 있는 사람이라면 작은 나눔의 행할 수 있는 자세와 또 그러한 경험들이 일상생활에서 생활화 되었을 때, 봉사경찰로서의 '경찰상'은 구체화된다고 본다.

그렇다면 어떤 봉사활동을 해야 하는가? 사실 봉사에는 좋고 나쁨의 질이란 없다. 어떠한 봉사이건 봉사 그 자체가 소중한 것이다.

요약건대, 봉사에 대한 질문에 답할 때는 자신의 소중한 경험과 느낌을 말하고, 마무리하는 과정에서 "저의 이러 이러한 소중한 경험은 공직생활에서 국민 전체에 대한 봉사자라는 그 본질에는 큰 차이가 없는 것 같습니다"라고 자연스럽게 연결시키면 좋을 것 같다.

## 8) 근무하고 싶은 부서 등

■ 근무하고 싶은 부서는? 또는 기피부서는?(2018. 서울 개별·집단면접, 101경비단 개별·집단면접, 경기남부 개별·집단면접, 경기북부 개별면접, 인천 개별면접, 전남 개별·집단면접, 전북 개별·집단면접, 청남 개별·집단면접, 광주 개별·집단면접, 울산 개별면접, 2016. 서울 집단면접, 경기 개별면접, 부산 집단면접, 광주 개별면접, 전남 집단면접, 충남 개별면접, 충북 집단면접, 2015. 서울 개별·집단면접, 부산 개별·집단면접, 인천 개별면접, 대구 개별면접, 대전 개별·집단면접, 광주 집단면접, 경기 개별·집단면접, 경북 개별면접, 강원 개별면접, 101경비단 개별·집단면접, 2014. 서울 개별·집단면접, 부산 개별면접, 대구 개별면접, 울산 개별·집단면접, 제주 개별면접, 학교전담 개별면접, 경기 집단면접·개별면접, 경북 개별·집단면접, 2013. 서울 개별·집단면접, 대전 집단면접, 경기 개별면접, 경북 개별면접, 2012. 서울 집단·개별면접, 인천 집단면접, 경기 개별면접, 2011. 서울 개별·집단면접, 부산 개별면접, 인천 개별·집단면접, 대전 개별면접, 대구 집단면접, 경기 개별면접, 2010. 서울 개별·집단면접, 경기 개별면접, 인천 집단면접, 대구 집단면접, 전남 개별면접, 2009. 경기 집단면접, 부산 개별·집단면접, 전남 개별면접)

근무하고 싶은 부서를 묻는 질문은 평소 경찰조직 및 업무에 대한 이해가 어느 정도 있는지를 알아보는 질문이다. 면접위원들은 경찰임용을 준비하고 있는 여러분에게 경찰의 주요부서와 업무내용을 자세하게 알고 있다고는 생각하지 않는다. 그러나 채용시험을 준비하고 있는 사람이라면 경찰조직과 업무에 대한 기본 지식은 어느 정도 갖추고 있길 기대할 것이다.

그러나 정작 중요한 것은 응시자의 희망부서와 해당 부서에 대한 사전지식이 어느 정도인지를 알고 있는지의 여부는 아니라고 본다. 오히려 응시자의 경찰업무에 대한 태도와 자세가 어떠한지가 중요하다고 본다.

따라서 근무하고 싶은 희망부서를 말할 때에는 희망부서에 강조점을 두기 보다는 어떤 부서에서도 일할 자세가 되어 있다고 자신감 있게 표현하는 것이 좋다고 본다.

실제로 면접에서 "만약 당신이 말한 희망부서가 아닌 기피하는 부서에 발령을 받게 된다면 기피부서에서 일할 것인가요? 그만 둘 것인가요?"라는 식의 질문도 나올 수 있다고 본다. 이러한 유형의 질문에서는 어떻게 답변을 하면 좋을까?

이에 대해서 "경찰공무원은 자신이 원하지 않는 부서에 배치되었다 할지라도 항상 성실하게 근무할 자세를 가져야 한다고 봅니다. 경찰업무라는 것은 각 기능이 개별적·독립적인 것이 아니라 상호 유기적으로 이루어지는 것입니다. 따라서 어떠한 주어진 업무를 묵묵히 수행하고, 그러한 과정에서 저에게 특정부서에서 근무할 기회가 주어진다면 이전 부서에서 근무한 노하우를 최대한 활용하여 근무성과를 높일 수 있도록 노력하겠습니다. 따라서 원하지 않는 부서에 발령이 난다해도 제게 주어진 업무분야에서 최선을 다할 것입니다"라는 답변 정도면 무난하다고 본다.

또는 "저는 수사부서를 희망합니다"라고 적극적으로 의사표시를 할 수도 있다. 이 경우에는 수사부서를 희망하는 이유를 좀더 구체적으로 제시(경찰업무 가운데 가장 전문성이 필요로 한다는 점, 범죄통제 및 인권보호 차원에서 범죄수사가 중요하다는 점, 그리고 특정범죄의 수사에 특히 관심이 있다는 점 등)할 필요가 있다. 그러나 이 경우 2차적인 압박성 질문도 준비하고 있어야 한다고 본다. 그리고 이처럼 적극적인 의사표시를 할 때에도 항상 마음의 여지를 충분히 두고 있어야 한다. 따라서 "경찰인사라는 것은 저의 의지만으로 되는 것이 아니며, 또 제가 능력이 부족할 수도 있기 때문에 제가 수사부서에 배치되지 않았다고 해서 이에 낙담하지 않고 발령을 겸

허히 받아들여 그 부서에서 최선을 다할 것입니다" 정도의 여유는 있어야 한다고 본다.

　요약건대, 자신이 원하지 않는 부서나 지역에 발령이 난다고 하더라도 긍정적이고 적극적인 마음으로 일할 수 있는 각오가 되어 있어야 한다는 의미이다. 그리고 분명한 것은 이러한 태도 및 자세가 단순한 립서비스(lip service: 그럴싸한 말로 상대방의 비위를 살살 맞추는 일)가 아닌 진심에서 우러나와야 한다는 점이다. 자신의 양심을 속이면 남을 설득시킬 수 없기 때문이다.

## 9) 입직 후의 포부

- 경찰에 입문한다면 어느 계급까지 올라가고 싶은가?(2018. 경기남부 집단면접, 경기북부 개별면접, 전북 집단면접, 2015. 서울 집단면접, 대전 개별면접, 대구 개별면접, 2014. 서울 개별면접, 경기 개별면접, 2013. 서울 개별면접, 경북 개별면접, 2012. 서울 개별면접, 2011. 서울 개별면접, 인천 개별면접, 2010. 충남 개별면접, 2009. 서울 개별면접)
- 경찰시험에 합격한다면, 어떠한 포부를 가지고 있는가?(또는 10년, 20년 후의 당신의 모습은?)(2018. 광주 개별면접, 전남 개별면접, 전북 집단면접, 충남 집단면접, 2015. 서울 집단면접, 경기 집단면접, 충북 개별면접, 경북 개별면접, 2014. 서울 개별면접, 울산 집단면접, 대구 개별면접, 2013. 경북 개별면접, 2012. 부산 집단면접, 2011. 울산 집단면접)

　입직 후의 포부를 묻는 질문은 경찰관으로서의 야망과 목표를 살펴보려는 의도가 강한 질문이다.

　이런 유형의 질문에서는 "10년 후, 20년 후 어느 정도의 계급까지 승진하겠다"는 식의 답변도 좋지만, "조직과 구성원들로부터 인정받은 경찰", "국민들에게 신뢰받는 경찰"이 되겠다는 식의 답변도 좋다. 물론 이에 대한 다소 구체적인 설명(통계자료, 기사, 치안정책 등)을 곁들이면 설득력을 갖는다고 본다.

## 경찰조직의 비전과 목표

경찰은 「미래비전 2015」중장기 계획을 수립하여 단순한 비전제시에 그치지 않고 구체적인 목표수준을 설정하고 적극 실행하고자 하는 의지를 표명한 바 있다.

| | 2009년 | | 2015년 | | 2020년 | | 2030년 |
|---|---|---|---|---|---|---|---|
| 국가고객만족도 | 216위 | | 100위 | | 50위 | | 10위 |
| 종 합 청 렴 도 | 37위 | ⇨ | 10위 | ⇨ | 5위 | ⇨ | 1위 |
| 기관·단체 신뢰도 | 10위 | | 5위 | | 3위 | | 1위 |

그런데 위에서 제시된 경찰의 비전과 목표달성이 과연 가능한지에 대해서는 회의적이다. 예컨대, 특임장관실은 지난 2011년 2월 25일, 4월 8~10일 두 차례에 걸쳐 여론조사 전문기관에 의뢰하여 전국 만19세 이상 성인남녀 2,000여 명을 대상으로 국가·사회현상에 대한 '한국민의 가치관'에 대해 조사한 결과를 발표한 바 있다. 이 조사 내용 가운데 '우리나라에서 가장 신뢰받는 집단'을 묻는 질문에 학계(22.3%)와 언론(20.6%)에 대한 응답률이 높았고, 이어 대기업(15.6%) 공무원(10.2%), 검찰·법원(8.1%)순이었다. 청와대(3.4%)와 국회(2.9%), 경찰(2.9%)이 가장 신뢰도가 낮았다. 요약건대, 국가·사회조직 가운데 가장 신뢰받지 못하는 집단으로서 경찰이 공동 1등을 한 셈이다.

그렇다면, 이러한 결과의 원인은 문제인가? 단지, 조사방법이 잘못된 것인가? 경찰이 그동안 보여주기 식의 전시행정을 남발했을 뿐 실속이 없었던 것인가? 경찰이 많은 성과를 내고 있는데, 국민의 인식이 잘못된 것인가? 경찰조직의 개혁의지가 집단 이기주의에서 비롯되어 정당성을 잃은 것인가? 조직구성원들의 다수가 변화의 의지를 갖고 있지 못한 것인가? 아니면 보다 본질적인 문제로서 경찰관들의 자질이 문제인가?

사실, 이에 대한 명확한 답변을 구하는 일은 쉬운 일이 아니라고 보며, 보다 설득력을 얻기 위해서는 이에 대한 원인규명, 즉 조직진단이 적절하게 이루어져야 한다고 본다. 조직과 관련된 현상을 연구하여 진단하는 궁극적인 이유는 조직을 좀더 좋은 조직으로 만들기 위한 것이라 할 수 있으며, 이를 위해서는 조직의 평가와 적절한 평가기준의 설정 문제가 핵심적 문제로 대두된다. 이러한 문제인식 하에 경찰조직의 진단에 대한 기본적 논의와 함께 진단기준의 하나라 할 수 있는 '조직 건강성'(組織 健康性, Organization Health)을 가지고 경찰조직이 안고 있는 문제와 개선방향을 장기적으로 검토해 볼 필요가 있을 것이다.

출처: 최선우(2017), 경찰학, 서울: 그린, pp. 237-238 재인용.

또 구체적으로 "10년 후 경찰서 형사과 강력범죄수사팀에서 형사로 근무하고 있을 것이며 체포왕 ○○○라는 타이틀을 가지게 될 것 같습니다. 저는 계급에 대한 욕심보다는 좋아하는 부서에서 국민을 위해 봉사하는 것이 저의 사명이라고 생각하면서 많은 강·폭력 사건을 해결하여 범죄피해자 등 사회적 약자로부터 감사하다는 말 한마디를 들으며 행복해하는 그런 경찰관이 되어 있을 것 같습니다"라는 식의 답변도 가능하다고 본다.

## 10) 마지막으로 하고 싶은 말

■ 마지막으로 하고 싶은 말이 있는가?(2019. 제주 단체면접, 2018. 서울 개별면접, 101경비단 개별면접, 경기남부 개별면접, 경기북부 개별면접, 전남 개별면접, 전북 개별면접, 울산 개별면접, 충남 개별·집단면접, 경남 개별면접, 광주 개별면접, 2016. 서울 경찰행정특채 집단면접, 서울 개별면접, 광주 개별면접, 경기북부 개별면접, 경기남부 개별면접, 2015. 101경비단 개별면접, 집단면접, 서울 개별면접, 부산 개별면접, 경기 개별면접, 인천 개별면접·집단면접, 대전 집단면접, 경북 개별면접, 강원 개별면접, 2014. 서울 개별·집단면접, 인천 집단면접, 학교전담경찰 개별면접, 충남 집단면접, 경기 개별면접, 경북 개별면접, 경남 개별면접, 2013. 서울 개별면접, 부산 개별면접, 경기 개별면접, 울산 개별면접, 대전 개별면접, 경북 개별면접, 대구 개별면접, 경남 개별면접, 제주 개별면접, 2012. 서울 집단면접, 경기 개별면접, 부산 개별면접, 광주 개별면접, 2011. 서울 개별면접, 부산 개별면접, 경기 집단면접, 2010. 경기 집단면접, 2009. 전남 집단면접)

면접이 끝났음을 알려주는 질문이 "마지막으로 하고 싶은 말이 있는가요"이다. 이에 대해 "특별하게 없습니다"라고 말한다면 마지막으로 점수를 얻을 수 있는 기회를 스스로 포기하는 것이 될 수도 있다.

최후의 순간까지 긴장을 풀지 말고 마지막 질문을 통해 경찰에 대한 적극적인 관심과 경찰관이 되고 싶은 간절한 마음을 표현할 말을 하나 쯤은 준비해 둘 필요가 있다고 본다. 또 개별면접에서 소명할 것이 있음에도 소명을 하지 못한 경우에도 마지막 하고 싶은 말을 할 기회를 통해 소명하는 것도 좋은 방법이다.

만일 면접관이 위와 같은(마지막하고 싶은 말) 질문을 하지 않고 면접이 끝났음을 알린다면 "마지막으로 하고 싶은 말이 있는데 해도 되겠습니까?"라고 요청해 볼 수 있을 것이다.

## 2. 경찰 관련 질문

### 1) 경찰개념

- 경찰이란 무엇인가?(2018. 경기남부 집단면접, 2016. 광주 집단면접)

- 경찰 한자 뜻은 무엇인가?(2018 전남 개별면접)

- 인권경찰이란 무엇이라고 생각하는가?(2018. 서울 집단면접)

- 안병하는 어떠한 사람인가?(2018. 전남 개별면접)

- 군인과 경찰은 무엇이 다르다고 생각하는가?(2018. 경기남부 개별면접)

- 경찰의 업무는 행정경찰과 사법경찰 두 가지가 있는데, 오늘날 행정경찰 부분이 더욱 강조되고 있다. 이에 대해 어떻게 생각하는가?(사회자 지정, 자유토론)(2018. 서울 집단면접)

경찰(警察)은 범죄와 무질서로부터 국민 내지 개인의 자유와 권리를 보호하고, 공공의 안녕과 질서를 유지하는 대표적인 국가공권력 가운데 하나라고 할 수

있다.[2]

    그런데 경찰은 본질적으로 역사성(歷史性)·가변성(可變性)을 가지고 있는 개념으로써 국가마다 고유의 정치이념과 전통문화 등이 반영되는 것이어서 획일적으로 이를 정의하는 것은 결코 쉬운 일이 아니다.

    즉, 경찰이라는 개념은 국가마다 상이하고, 또 동일 국가일지라도 시대에 따라 다르다. 미국경찰, 일본경찰, 한국경찰이 각각 다르고, 또 한국경찰이라 할지라도 삼국시대, 고려시대, 조선시대, 대한민국시대의 경찰이 각각 다른 것이다. 그리고 대한민국시대의 경찰이라 할지라도 1948년 정부수립 이래로 오늘에 이르기까지 그 정체성은 계속 유동적으로 변화하고 있음은 물론이다.

    한편, 군(軍)과 경찰은 일정한 차이가 있다. 양자 모두 국가안전 내지 국민보호라는 점에서 공통점이 있다. 그러나 군대의 존재이유는 본질적으로 외부의 적(敵)에 대한 방위 및 대응을 목적으로 한다면, 경찰은 대내적(對內的)으로 국민 내지 개인을 대상으로 범죄예방 및 질서유지 등을 목적으로 한다고 볼 수 있다. 경찰의 대내성과 군대의 대외성은 근대국가 이후 경찰이 제도적으로 전문화·독립화되면서 정형화되었다고 볼 수 있다.

    그런데 경찰의 업무가 어려운 것은 군과 같이 적군과 아군이라는 2분법적 구분이 어렵다는 것이다. 예컨대, 평상시에 보호받아야 할 '준법시민'이라 할지라도 법규범을 위반하게 되면, '범죄자'가 되어 보호가 아닌 통제 대상으로 바뀌기 때문이다.[3]

    다만, 군과 경찰의 역할이 명확히 구분되지 않는 경우도 있다. 심각한 국가비상사태 발생시 군은 일정부분 경찰의 역할을 수행할 수도 있기 때문이다. 마찬가지로 경찰 역시 평상시에 대외적인 활동(외사, 보안경찰 등)도 수행하고 일정한 비상사태의 경우 군인과 같은 역할도 담당할 수 있음은 물론이다.

    물론, 일부 국가에서는 평상시에도 군인이 경찰과 같은 역할을 수행하는 나라

---

2) 경찰(警察)이라는 한자어는 일본에서 차용한 것이라 할 수 있는데, '경계사찰'(警戒査察: 뜻밖의 사고가 생기지 않도록 주의하고 살핌)의 줄인 말이라고도 한다. 여기에서 '경'(警)은 '경계하다', '두려워하다', 의 의미이고 '찰'(察)은 '살핀다', '다스리다' 등의 의미를 갖는다. 결국 경찰은 국민 내지 개인을 '지키고 보살피는, 즉 안전하게 보호한다'는 의미를 갖는다고 볼 수 있다. 이황우(2007), 경찰행정학, 서울: 법문사, p. 7.

3) 최선우(2017), 경찰학, 서울: 그린, pp. 68−69.

도 있다. 예컨대, 프랑스와 같은 경우는 경찰뿐만 아니라 군인경찰(軍人警察, National Gendarmerie)이 존재하며, 이들은 일정한 지역에서 보통경찰과 동일한 임무를 수행하고 있다. 즉, 프랑스는 전국적으로 군인경찰조직(일반경찰의 1/3수준)을 두고 인구 2만명 미만의 소도시와 농촌지역, 그리고 주로 간선도로 등 전국토의 95%에 해당하는 지역에서 경찰업무를 수행하고 있다.4) 이러한 시각에서 볼 때, 경찰과 군인의 역할관계는 다분히 상대적·역사적인 문제로서 파악해야 할 것이라고 본다.

## 국가정체성과 경찰개념: 인권보호와 봉사경찰로의 발전

경찰개념은 국가의 정체성과 밀접한 관련성을 가지고 있다. 경찰은 국가질서를 유지하는데 매우 중요한 수단 가운데 하나이며, 따라서 국가가 지향하는 이념 또는 정체성은 경찰이념과 제도의 근간이 된다.

서구유럽국가의 경찰개념 및 이의 발전과정을 근원적으로 거슬러 올라간다면, 고대 그리스에서부터 살펴 볼 수 있을 것이다. 그리고 근대국가(近代國家)를 전후해서 형성된 경찰개념은 크게 ㉠ 경찰국가시대, ㉡ 법치국가시대, ㉢ 복지국가시대로 구분하여 접근할 수 있다. 이러한 구분은 물리적 강제력의 근거 및 한계와 관련된 것이다.

여기에서 근대국가라는 것은 개인의 자유와 권리의 보호를 본질로 하는 자유민주주의를 말한다. 이전의 경찰국가시대의 국가 지배권력집단의 권력유지수단으로 인권침해를 자행해온 경찰은 법치국가시대에 이르러 인권보호의 상징으로서 재인식 된 것이다. 법치국가는 '모든 사람은 법 앞에 평등하며, 따라서 누구든지 자의적으로 개인의 자유와 권리를 침해해서는 안 된다는 것을 천명'하고 있다.

한편, 21세기 복지국가시대의 경찰은 경찰의 역할과 활동범위가 보다 확대되고 있다. 이전 법치국가시대의 법집행, 질서유지 기능 외에 '대민봉사'(civil service) 기능을 아울러 요구하고 있으며, 이에 따라 적극적인 경찰권의 행사를 요구하고 있다.

그리고 복지국가시대의 적극적 경찰권 행사에 따른 인권침해 등의 문제가 야기될 수 있기 때문에 법치국가시대에 형성된 입법적 통제(즉, 법률유보원칙) 외에도

---

4) 김형만 외 8인(2003), 비교경찰제도론, 서울: 법문사, pp. 558-559.

이른바 '조리(條理)상의 한계'(소극목적의 원칙, 공공의 원칙, 비례의 원칙, 평등의 원칙, 책임의 원칙 등)에 의한 사법적 통제를 요구하고 있다.

5.18 광주 민주화운동이 국가기념일로 지정되어 폭도들의 난동이 아니라 전 국민적인 열망을 실은 민주화운동이었음을 인정받기까지 17년의 세월이 걸렸듯이, 당시 사건에 연루된 한 사람의 명예가 제대로 회복되는 데는 장장 26년이라는 기나긴 시간이 걸렸다. 2012년 8월 서울지방보훈청은 5.18 광주민주화운동 당시 시민들에 대한 강경진압을 거부하여 직무유기를 이유로 해임되어 고문 후유증으로 사망한 안병하(安炳夏, 1928~1988) 전(前) 전남도경국장을 순직경찰로 등록했다. 이에 앞서 2005년 11월 24일 경찰청은 과거사 진상조사 결과를 토대로 안병하 전국장의 순직 사실을 확인하고 유해를 국립현충원 경찰묘역에 안장시켰다.

5.18 광주 민주화운동 당시 전남도경국장(현, 광주지방경찰청장)을 지낸 그는 (당시 52세) 5월 14일 도청분수대의 집회현장을 찾아가 학생대표와 만났다. 그는 평화적인 집회와 질서유지를 요구하고, 시위 중에 경찰에 연행된 학생 11명을 보내달라는 학생들의 요구를 흔쾌히 수락하였다. 16일에도 박관현 당시 전남대학교 총학생회장과 면담하여, 평화적인 시위를 한다는 약속을 전제로 야간 횃불시위 요구를 허락하였다.

당시 경찰로서는 파격적인 조치로서 시위대는 폭력시위를 자제하고, 경찰은 시위대를 보호하며 질서유지 활동을 펼친 것이다. 만약 계엄군이 투입되지 않았다면 1980년 5월의 광주는 더 이상의 충돌과 희생 없이 끝날 수 있었던 것이다. 안병하 국장은 자신의 비망록에 당시의 집회시위 방침으로 "절대 희생자가 발생하지 않도록 할 것(경찰 희생자가 있더라도 일반시민 피해 없도록). 주동자 외에는 연행하지 말 것(교내에서의 연행 금지). 경찰봉 사용에 유의할 것(반말·욕설 금지), 주동자 연행시 지휘보고할 것(식사 등에 유의)"라고 기록해 놓았다. 그러나 5월 18일 공수부대가 투입되어 여론이 악화되고, 사태가 악화되자 시민들의 희생을 막기 위해 시위대에 대한 발포명령과 강경진압을 거부하고, 시민과의 충돌에 따른 불상사를 우려하여 시위진압 경찰관의 총기를 회수하는 등의 조치를 취했다.

이 때문에 안병하 국장은 지휘권 포기를 이유로 강제 해임된 뒤 보안사로 끌려가 심한 고문을 받게 되었다. 그리고 광주청문회가 시작되기 바로 전인 1988년 10월 고문의 후유증으로 사망했다.

1997년 5.18 민주화운동이 국가기념일로 인정되었음에도 불구하고 안병하 국장은 5.18 당시에 사망하지 않았다는 이유로 순직이 인정되지 않았으며, 2006년에서야 최종적으로 순직경찰로 등록되기에 이르렀다. 경찰청은 경찰청 과거사진상규명위원회의 조사를 근거로 안병하 전국장이 국민의 생명과 재산을 보호하고 공공의 안녕과 질서를 유지한 인권경찰(人權警察)의 표상으로 삼고 그의 업적을 기리고자 노력하고 있다.

출처: 최선우(경찰학), 서울: 그린, pp. 70-74, pp. 186-187 재인용.

한편, 경찰개념을 몇 가지로 유형화하여 설명할 수도 있다. 대륙법계 관점에서는 실질적 의미의 경찰과 형식적 의미의 경찰, 행정경찰과 사법경찰 등으로 구분할 수 있다. 영미법계 관점에서는 국가경찰과 자치경찰, 공경찰과 민간경찰 등으로 구분할 수 있다.

여기에서 행정경찰과 사법경찰의 특징을 살펴보면 다음과 같다. 행정경찰은 범죄예방과 같은 위험의 방지를 위한 행정작용을 의미한다면, 사법경찰은 이미 발생한 범죄에 대한 사법작용(특히, 범죄수사)을 의미한다고 볼 수 있다.

그렇다면, 행정경찰과 사법경찰 가운데 어느 것이 더 중요한가? 양자의 기능 모두 중요하지만, 행정경찰의 예방작용이 우선되어야 함은 물론이다. 만약에 범죄 등을 포함한 수많은 위험에 대한 예방이 완벽하게 이루어질 수만 있다면, 사법작용은 필요가 없기 때문이다. 그리고 범죄수사와 같은 사법작용이 아무리 철저하게 이루어진다 할지라도 이미 발생한 사건(살인, 강간 등)으로 인해 침해된 인권은 근본적으로 회복되기 어렵기 때문이다. 그러나 오늘날과 같이 산업화·도시화·과학화된 복잡한 사회구조 속에서 양적·질적으로 심화되고 있는 수많은 범죄문제를 모두 예방한다는 것은 현실적으로 불가능한 일이다.

## 행정경찰과 사법경찰의 불가분리성(不可分離性)

프랑스에서 행정경찰과 사법경찰은 엄격하게 구분하고 있는 것은 권력분립론(權力分立論)에 근거를 두고 있다고 볼 수 있다. 중앙집권적인 국가경찰제도하에서 경찰이 범죄예방뿐만 아니라 범죄수사권한까지 보유하게 되었을 경우, 그 순기능보다는 역기능이 더 크다고 우려한 까닭이다.

그러나 경찰업무 현실에 있어서 이의 구별이 명확하게 이루어지는 것은 아니다. 행정경찰의 목적으로 하는 경찰활동이 곧바로 사법경찰의 목적으로 이행되는 경우가 적지 않기 때문이다.

이러한 한 예로서 우리에게 널리 알려진 유길준은 『서유견문(1895)』에서 다음과 같이 설명하고 있다. "행정경찰은 적절한 조치를 취하여 재앙과 피해를 미연에 방지하여 국민들로 하여금 죄를 짓지 않도록 하는 것이다. 사법경찰은 이미 일어난 범죄에 대하여 수사하여 죄인을 체포하고 신문하여 국민의 근심과 재난을 제거하는 일을 한다. 그러므로 행정경찰의 힘이 미치지 못할 때에는 사법경찰이 담당하게 되어, 이 둘의 관계가 머리칼 한 가닥도 허용치 않을 만큼 밀접한 것이다. 비유하나를 들어 보자, 어떤 사람이 남의 집 울타리를 넘어가려고 할 때에 이를 막는 것은 행정경찰이고, 그가 한 발이라도 울타리 위로 넘어가면 무고히 남의 집에 침입하는 잡범이니 사법경찰의 직분에 속하여 형법의 처단을 받게 된다. 그러므로 사실은 행정경찰과 사법경찰은 표리(表裏)의 관계를 이루는 셈이다"

한편, 그 동안 「경찰관직무집행법」상의 '불심검문'(不審檢問)에 대해서 이를 행정경찰작용으로 보는 것이 일반적이었다. 그러나 그 내용을 보면, "경찰관은 수상한 행동이나 그 밖의 주위 사정을 합리적으로 판단하여 'ⓐ 어떠한 죄를 범하였거나 범하려 하고 있다고 의심할 만한 상당한 이유가 있는 사람, ⓑ 이미 행하여진 범죄나 행하여지려고 하는 범죄행위에 관하여 그 사실을 안다고 인정되는 사람'을 정지시켜 질문할 수 있다"로 하고 있다(제3조 제1항). 따라서 여기에서 'ⓐ'의 앞 문장 즉, '어떠한 죄를 범하였거나'에 해당하는 자에 대한 불심검문은 이미 저질러진 범죄행위에 대한 경찰대응이기 때문에 사법작용으로도 볼 수 있을 것이다.

출처: 최선우(경찰학), 서울: 그린, pp. 81-82 재인용.

## 2) 경찰의 주요 임무 · 직무

■ 경찰의 주요 임무는 무엇인가?(2018. 경기남부 개별면접, 충남 개별면접, 2016. 서울 개별면접, 2015. 충북 집단면접, 2009. 부산 개별면접)

위에서 설명한 경찰개념이라는 것은 추상적이다. 이러한 추상적 경찰개념은 경찰의 임무 내지 직무에 의해서 구체화된다. 이러한 경찰의 임무 내지 직무는 「경찰법」 제3조와 「경찰관직무집행법」 제2조에 명시되어 있다.[5]

▌경찰의 임무 · 직무

| 경찰법 제3조(국가경찰의 임무) | 경찰관직무집행법 제2조(직무의 범위) |
|---|---|
| 1. 국민의 생명 · 신체 및 재산의 보호 | 1 국민의 생명 · 신체 및 재산의 보호 |
| 2. 범죄의 예방 · 진압 및 수사 | 2. 범죄의 예방 · 진압 및 수사 |
| 2의2. 범죄 피해자 보호 | 2의2. 범죄피해자 보호 |
| 3. 경비 · 요인경호 및 대간첩 · 대테러 작전 수행 | 3. 경비, 주요 인사(人士) 경호 및 대간첩 · 대테러 작전 수행 |
| 4. 치안정보의 수집 · 작성 및 배포 | 4. 치안정보의 수집 · 작성 및 배포 |
| 5. 교통의 단속과 위해의 방지 | 5. 교통 단속과 교통 위해(危害)의 방지 |
| 6. 외국 정부기관 및 국제기구와의 국제협력 | 6. 외국 정부기관 및 국제기구와의 국제협력 |
| 7. 그 밖의 공공의 안녕과 질서유지 | 7. 그 밖에 공공의 안녕과 질서 유지 |

이상과 같은 경찰의 임무 내지 직무는 경찰조직이 지향해야 할 목표라고도 할 수 있는데, 이는 다시 상위목표와 하위목표로 설정할 수 있다.

---

5) 한편, 경찰직무 중 '범죄피해자 보호' 규정은 2018년 4월 경찰관직무집행법을 개정되면서 새로이 포함된 규정으로서 본법을 개정하면서 개정이유로 다음과 같이 고시하였다. "범죄피해자 보호는 타인의 범죄행위로 인하여 생명 · 신체 등에 피해를 당한 사람이 범죄피해 상황에서 빨리 벗어나 인간의 존엄성을 보장받을 수 있도록 하기 위한 것으로 경찰이 수행해야 할 중요한 임무 중 하나라 할 수 있다. 이와 관련하여 현행법상 국가 경찰의 임무 중 하나로 범죄 피해자 보호를 명시하여 그 중요성을 다시 한번 확인시키고, 경찰이 적극적으로 범죄피해자를 보호해야 함을 분명히 해야 할 필요가 있다. 이에 현행법에 따른 국가 경찰의 임무에 범죄 피해자 보호를 명시함으로써 범죄 피해자 보호의 중요성 및 해당 임무 수행에 대한 경찰의 인식을 제고하고자 한다."

상위목표는 보통 하위목표에 비해 추상적이고 일반적인 성격을 띠고 있다. 반면, 하위목표는 상위목표를 기본으로 하되, 보다 구체적이고 특정적인 성격을 띠고 있다. 여기에서 상위목표는 경찰조직 전체로서 지향해야 할 목표를 의미한다면, 하위목표는 경찰조직의 각 기능(생활안전, 수사, 교통, 경비, 정보, 보안, 외사 등)에 부여된 목표라고 할 수도 있다.

▌경찰의 상위목표와 하위목표

| 상위목표 | 국민의 생명·신체 및 재산의 보호<br>공공의 안녕과 질서유지 |
|---|---|

⇩

| 하위목표 | ① 범죄의 예방·진압 및 수사<br>② 범죄피해자 보호<br>③ 경비·요인경호 및 대간첩·대테러 작전 수행<br>④ 치안정보의 수집·작성 및 배포<br>⑤ 교통의 단속과 위해의 방지<br>⑥ 외국 정부기관 및 국제기구와의 국제협력 |
|---|---|

## 3) 경찰의 날(경찰 창설일), 해방 후 경찰의 역사 등

- 경찰의 날(경찰 창설일)은 언제인가?(2018. 101경비단 개별면접, 2015. 부산 집단면접, 2014. 부산 집단면접, 울산 개별면접, 경남 개별면접)

- 초대 경무국장(경찰청장)은 누구인가?(2018. 인천 개별면접)

- 해방 이후 경찰역사에 대해 말해 보시오. (2015. 경기 집단면접)

- 한국 경찰의 나아갈 방향(문제점)은 무엇인가?(2018. 서울 개별면접, 인천 개별면접, 광주 개별면접, 전북 개별·집단면접, 충남 집단면접)

- 경찰의 역할을 과거와 현재에 비교하여 설명하시오. (2018. 전남 집단면접)

경찰의 날은 『미군정청 경무국』 창설일(1945년 10월 21일)인 10월 21일로 하고 있다. 미군정청 경무국은 비록 미군정법령에 근거를 둔 군사경찰(軍事警察)의 성격을 띠고 있었으나 그 운영자체는 한국인 손으로 이루어졌다는 점에서 의의가 있다. 이 경무국체제는 중앙에 경무국을 두고, 각 8개 지방에는 도지사 소속하에 경무부(警務部)를 설치하였다. 여기에서 조병옥(趙炳玉)은 경무국 국장, 장택상(張澤相)은 경기도 경찰부장에 임명되었다. 이들은 이후 미군정 기간 동안 경찰조직의 최고책임자(오늘날로 본다면, 경찰청장과 서울지방경찰청장)로서 많은 활동을 하게 된다.

한편, 1948년 대한민국 정부수립과 동시에 국립경찰이 새롭게 출범하였다. 이에 따라 1957년 내무부 훈령 제102호로 「경찰의 날 규정」을 제정하여 '경찰의 날'을 기념하였고, 1973년 3월 「각종 기념일 등에 관한 규정」에 의해 법정기념일에 포함되었다. 경찰의 날을 제정한 이유는 건국·구국·호국의 경찰로서 역경과 시련을 극복한 경찰의 역사를 되새기기 위함이다.[6]

## 대한민국 임시정부와 경찰: 경찰의 날에 대한 재인식

### 대한민국 임시정부와 경찰

1919년 3·1운동을 전후하여 독립운동가들 사이에서는 임시적인 형태로서 근대적인 정부를 세워야 한다는 인식이 확산되었다. 독립 후의 국가를 미리 준비하고, 독립운동을 효과적으로 실시하기 위함이다. 이에 따라 1919년 3월부터 4월 사이에 국내·국외에 민주공화국 건설을 목표로 하는 5개의 임시정부가 수립되었다. 이들 5개 임시정부 가운데 상해정부가 중심이 되어 단일정부수립운동을 전개하였다. 이렇게 해서 새로 헌법을 만들고(9.11), 내각과 의정원을 구성하여 형성된 단일정부가 바로 '대한민국임시정부'(大韓民國臨時政府, 1919. 11.9)이다.

임시정부는 대한민국원년인 1919년 11월 5일에 '대한민국임시관제'를 제정하여 내무부에 경무국(警務

---

6) 국가기록원(http://theme.archives.go.kr).

局)을 두고 내무부장관이었던 안창호(安昌浩)는 초대 경무국장(警務局長)으로 김구(金九, 1876~1949) 선생을 임명하였다. 당시 경무국의 소관사무는 ⊙ 행정경찰에 관한 사항, ⓒ 고등경찰에 관한 사항, ⓒ 도서출판 및 저작권에 관한 사항, ⓔ 일체의 위생에 관한 사항 등을 관장하는 것이었다. 그러나 정식정부가 아닌 해외에 세운 임시정부의 경찰이기 때문에 영토고권(領土高權)을 가지고 있지 못했으므로 그 실효성을 확보하기가 사실상 어려웠다는 점은 사실이다.

### 경찰의 날에 대한 재인식

대한민국은 미군정 경무국(警務局) 창설 일(1945.10.21.)을 '경찰의 날'로 기념하고 있다. 그런데, 당시에 출범한 경무국은 한국경찰의 역사적 전통성 및 자주성과는 특별한 상관이 없다고 볼 수 있다. 일제강점시대의 식민통치를 위해 설치한 경무국체제를 미군정이 그대로 계승한 것이기 때문이다.

따라서 대한민국임시정부에 경무국이 설치된 1919년 11월 5일을 '경찰의 날'로 새롭게 지정하는 것이 대한민국경찰의 역사적 전통성을 확립하는데 보다 의미가 있다고 본다.

출처: 김구(1995), 백범 김구 자서전, 서울: 서문당, pp. 263-267; 김창윤(2014), "경찰의 날에 대한 역사적 고찰과 변경 가능성에 관한 연구," 한국민간경비학회보, pp. 26-54.

해방 후 경찰의 역사를 간략히 살펴보면 다음과 같다. 이 시기는 미군정기의 경무국·경무부시대(1945년~1948년)에서 대한민국 정부수립 이후 치안국시대(1948년~1974년), 치안본부시대(1974년~1991년), 경찰청시대(1991년~현재)로 구분할 수 있다.[7]

대한민국 정부수립 당시의 경찰조직의 법적 근거는 정부조직법에 두고 있었다. 그런데 경찰은 정부조직법에 의해 하나의 독립된 관청이 아닌 내무부(內務部) 산하에 있는 하나의 국(局)인 '치안국'(治安局)으로 편제되었다. 미군정 당시에는 경찰조직이 경무부(警務部, 1946.1~ 1948.8)라는 명칭을 가지고 하나의 독립된 국가행정부서였던 것에 반해 정부수립 후에는 내무부의 1개 국인 치안국으로 축소된

---

7) 이하 최선우(2017), 앞의 책, pp. 168−193 재구성.

것이다.

1974년 8월 15일 광복절 기념행사에서 육영수 여사 저격사건이 발생하였다. 정부는 이 사건을 계기로 경찰고유의 치안유지 기능을 살리기 위해 경찰조직에 대한 개선안(특히, 경호·경비업무의 강화)이 검토되었고, 이에 따라 동년 12월에는 정부조직법을 개정하여 내무부 치안국(治安局)을 치안본부(治安本部)로 격상시켰다(그러나 당시 육군 중장이 전역하여 경찰최고 책임자가 된 일은 경찰조직의 위상과 정체성 확립에 한계 요인으로 작용하였다).

그러나 경찰의 정치적 중립성과 민주적 운영은 여전히 개선되지 못하고 계속되었다. 이러한 시대적 상황 속에서 1990년 12월 13일 행정개혁위원회의 '경찰의 중립성 보장에 관한 건의'를 토대로 여러 차례의 여론수렴 과정을 거쳐 정부·여당의 경찰법안이 국회에 상정되었다. 그리고 1991년 5월에 경찰법(警察法)이 국회를 통과하여 경찰청(警察廳)이 정식 발족되었다. 이로써 내무부 산하의 치안본부에서 내무부의 외청으로 독립함으로써 '경찰청 시대'가 열린 것이다.

### 4) 경찰헌장과 경찰서비스헌장

> ■ 경찰헌장에 대해서 말해보시오. (2018. 101경비단 개별면접, 경기남부 집단면접, 경기남부 개별면접, 2016. 서울 개별면접, 2015. 서울 집단면접, 2014. 경기 개별면접, 2013. 서울 개별면접, 101경비단 집단면접)

경찰헌장은 1966년 7월에 제정된 '경찰윤리헌장'을 사회발전과 국민의식의 수준에 맞추어 다시 개정하여 1991년 경찰청 개청일에 선포하였다. 이 헌장은 민주경찰의 당위성과 본분을 제시하고 나아가 2000년대 경찰의 이념적 방향인 봉사정신을 대내외에 천명한 것이라 할 수 있다.

## 경찰헌장(1991)

우리는 조국 광복과 함께 태어나, 나라와 겨레를 위하여 충성을 다하며 오늘의 자유 민주 사회를 지켜온 대한민국 경찰이다. 우리는 개인의 자유와 권리를 보호하며 사회의 안녕과 질서를 유지하여, 모든 국민이 평안하고 행복한 삶을 누릴 수 있도록 해야 할 영예로운 책임을 지고 있다. 이에 우리는 맡은 바 임무를 충실히 수행할 것을 다짐하며, 우리가 나아갈 길을 밝혀 마음에 새기고자 한다.

1. 우리는 모든 사람의 인격을 존중하고 누구에게나 따뜻하게 봉사하는 **친절한 경찰**이다.
1. 우리는 정의의 이름으로 진실을 추구하며, 어떠한 불의나 불법과도 타협하지 않는 **의로운 경찰**이다.
1. 우리는 국민의 신뢰를 바탕으로 오직 양심에 따라 법을 집행하는 **공정한 경찰**이다.
1. 우리는 건전한 상식 위에 전문지식을 갈고 닦아 맡은 일을 성실하게 수행하는 **근면한 경찰**이다.
1. 우리는 화합과 단결 속에 항상 규율을 지키며, 검소하게 생활하는 **깨끗한 경찰**이다.

한편, 우리나라는 국가의 행정서비스의 향상을 위하여 1998년 이후 '행정서비스헌장'제도를 실시하고 있는데, 경찰 역시 이와 관련하여 '경찰서비스헌장'을 제정하고 1999년에는 민원실·수사·방범·교통·병원진료 서비스헌장 등 5개 기능별로 경찰서비스헌장을 제정·운영하고 있다. 이후 2000년과 2001년에는 지방경찰청·경찰서·면허시험장 등 모든 경찰관서 대민부서까지 경찰서비스헌장을 제정하여 확대시행 중에 있다.[8]

---

8) 경찰청(2001), 경찰백서, pp. 396-402.

## 경찰서비스헌장(1998)

우리는 국민이 생명과 재산을 보호하고 법과 질서를 수호하는 국민의 경찰로서 모든 국민이 안전하고 평온한 삶을 누릴 수 있도록 다음과 같이 실천하겠습니다.

1. 범죄와 사고를 철저히 예방하고 법을 어긴 행위는 단호하고 엄정하게 처리 하겠습니다.
1. 국민이 필요하다고 하면 어디든지 바로 달려가 도와드리겠습니다.
1. 모든 민원은 친절하고 신속, 공정하게 처리하겠습니다.
1. 국민의 안전과 편의를 제일 먼저 생각하며 성실히 직무를 수행하겠습니다.
1. 인권을 존중하고 권한을 남용하는 일이 없도록 하겠습니다.

## 5) 경찰정신

■ 경찰에게 필요한 정신(精神)은 무엇이라고 생각하는가?(2018. 경기남부 개별 면접, 2014. 서울 개별면접, 2012. 경기 개별면접)

■ 독립운동을 한 경찰관에 대해 알고 있는가?(2018. 서울 개별면접)

예나 지금이나 정도의 차이는 있겠지만 경찰의 부적절한 직무수행 및 행태와 관련하여 많은 사회적 비난이 그치질 않고 있다. 이러한 문제를 극복하는 방법으로서 여러 가지가 있겠지만 그 가운데서도 경찰기강, 즉 '경찰정신'(警察精神, police spirits)의 재확립이 무엇보다도 강조되고 있다.

이러한 경찰정신이 구체적으로 무엇을 의미하는지에 대해서는 명확하지가 않다. 다만 이를 유형화 한다면, ㉠ 민주주의에 대한 확고한 신념과 이를 바탕으로 한 호국·애국정신(護國·愛國精神), ㉡ 국민주권주의 원리에 바탕을 둔 애민·봉사 정신(愛民·奉仕精神), ㉢ 경찰조직의 일원으로써 정치적 중립성을 갖고 주어진 사명에 충실할 수 있는 주인정신(主人精神), ㉣ 직무를 수행하는 과정에서 부정부패의 유혹을 과감히 뿌리칠 수 있는 청렴정신(淸廉精神) 등을 들 수 있다.[9]

---

9) 최선우(2017), 앞의 책, p. 23.

## 1. 제복이 존경받는 사회

국가가 부르면 기꺼이 목숨을 바치고, 시민의 안전이 위협받으면 용감히 뛰어들어 자신을 희생하는 사람들이 있다. 바로 경찰, 군인, 소방관과 같은 '제복을 입은 사람들'(MIU: Men In Uniform)이다. 미국, 유럽에서는 국가와 국민을 위해 순직하거나 다친 MIU에게 존경과 신뢰를 보내고, 전 국민이 공유하는 애국심의 상징으로 내세우고 있다.

미국은 경찰, 소방관 등이 근무 중 순직할 경우 공공안전봉사관 연금법(1976년 제정)에 따라 지원을 받고 있다. 이 뿐만 아니라 순직자나 임무를 수행하다 장애를 가지게 된 사람들의 배우자나 자녀들에 대해서도 교육지원금을 지급하도록 하고 있다. 그리고 순직한 MIU들에 대한 시민들의 자발적인 성금은 특히 주목된다. 카운티별로 지역 신문이나 소식지 등에 모금계좌를 알리면 상당한 금액이 모금된다고 한다. 최소한 국가와 사회를 위해 봉사하다 숨진 MIU의 유가족이 생계를 걱정하지 않게 해야 한다는 사회적인 합의가 바탕이 되지 않으면 쉽지 않은 일이라 할 수 있다. 물론 경찰이 항상 사랑을 받는 것만은 아니다. 때로는 지나치게 무자비한 법집행으로 공포의 대상이 되기도 하고 소수인종들에게 편견을 갖고 있다는 비난도 받는다. 시민들의 사랑은 당연한 것은 아니며, 경찰이 시민들에게 희생·봉사한 만큼 되돌아오는 것이다.[10]

## 2. 살아있는 한국의 경찰정신: 차일혁 총경

경찰이 사회구성원들로부터 존경과 신뢰를 받기 위해서는 무엇보다도 올바른 경찰정신(警察精神)의 함양이 되어 있어야 한다고 본다. 이와 관련하여 경찰의 역사적 발전과정에서 면면히 흐르고 있는 올바른 경찰정신을 경찰조직과 경찰 개개인이 계승하였을 때 그 성과는 지대하다고 본다. 이러한 시점에서 한국경찰 역사에 있어서 경찰로서 타(他)의 모범이 될 만한 인물을 찾아 그의 행적과 정신을 고찰하는 것은 매우 의미 있는 일이라고 본다. 그러한 인물을 역할모델(role model)로 하여, 경찰 개개인이 자아성찰(自我省察)하고 이를 뒷 받침해줄 수 있는 조직개혁이 이루어질 수 있다면, 그 성과는 매우 높기 때문이다.

한국경찰의 역사에 있어서 타의 모범이 될 만한 경찰은 비록 우리에게 널리 알려지지 않았지만 적지는 않다고 본다. 그리고 이 가운데 차일혁(車一赫, 1920~

---

10) 동아일보(2010.04.08).

1958) 총경은 단연 발군의 인물이라 할 수 있다. 그는 경찰조직 내에서도 역대 경찰공무원 가운데 가장 존경을 받고 있고, 조직 외적으로도 그의 행적은 만인의 귀감이 되고 있기 때문이다. 그는 2000년 조선일보사가 발표한 '20세기를 빛낸 위대한 인물'에 경찰로는 유일하게 선정되었고, 2008년에는 경찰로서는 최초로 보관문화훈장(1950년대 전란(戰亂) 중에 문화활동에 대한 특별공로를 인정)을 받았다.

차일혁 총경은 일제 강점기에 중국 황포군관학교(黃埔軍官學校, 1937) 및 조선의용대(朝鮮義勇隊, 1941)에 입대하여 항일투쟁을 하였으며, 해방 후에는 귀국하여 일본경찰을 처단하기도 하였다. 그는 1950년 한국전쟁시에 잠시 민간인 신분으로 유격대를 편성하여 전쟁에 참여하였고, 동년 12월 10일 경감(警監)에 임명되어 제18전투경찰대장으로 보직을 맡게 되었다. 이후 그는 빨치산토벌전쟁에 참여하여 많은 전공(칠보발전소 탈환과 최초의 경찰단독 작전에 의한 고창전투 승리 등)을 세웠으며, 토벌전쟁 수행 도중 군·경에 의한 주민수탈이 빈번하게 자행되었던 당시의 상황에서도 그는 오히려 전란으로 피해를 입은 주민들의 위해 헌신하는 애민·봉사정신을 보여주었다. 심지어 당시 극단적인 이념대립을 초월하여 빨치산 동조자 및 빨치산까지도 동포로써 최대한의 예우를 다해주었다. 그리고 그는 당시 정치권력과 군의 정치적 압력에 굴복하지 않고, 경찰 본연의 자세를 가지고 주어진 임무에 충실하였다.

한편, 공비토벌이 거의 끝나고, 1954년 9월 충주경찰서장으로 부임하여서는 충주직업청소년학교를 만들어 전란으로 부모와 집을 잃고 갈 곳 없는 유랑 소년·소녀들이 학교공부와 직업교육을 병행할 수 있도록 하였다. 대한민국 정부수립 후에도 여전히 많은 친일경찰들이 이승만정부와 결탁하여 국가정의(國家正義)를 혼탁하게 하였는데, 그는 이를 배격하고 독립운동의 전통성을 바탕으로 민족주의·민주주의적인 경찰로서 타의 모범이 되었던 것이다.

요약건대, 차일혁 총경은 한국 근현대 경찰사(警察史)에 있어서 뚜렷한 역사적 족적을 남긴 인물이라고 할 수 있다. 1950년대 좌우(左右)라는 이념대립을 초월한 그의 애국(愛國)·애민(愛民)정신은 우리에게 시사하는 바가 매우 크다고 본다. 시대는 다르지만 오늘날 우리사회가 안고 있는 세계화와 지방화의 갈등, 보수와 진보의 갈등, 개인과 국가의 갈등 속에서 경찰이 나아가야 할 방향을 제시해주고 있기 때문이다. 그의 경찰정신을 재조명하는 것은 온고지신(溫故知新) 이자 법고창신(法故創新)의 의미를 갖는다.

차일혁 총경은 지난 2011년 8월에 경무관으로 추서되었다. 53년만의 일이다. 경찰청은 차일혁 총경과 함께 한국전쟁 중 공을 세우고 전사하거나 위험한 직무를 수행하다 순직한 경찰관 709명도 한 계급씩 특진시켰다. 2009년에는 아산경찰교육원에 2,000석 규모의 차일혁 홀이 개관되었다.

출처: 최선우(2017), 경찰학, 서울: 그린, pp. 21-23 재인용.

## 6) 경찰CI

■ 경찰CI에 대해 말해 보시오. 경찰 CI에 왜 저울이 새겨져 있다고 생각하는가?(2009. 광주 개별면접)

CI란 'Corporate Identity'의 약자로 사전적 의미로는 어떠한 조직의 정체성, 존재의의 등을 뜻한다. 이러한 CI는 조직의 사회에 대한 사명, 역할, 비전 등을 명확히 하여 조직의 이미지나 행동을 하나로 통일시키는 역할을 한다. CI는 심볼(symbol), 브랜드(brand), 로고(logo), 엠블럼(emblem), 트레이드마크(Trademark) 등으로도 불린다. 예컨대, 자동차회사(현대, 기아, 쌍용, GM, 벤츠, 아우디 등)의 엠블럼은 기업 이미지의 상징이라고 할 수 있다.

따라서 경찰조직 역시 경찰조직이 지향하는 조직목표와 이미지 등을 보여주는 경찰CI를 적절하게 활용하는 것은 매우 중요한 일이라고 본다. 현재 사용되고 있는 경찰CI는 2005년 경찰창설 60주년에 도입되었으며 경찰심벌 3개(참수리＋저울＋무궁화)를 형상화한 것이다.

참수리는 '경찰'을 상징하며 저울은 '형평과 공평'을 태극은 '대한민국과 국민'을 무궁화는 '경찰의 지향하는 가치이념'을 상징한다. 무궁화 꽃잎에 심은 경찰 가치이념은 다섯 가지로 충성(忠), 믿음(信), 용맹(勇), 인자함(仁), 정의(義)이다.

이를 종합하면 경찰은 "법집행기관으로서 어떠한 외압에도 흔들리지 않고 공평무사한 법집행을 통해 정의를 실현하겠다는 굳건한 의지"를 표현한 것이다.

## 경찰CI

출처: 경찰청 홈페이지(http://www.police.go.kr).

　　경찰 가슴표장은 1948년 8월 대한민국 정부수립 이듬해인 1949년 7월 25일 대통령령 제152호로 「경찰관복제」가 제정되면서 최초로 제작되어 모든 경찰관이 패용하고 있다. 당시 가슴표장은 조국광복 후의 혼란 상황에서도 자주독립 대한민국 경찰임을 당당히 과시하는 상징이었다.

　　현재 경찰이 착용하고 있는 가슴표장은 2009년 12월 9일 행전안전부령 제120호 「경찰복제에 관한 규칙」 전면 개정에 따라 변형된 것으로 전체적인 형태는 두 개의 원이 겹쳐진 형태로 앞의 원은 태양(양지), 뒤의 원은 달(음지)을 의미한다. 앞쪽 원의 가운데에는 태극을 배치하고 그 주위를 5개의 태극이 둘러싸고 있는 형상화된 무궁화 모양이고, 뒤쪽 원에는 부채모양으로 한글 '경찰'이란 글씨가 그 아래에는 영문으로 'POLICE'가 표기되어 있다.

　　그리고 표장은 경찰관 제복착용시 왼쪽 가슴부위에 부착하고 있으며, 사복부서 근무자들은 가죽케이스에 넣어 휴대하도록 하고 있으며, "국가와 국민을 위해 태양과 달이 되어 밤낮없이 국민을 비추고 국민의 재산과 생명을 보호하는 임무를 헌신적으로 수행하고 있는 경찰 본연의 임무와 이를 수행하는 강인한 경찰정신을 상징하는 것"이라 할 수 있다.

## 경찰 가슴표장

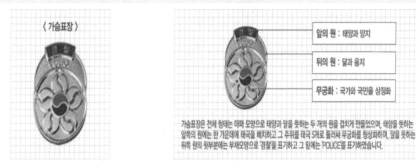

출처: 경찰청 홈페이지(http://www.police.go.kr).

## 7) 경찰계급

경찰계급은 순경, 경장, 경사, 경위, 경감, 경정, 총경, 경무관, 치안감, 치안정감, 치안총감 11개 계급으로 되어 있다.[11]

▌경찰계급: 순경~경사

| 계급별 | 순경 | 경장 | 경사 |
|--------|------|------|------|
| 형태 | | | |
| 구분 | 하단부 태극장 위에 2개의 무궁화 잎으로 싸여있는 무궁화 봉오리의 수로 구분한다. | | |

---

11) 사이버경찰청(http://www.police.go.kr).

| 의미 | 하단부의 태극장은 만물의 근원으로서 '대한민국과 국민'을 상징하고, 꽃잎으로 쌓여 있는 무궁화 봉오리는 곧 무궁화 꽃으로 피어날 수 있는 '희망과 가능성'을 표현한 것으로 치안 최일선에서 국민의 생명과 재산을 보호하는 경찰 기본임무를 성실히 수행하면서도 끊임없는 노력을 통해 무궁화 꽃으로 활짝 피어날 수 있는 희망과 가능성을 지닌 경찰관을 의미한다. |
|------|---|
| 업무 | 순경, 경장, 경사는 일선 지구대와 경찰서·기동대 등에서 치안실무자로서 국민과 가장 밀접한 임무를 수행하고 있으며 '경찰의 뿌리'라고 할 수 있다. |

## ▌ 경찰계급: 경위 ~ 총경

| 계급별 | 경위 | 경감 | 경정 | 총경 |
|--------|------|------|------|------|
| 형태 | | | | |
| 구분 | 중앙에 태극장을 배치한 무궁화의 수로 구분한다. | | | |
| 의미 | 중앙의 태극장은 만물의 근원으로서 '대한민국과 국민'을 상징하고, 이를 감싸고 있는 무궁화는 조직 내에서 가장 중추적인 위치에 있는 '중견경찰간부'를 의미하는 것으로 경찰조직의 중간 위치에서 국가를 수호하고 국민에게 봉사하는 경찰임무를 가장 능동적·활동적으로 수행하면서 경찰조직의 중심적인 역할을 하고 있는 경찰을 의미한다. | | | |
| 업무 | 지구대 순찰팀장 파출소장 경찰서 계장급 경찰청·지방청 실무자 | 지구대장, 경찰서 주요계장 및 팀장, 경찰청·지방청 반장 | 경찰서 과장 경찰청·지방청 계장 | 경찰서장, 경찰청·지방청 과장 |

## ▌ 경찰계급: 경무관 ~ 치안총감

| 계급별 | 경무관 | 치안감 | 치안정감 | 치안총감 |
|--------|--------|--------|----------|----------|
| 형태 | | | | |
| 구분 | 중앙에 태극장을 배치한 무궁화의 둘레에 같은 무궁화 5개를 5각으로 연결한 태극무궁화의 둘레에 같은 무궁화 5개를 5각으로 연결한 태극무궁화의 수로 구분한다. | | | |
| 의미 | 태극무궁화의 중앙에 있는 태극장은 만물의 근원으로서 '대한민국과 국민'을 상징하고, 이를 감싸고 있는 5개의 무궁화는 5각으로 배치되어 하나의 큰 모양의 무궁화로 승화된 것으로 경찰조직의 최상위 계급을 표현한다. 태극 무궁화의 오각은 '충, 신, 용, 의, 인'(忠, 信, 勇, 義, 仁) 다섯 가지의 경찰이 지향하는 가치 개념을 의미하며 이를 바탕으로 위로는 국가와 국민을 받들고, 아래로는 경찰조직을 이끌어 나가는 경찰의 수뇌부를 의미한다. | | | |

| 업무 | 지방청 차장, 서울·부산·경기·인천 등 지방청부장, 경찰청 심의관, 경찰수사연수원장 | 지방경찰청장, 경찰교육원장, 중앙경찰학교장, 경찰청국장 | 경찰청 차장, 서울·부산·경기·인천지방경찰청장, 경찰대학장 | 경찰의 총수인 경찰청장 |
|---|---|---|---|---|

## 8) 국가경찰과 자치경찰

- 국가경찰과 자치경찰의 장단점 내지 특징에 대해서 설명하시오. (2018. 서울 집단면접, 101경비단 집단면접, 경기남부 집단면접, 울산 집단면접, 전남 집단면접, 전북 집단면접, 2016. 학교전담경찰 집단면접, 2014. 부산 집단면접, 2009. 서울 집단면접)
- 자치경찰제도가 도입되었을 경우 수사업무에 대한 지방단체장 등의 영향력 행사에 대해 어떻게 생각하는가?(2018. 광주 집단면접)

국가경찰(國家警察)은 경찰사무를 수행하기 위해 국가가 경찰조직을 운영하는 것을 의미하고, 자치경찰(自治警察)은 경찰사무를 수행하기 위해 지방자치단체가 이를 운영하는 것을 의미한다. 즉, 국가경찰은 중앙정부가 경찰조직·인사·재무 등 전반에 걸쳐 관리하는 형태를 말하며, 자치경찰은 지방자치단체가 이를 담당하는 것을 말한다.

자치경찰은 다시 광역자치단체(특별시, 광역시, 도 등)에 둘 수도 있고, 기초자치단체(시, 군, 구 등)에 둘 수도 있다. 이러한 국가경찰과 자치경찰의 존재방식은 지극히 해당 국가의 역사적인 발전배경을 전제로 한 것이다.

그리고 이러한 국가경찰과 자치경찰은 관할(管轄)에 있어서 큰 차이가 있다. 관할이라는 것은 '경찰권한이 미치는 범위'와 관되는데, 지역적 차원에서 볼 때, 국가경찰은 국가전체의 행정구역이 지역관할(地域管轄)이 되는 반면, 자치경찰은 지방자치단체의 행정구역 내에서만 경찰권한을 행사할 수 있다.

그런데 국가경찰과 자치경찰은 각각은 일정한 장단점을 가지고 있기 때문에, 어느 하나가 보다 더 좋은 체제라고 단정 짓기는 어렵다. 그리고 경찰활동의 성과는 제도적 특성뿐만 아니라 그 나라의 정치·경제·사회문화적인 상황과 조직 운영상의 민주성과 합법성 정도 등에 따라 다르게 나타나기 때문이다.

## 국가경찰의 장·단점

국가경찰의 장점은 자치경찰의 단점이 되고, 국가경찰의 단점은 자치경찰의 장점이 된다고 볼 수 있다. 아래에서는 국가경찰을 중심으로 살펴보기로 한다.

1. 국가경찰의 장점(자치경찰의 단점)
① 국가권력을 바탕으로 강력하고 광범위한 집행력(광역범죄 대응 등)을 행사할 수 있다.
② 통일적인 경찰조직의 운영(인사, 교육, 시설, 장비 등)을 할 수 있다.
③ 타행정부처와 긴밀한 협조체계를 구축할 수 있으며, 국가비상사태시에 특히 유리하다.
④ 지방 정치인의 정치적 개입 등을 방지할 수 있다.

2. 국가경찰의 단점(자치경찰의 장점)
① 중앙정부의 국가권력의 영향 하에 이른바 '정치경찰'의 폐해가 우려된다.
② 조직운영이 기본적으로 전국에 걸쳐 공동으로 적용되므로, 지방실정에 부합한 치안정책의 수립 및 대응이 쉽지 않다.
③ 관료주의적 성격이 강하며, 지역주민에 대한 공복(公僕)의식이 낮을 수 있다.
④ 인사관리 등에 있어서 중앙의 이해관계가 많이 작용하고, 유능한 인재의 지방기피 등의 현상이 우려된다.
출처: 정진환(2006), 비교경찰제도, 서울: 백산출판사, pp. 43-47 재구성.

최근 각국의 경찰제도 운영형태를 보면, 국가경찰제도를 유지하고 있는 나라는 자치경찰의 특성을 가미하고 있고, 반대로 자치경찰제도를 유지하는 나라는 국가경찰의 특성을 가미하는 등 양자의 장점을 취하는 형태로 발전하고 있다고 볼 수 있다. 이러한 점에서 오늘날에는 가히 국가경찰(대륙법계)과 자치경찰(영미법계)의 혼합·융화의 시대라 할 수 있다.[12]

우리나라의 자치경찰제도에 대한 논의는 1980년 12월 치안본부의 '2000년대

---

12) 서재근(1963), 경찰행정학, 서울: 삼중당, p. 43.

를 경찰발전 방안'이란 기획안을 계기로 시작되었으며, 2006. 7. 1. 제주지역에 한정하여 시범적으로 운영하고 있다. 2018년 6월 21일 발표된 '검·경 수사권 합의문'에 의하면 2019년까지 서울, 세종, 제주에서 시범 실시하고 문재인 대통령 임기 내에 전국으로 확대한다는 계획이다.

## 9) 경찰로서 필요한 덕목과 자질

- 경찰로서 필요한 덕목·자질을 말해 보시오. (2018. 서울 개별·집단면접, 101경비단 개별면접, 경기북부 개별·집단면접, 경기남부 개별·집단면접, 경남 개별면접, 광주 개별면접, 전남 개별·집단면접, 울산 집단면접, 전북 개별·집단면접, 충남 개별·집단면접, 2016. 서울 집단면접, 경남 개별면접, 광주 개별면접, 2015. 서울 개별면접, 인천 개별면접, 경기 개별·집단면접, 부산 집단면접, 대전 집단면접, 광주 집단면접, 대구 집단면접, 경북 개별·집단면접, 전북 집단면접, 전남 집단면접, 충북 개별면접, 101경비단 개별면접, 2014. 서울 개별·집단면접, 경기 개별면접·집단면접, 경남 집단면접, 2013. 서울 집단면접, 경기 개별·집단면접, 101경비단 개별면접, 2012. 서울 집단면접, 경기집단면접, 2011. 서울 개별·집단면접, 경기 집단면접, 인천 집단면접, 부산 개별면접, 울산 집단면접, 경기 개별·집단면접, 2009. 경기 개별면접, 광주 개별면접, 부산 개별면접)

- 경찰공무원이 일반직 공무원보다 높은 수준의 청렴성이 요구되는데 그 이유는 무엇인가?(2015. 대구 개별면접, 광주 집단면접, 2014. 경기 개별면접, 2013. 경남 개별면접, 2012. 경기 개별면접, 2011. 서울 개별면접)

- 청렴성이란 무엇인가?(2018. 서울 개별·집단면접, 101경비단 개별·집단면접, 경기남부 개별면접, 전남 개별면접, 전북 개별면접, 경남 개별면접, 광주 개별·집단면접, 2015. 서울 개별·집단면접, 인천 개별·집단면접, 2011. 울산 집단면접, 2009. 서울 개별면접)

- 봉사정신, 청렴성 이외에 경찰에게 필요한 덕목은 무엇인가?(2018. 서울 개별면접, 전남 개별면접, 전북 개별면접, 경남 개별면접, 2015. 서울 개별면접, 부산 개별면접, 대전 개별면접, 광주 개별면접, 대구 개별면접, 울산 개별면접, 충남 개별면접, 전북 개별면접, 강원 개별면접, 전남 개별면접, 경북 개별면접, 경남 개별면접, 101경비단 개별면접, 학교전담경찰 개별면접)

덕목(德目)이란 인간의 타고난 천성으로 간주하여 추구하고 실천해야 할 가치 항목을 말한다. 경찰공무원에게 필요한 덕목은 투철한 국가관, 애국심, 정직, 청렴, 친절, 봉사정신, 공정, 성실, 근면 등을 들 수 있다.

여기에서 경찰관에게 가장 중요한 덕목은 무엇이 있을까? 어떤 것이 중요하고, 어떤 것은 덜 중요하다는 것을 의미하는 것은 아니라고 본다. 응답자는 이 가운데서 평소에 중요하다고 생각되는 것을 진지하게 생각해보고, 이에 대한 자신의 생각을 논리적으로 피력할 수 있어야 한다. 그리고 하나의 덕목만을 제시하기 보다는 2~3가지 정도를 선택하여 "첫째, ...., 둘째, ...., 셋째, ...." 형식으로 정리하는 것도 좋다고 본다.

예를 들어 "저는 경찰관으로서 가장 중요시 되는 덕목은 친절, 공정, 청렴이라고 생각합니다. 먼저 경찰은 국민전체에 대한 봉사자로서 권위적이지 않고, '친절'한 태도를 취해야 하며, 법을 집행하면서 어느 한쪽에 치우치지 않고, '공정'하게 해야 한다고 생각합니다. 그리고 경찰은 직무를 수행하는 과정에서 성품과 행실을 바르게 하며, 부당한 금품 등을 탐하지 않는 '청렴'한 마음가짐을 가지고 있어야 한다고 생각합니다."

만약에 하나의 덕목만을 제시하고자 한다면, 그 것에 대한 좀더 구체적인 부연 설명(예컨대, 관련 사건 등을 간단한 사례로 제시하는 등)을 곁들이는 것이 좋다고 본다. 또 경찰덕목과 관련된 '명언'(名言) 한 문장 정도 기억하고 있는 것도 좋다고 본다.

## 청렴 관련 명언(名言)

- 청렴은 목민관(牧民官)의 본무(本務)요, 모든 선(善)의 근원이요, 덕의 바탕이니 청렴하지 않고서는 능히 목민관이 될 수 없다(정약용, 목민심서).
- 우리의 마음속에 있는 청렴보다 더 신성한 것은 없다(에디슨).
- 돈이 권력을 크게 흔들 수 있는 곳에서는 국가의 올바른 정치나 번영을 바랄 수 없다(토마스 모어).
- 욕심이 적으면 적을수록 인생은 행복하다. 이 말은 낡았지만 결코 모든 사람이 다 안다고는 할 수 없는 진리이다(톨스토이).
- 관직을 다스릴 때에는 공평함보다 큰 것이 없고, 재물에 임하여는 청렴보다 큰

것이 없다(충자).

- 정치하는 요체는 공정과 청렴이고, 집안을 이루는 도는 검소와 근면이다(경행록).
- 벼슬살이하는 방법에는 오직 세 가지가 있으니, 곧 청렴과 신중과 근면이다. 이 세 가지를 알면 몸가짐을 어떻게 해야 하는지를 알게 된다(동몽훈).

## 10) 경찰의 소극적 윤리: 경찰부패

- 경찰관의 부패·비리문제(버닝썬 사건 등)가 지속적으로 제기되고 있는데 이에 대해 어떻게 생각하는가?(2018. 서울 개별·집단면접, 경기북구 개별면접, 경기남부 집단면접, 광주 집단면접, 전남 개별·집단면접, 전북 개별면접, 광구 개별면접, 2017. 서울 집단면접, 2014. 서울 개별면접, 인천 집단면접, 2013. 서울 집단면접, 2009. 광주 집단면접)

- 김영란법에 대해 알고 있는가?(2018. 서울 개별면접, 경기남부 집단면접, 경기북부 개별면접, 전남 개별·집단면접, 충남 개별면접, 2016. 충남 개별면접, 광주 개별면접, 2015. 대구 집단면접)

- 김영란법에서 말하는 허용범위는? 김영란법에서 사례 등으로 제공하는 농수산물 적정 가격은? 그 가격이 적당하다고 생각하는가?(2018. 경기북부 개별면접, 충남 개별면접)

- 상관이 비리를 저지른 것을 목격한다면 내부고발을 할 것인가?(2018. 서울 개별면접, 101경비단 개별면접, 전남 집단면접, 충남 개별면접)

- 민원인이 감사하다고 3만원짜리 선물을 준다면 어떻게 할 것인가? 순찰도중 할머니께서 고생한다며 박카스 한병(또는 사과 1박스, 사과 5박스)을 주신다면 어떻게 할 것인가?(거절해서 할머니가 속상해하는데 그래도 받지 않을 것인가?)(2018. 서울 개인면접, 101경비단 집단면접, 광주 개별면접)

윤리(倫理, ethics)라는 것은 사람들이 마땅히 지켜야 할 당위규범이라 할 수 있다. 따라서 경찰윤리라는 것은 '경찰관으로서 지켜야할 당위규범'인 것이다. 이는 경찰이라는 하나의 직업으로서 경찰관이 지켜야 할 '직업윤리'(職業倫理)를 의미하는 것이다.

이러한 점에서 윤리의 보편성과 특수성이 제기된다. 윤리의 보편적인 면은 '인간으로서 지켜야할 도리'를 말하는 것이고, 특수적인 면은 '경찰공무원으로서 지켜야할 도리'를 의미하는 것이다.[13]

## 경찰부패의 유형

바커(Thomas Barker)는 경찰 부정부패를 다음과 같이 구분하였다.

① 권위에 의한 부패: 경찰관이라는 이유만으로 이익을 얻는 행위, 예컨대, 공짜식사, 술, 성상납, 향응 등

② 리베이트(Rebate): 경찰관이 다양한 사건·사고와 관련하여 변호사, 병원, 견인회사, 구급차, 차량정비업소를 소개해주는 대가로 받는 재화·서비스를 받는 행위

③ 사건현장에서의 절도: 경찰관이 살인, 강도, 화재 현장, 밀수품 압수과정, 풍속사범 단속시 압수과정 등에서의 절도행위 등

④ 갈취: 경찰관이 범죄행위 도중 적발된 범죄자들을 검거하지 않는 대가로 뇌물을 받는 행위

⑤ 불법보호활동: 경찰관이 유흥업소 등을 보호해 주는 대가로 뇌물을 받는 행위

⑥ 기타 경찰관들의 비윤리적·위법한 행위

> 출처: Thomas Barker(1966), Police Ethics: Crisis in Enforcement, Charles C. Thomas Publisher, pp. 26-36.; 조철옥(2010), 경찰학총론, 경기: 21세기사, pp. 148-150 재인용.

그렇다면, 경찰 부정부패의 원인은 무엇인가? 우리사회 전체가 직면하고 있는 문제인가? 경찰조직의 구조적인 문제인가? 아니면 경찰공무원 개개인의 문제인가? 경찰의 부정부패 원인은 다양하지만, 이들은 상호 독립적이라기보다는 일정부분 연계되어 있다고 보아야 할 것이다.[14]

---

13) 국가공무원법, 경찰공무원법, 공직자 윤리법 등에서는 경찰공무원이라는 특수한 신분을 감안하여 의무규정을 두고 있는데, 이는 경찰윤리와 밀접한 관련성을 갖고 있다. 이러한 경찰윤리 문제는 단순히 도덕적 비난의 차원을 넘어선 법적 책임(징계 및 형사·민사책임)을 수반하게 된다고 본다.

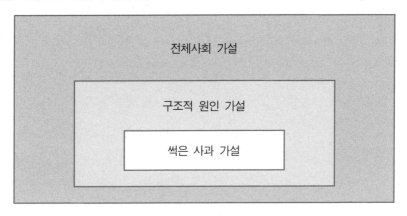

이러한 경찰윤리의 개선과 관련하여 크게 두 가지 관점에서 접근할 수 있다. 거시적인 접근방법으로서 사회환경 및 법적·제도적 관점에서 처방과 평가를 내리는 것이고, 다른 하나는 미시적 접근방법으로서 개인에 초점을 두어 이들의 행태에 대한 도덕적 평가와 지도를 하는 것이다.15) 따라서 예컨대, 경찰에 대한 사회적 인식변화, 법과 제도의 보완, 정책적 지원, 사법(司法)적 태도 등은 거시적인 개선방안이라고 할 수 있다. 반면, 경찰에 대한 교육훈련, 엄격한 관리감독, 근무여건 및 복지수준의 향상 등은 미시적인 방안이라고 할 수 있다.

## 부패 '원 스트라이크 아웃'(One Strike Out) 제도

부패 원 스트라이크 아웃 제도는 경찰의 부패에 대한 경각심을 높이기 위해서 도입된 제도로서 소송 등을 통해 경찰직으로 복직되더라도 경찰서장, 지구대장, 파출소장 등 경찰관서장과 수사, 형사, 풍속단속 등의 주요 부서에 퇴직 때까지 영구적으로 근무할 수 없도록 하는 제도이다.

이 제도의 주요 적용대상은 경찰청 수사국장, 감사관, 특수수사과장, 지능범죄 수사과장 등이며 지방청지방청장, 수사·형사과장, 청문감사관, 광역수사대장 등

---

14) Edwin J. Delattre(1996), Character and Cops: Ethics in Policing, The AEI Press, pp. 71-78.; 조철옥(2010), 경찰학총론, 경기: 21세기사, pp. 151-153 재인용.

15) 경찰대학(1998), 경찰윤리론, pp. 2-3.

이고, 경찰서는 경찰서장, 수사·형사과장, 지구대장·파출소장, 풍속·경리 담당자 등이 주요 대상이다.

부패 징계전력 기준은 직무와 관련 금품·향응을 수수하거나, 공금 횡령으로 징계처분을 받은 경우로 인사 당시 '징계요구 중'이거나 '소청계류 중'인 경우도 포함된다.

## 경찰의 윤리적 냉소주의

일선에서 근무하는 적지 않은 경찰관들은 경찰조직 내부에 대해서 냉소적인 태도를 가지고 있다. 이와 관련하여 특히, 경찰고위직의 이중인격적인 면이 주된 원인 가운데 하나라고 할 수 있다. 즉, 경찰조직관리의 공정성을 위장한 연고주의와 파벌주의, 정치권에는 아부하면서도 부하들에 대한 권위주의적인 태도, 자신들의 보신을 위해 부하들에 대한 책임 전가, 부하들에게 많은 것을 요구하지만 부하들을 위해서는 하는 것이 거의 없는 행태 등이 바로 그것이다.

그리고 경찰관들은 사회에 대해서도 냉소적인 태도를 보이기도 한다. 이는 일반시민들의 이중인격적인 면이 주된 원인이라고 할 수 있다. 즉, 시민들은 경찰에게 높은 윤리의식을 요구하지만, 그들 자신들은 비도덕적인 행동을 일삼으면서 경찰에게 갖은 압력이나 청탁으로 자신의 잘못을 눈감아 달라는 위선적인 태도를 보여준다는 점이다. 또한 경찰에 대한 외부통제 기능을 하는 정치권력이나 대중매체, 또는 시민단체의 부패는 경찰의 냉소주의를 부채질하고 부패의 전염효과를 가져다주기도 한다.

출처: 조철옥(2010), 경찰학총론, 경기: 21세기사, p. 153.

한편, 공공기관에 대한 부정청탁 문제에 대한 대책으로서 이른바 '김영란법'이 제정되었다. '김영란법'은 2015년 3월 27일 제정·공포(2016년 9월 28일 시행)된 「부정청탁 및 금품 등 수수의 금지에 관한 법률」(약칭: 청탁금지법)을 제안자의 이름을 따 부르는 말이다. 2011년 6월 당시 김영란 국민권익위원장이 국무회의에서 '공정사회 구현, 국민과 함께 하는 청렴 확산 방안'을 보고하며 가칭 '공직자의 청탁 수

수 및 사익추구 금지법'을 처음 제안하였다.[16]

　김영란법 제정 이전인 2002년 「부패방지법」이 시행되고 국민권익위원회(구 부패방지위원회, 국가청렴위원회)가 설치되었으나 공직자의 부패·비리 사건이 끊임없이 발생하였다. 특히 2010년 이른바 '스폰서 검사' 사건과 2011년 '벤츠 여검사' 사건 등이 발생하였고, 이 사건에서 당사자들이 향응과 금품수수를 했음에도 '대가성과 직무관련성이 없다'는 등의 이유로 무죄를 선고받자 기존의 법으로 처벌하지 못하는 공직자들의 부정부패·비리를 규제하는 법이 제정되어야 한다는 여론이 제기되었다.

---

### 김영란법 적용대상 관련 내용

1. 적용대상이 되는 공공기관
① 국회, 법원, 헌법재판소, 선거관리위원회, 감사원, 국가인권위원회, 중앙행정기관(대통령 소속 기관과 국무총리 소속 기관을 포함)과 그 소속 기관 및 지방자치단체
② 「공직자윤리법」 제3조의2에 따른 공직유관단체
③ 「공공기관의 운영에 관한 법률」 제4조에 따른 기관
④ 「초·중등교육법」, 「고등교육법」, 「유아교육법」 및 그 밖의 다른 법령에 따라 설치된 각급 학교 및 「사립학교법」에 따른 학교법인
⑤ 「언론중재 및 피해구제 등에 관한 법률」 제2조 제12호에 따른 언론사

---

16) 다음백과(https://100.daum.net/encyclopedia); 김영란법 위반시 사안에 따라 ① 형사처벌로써 ㉠ 3년 이하의 징역 또는 3천만원 이하의 벌금, ㉡ 2년 이하의 징역 또는 2천만원 이하의 벌금, ㉢ 1년 이하의 징역 또는 1천만원 이하의 벌금, ㉣ 몰수(㉠의 위반에 대하여)가 있다. ② 질서벌로써 사안에 따라 ㉠ 3천만원 이하의 과태료, ㉡ 2천만원 이하의 과태료, ㉢ 1천만원 이하의 과태료를 부과하도록 하고 있으며, ㉣ 일정한 위반행위에 대해서는 가액의 2배 이상 5배 이하에 상당하는 과태료를 부과하도록 하고 있다. 그리고 ③ 양벌규정을 두어 법인 또는 단체의 대표자 등이 관련 위반행위를 방지하기 위하여 해당 업무에 관하여 상당한 주의와 감독을 게을리 한 경우에는 이들에게 해당 조문의 벌금 또는 과태료를 부과하도록 하였다(부정청탁 및 금품 등 수수의 금지에 관한 법률 제22조, 제23조, 제24조 참조).

2. 적용대상이 되는 부정청탁 내용

① 인가·허가·면허·특허·승인·검사·검정·시험·인증·확인 등 법령(조례·규칙 포함)에서 일정한 요건을 정하여 놓고 직무 관련자로부터 신청을 받아 처리하는 직무에 대하여 법령을 위반하여 처리하도록 하는 행위

② 인가 또는 허가의 취소, 조세, 부담금, 과태료, 과징금, 이행강제금, 범칙금, 징계 등 각종 행정처분 또는 형벌부과에 관하여 법령을 위반하여 감경·면제하도록 하는 행위

③ 채용·승진·전보 등 공직자 등의 인사에 관하여 법령을 위반하여 개입하거나 영향을 미치도록 하는 행위

④ 법령을 위반하여 각종 심의·의결·조정 위원회의 위원, 공공기관이 주관하는 시험·선발 위원 등 공공기관의 의사결정에 관여하는 직위에 선정 또는 탈락되도록 하는 행위

⑤ 공공기관이 주관하는 각종 수상, 포상, 우수기관 선정 또는 우수자 선발에 관하여 법령을 위반하여 특정 개인·단체·법인이 선정 또는 탈락되도록 하는 행위

⑥ 입찰·경매·개발·시험·특허·군사·과세 등에 관한 직무상 비밀을 법령을 위반하여 누설하도록 하는 행위

⑦ 계약 관련 법령을 위반하여 특정 개인·단체·법인이 계약의 당사자로 선정 또는 탈락되도록 하는 행위

⑧ 보조금·장려금·출연금·출자금·교부금·기금 등의 업무에 관하여 법령을 위반하여 특정 개인·단체·법인에 배정·지원하거나 투자·예치·대여·출연·출자하도록 개입하거나 영향을 미치도록 하는 행위

⑨ 공공기관이 생산·공급·관리하는 재화 및 용역을 특정 개인·단체·법인에게 법령에서 정하는 가격 또는 정상적인 거래관행에서 벗어나 매각·교환·사용·수익·점유하도록 하는 행위

⑩ 각급 학교의 입학·성적·수행평가 등의 업무에 관하여 법령을 위반하여 처리·조작하도록 하는 행위

⑪ 병역판정검사, 부대 배속, 보직 부여 등 병역 관련 업무에 관하여 법령을 위반하여 처리하도록 하는 행위

⑫ 공공기관이 실시하는 각종 평가·판정 업무에 관하여 법령을 위반하여 평가 또는 판정하게 하거나 결과를 조작하도록 하는 행위

⑬ 법령을 위반하여 행정지도·단속·감사·조사 대상에서 특정 개인·단체·법인이 선정·배제되도록 하거나 행정지도·단속·감사·조사의 결과를 조작하거나 또는 그 위법사항을 묵인하게 하는 행위

⑭ 사건의 수사·재판·심판·결정·조정·중재·화해 또는 이에 준하는 업무를 법령을 위반하여 처리하도록 하는 행위

⑮ 제1호부터 제14호까지의 부정청탁의 대상이 되는 업무에 관하여 공직자 등이 법령에 따라 부여받은 지위·권한을 벗어나 행사하거나 권한에 속하지 아니한 사항을 행사하도록 하는 행위

## 3. 적용대상이 되는 금품 등

① 금전, 유가증권, 부동산, 물품, 숙박권, 회원권, 입장권, 할인권, 초대권, 관람권, 부동산 등의 사용권 등 일체의 재산적 이익

② 음식물, 주류, 골프 등의 접대·향응 또는 교통·숙박 등의 편의 제공

③ 채무 면제, 취업 제공, 이권(利權) 부여 등 그 밖의 유형·무형의 경제적 이익

부정청탁 및 금품 등 수수의 금지에 관한 법률 제2조, 제5조.

따라서 공직자 등은 부정청탁을 받았을 때에는 다음과 같은 절차에 따라 적절한 조치를 취해야 한다(이하 부정청탁 및 금품 등 수수의 금지에 관한 법률 제7조).

첫째, 부정청탁을 한 자에게 부정청탁임을 알리고 이를 거절하는 의사를 명확히 표시하여야 한다(제1항).

둘째, 공직자 등은 제1항에 따른 조치를 하였음에도 불구하고 동일한 부정청탁을 다시 받은 경우에는 이를 소속기관장에게 서면(전자문서 포함)으로 신고하여야 한다(제2항).

셋째, 제2항에 따른 신고를 받은 소속기관장은 신고의 경위·취지·내용·증거자료 등을 조사하여 신고 내용이 부정청탁에 해당하는지를 신속하게 확인하여야 한다(제3항).

넷째, 소속기관장은 부정청탁이 있었던 사실을 알게 된 경우 또는 제2항 및 제3항의 부정청탁에 관한 신고·확인 과정에서 해당 직무의 수행에 지장이 있다고 인정하는 경우에는 부정청탁을 받은 공직자 등에 대하여 ㉠ 직무 참여 일시중

지, ㉡ 직무 대리자의 지정, ㉢ 전보, ㉣ 그 밖의 조치 등을 할 수 있다(제4항).

한편, 공직자 등은 '직무 관련 여부 및 기부·후원·증여 등 그 명목에 관계 없이' 동일인으로부터 1회에 100만원 또는 매 회계연도에 300만원을 초과하는 금품 등을 받거나 요구 또는 약속해서는 아니 된다(부정청탁 및 금품 등 수수의 금지에 관한 법률제 8조 제1항).

그리고 공직자 등은 '직무와 관련'하여 대가성 여부를 불문하고 제1항에서 정한 금액 이하의 금품 등을 받거나 요구 또는 약속해서는 아니 된다(제2항).

따라서 공직자 등은 다음의 어느 하나에 해당하는 경우에는 소속기관장에게 지체 없이 서면으로 신고(申告)하여야 한다(제9조).

첫째, 공직자 등 자신이 수수 금지 금품 등을 받거나 그 제공의 약속 또는 의사표시를 받은 경우(동조 제1항 제1호)

둘째, 공직자 등이 자신의 배우자가 수수 금지 금품 등을 받거나 그 제공의 약속 또는 의사표시를 받은 사실을 안 경우(제2호)

그리고 공직자 등은 자신이 수수 금지 금품 등을 받거나 그 제공의 약속이나 의사표시를 받은 경우 또는 자신의 배우자가 수수 금지 금품 등을 받거나 그 제공의 약속이나 의사표시를 받은 사실을 알게 된 경우에는 이를 제공자에게 지체 없이 반환하거나 반환하도록 하거나 그 거부의 의사를 밝히거나 밝히도록 하여야 한다(제9조 제2항).

다만, 받은 금품 등이 ㉠ 멸실·부패·변질 등의 우려가 있는 경우, ㉡ 해당 금품 등의 제공자를 알 수 없는 경우, ㉢ 그 밖에 제공자에게 반환하기 어려운 사정이 있는 경우에 해당하는 경우에는 소속기관장에게 인도하거나 인도하도록 하여야 한다.

## 사교·의례 등 목적으로 제공되는 음식물·경조사비·선물 등의 가액 범위

1. 음식물(제공자와 공직자 등이 함께 하는 식사, 다과, 주류, 음료, 그 밖에 이에 준하는 것을 말함): 3만원
2. 경조사비: 축의금·조의금은 5만원. 다만, 축의금·조의금을 대신하는 화환·조화는 10만원으로 함
3. 선물: 금전, 유가증권, 제1호의 음식물 및 제2호의 경조사비를 제외한 일체의 물품, 그 밖에 이에 준하는 것은 5만원. 다만, 「농수산물 품질관리법」 제2조 제1항 제1호에 따른 농수산물 및 같은 항 제13호에 따른 농수산가공품(농수산물을 원료 또는 재료의 50퍼센트를 넘게 사용하여 가공한 제품만 해당)은 10만원으로 함

부정청탁 및 금품등 수수의 금지에 관한 법률 시행령 제17조 관련 〈별표 1〉

그런데 김영란법 적용에 따른 찬반논의가 제기되고 있다.[17] 특히, 농축수산업계에서는 농축수산물을 법에 규정된 선물의 대상에서 제외할 것을 주장해 왔고, 외식업중앙회 등은 청탁금지법으로 매출이 감소했다며 상한액 인상 등을 요구해 왔다.

이와 관련하여 국가권익위원회가 2017년 12월 발표한 자료에 따르면, 김영란법은 인맥을 통한 청탁이나 뇌물 등 부패 문제를 개선하는데 도움을 주고, 기업의 접대비 비율이 줄어드는 등 긍정적인 역할을 한 것으로 나타났으나, 한우·화훼·음식업의 매출 하락에 영향을 끼쳤다는 분석이다.

즉, 한우·화훼·음식업의 매출 하락이 나타나 전체 국민총생산의 0.019%에 해당하는 약 9,020억원의 생산이 감소하였고, 총고용의 0.015%인 4,267명의 고용이 줄어들어든 것으로 조사되었다. 농촌경제연구원 실태 조사(2017년 5월)에서는 농축수산물 설 선물세트 판매액이 25.8% 감소하고, 한우의 경우 전년 대비 도매 거래량은 5.2%, 가격은 9.5% 떨어진 것으로 조사되었다.

그러나 김영란법 시행 1년을 평가한 자료에서 공무원의 91.8%, 일반 국민의 78.9%는 '청탁금지법이 부패문제 개선에 도움이 된다'고 평가하였고, 공무원의

---

17) 이하 다음백과(https://100.daum.net/encyclopedia) 재인용.

81%는 '인맥을 통한 부탁이 줄어들었다'고 응답하였다. 대한상공회의소 조사(2017년 10월)에서는 기업인의 83.9%가 '사회 전반에 긍정적인 영향이 있다'고 하였다.

김영란법 시행 이후 기업의 판매관리비 대비 접대비 비율은 0.3~0.6%포인트 줄어든 것으로 조사되었다. 2016년 4분기부터 올해 2분기까지 법인카드 유흥업소 사용 금액은 838억원 감소한 것으로 나타났다.

## 11) 상급자와의 관계

- 상급자 또는 동료와 업무적으로 갈등이 있을 경우 귀하는 어떻게 해결하겠는가?(2018. 서울 개별면접, 101경비단 집단면접, 경기남부 개별면접, 경기북부 개별면접, 울산 개별면접, 전남 집단면접, 전북 집단면접, 2015. 경기 개별면접, 2014. 인천 개별면접, 울산 집단면접, 경북 개별면접, 경남 집단면접, 2012. 광주 개별면접, 2011. 인천 개별면접, 경남 개별면접, 2009. 경기 집단면접)

- 자신보다 나이가 많은 부하 직원 또는 자신보다 나이 어린 상사가 있는 경우 어떻게 대처하겠는가?(2018. 101경비단 집단면접, 경기남부 개별면접, 2015. 경기 개별·집단면접, 2014. 서울 개별면접, 경기 집단면접, 2013. 경기 개별면접)

- 상사로부터 부당한 지시를 받았을 때(또는 상사의 부당한 행위를 목격하였을 때) 어떻게 대처하겠는가?(2018. 서울 개별면접, 101경비단 개별면접, 경기남부 개별·집단면접, 경기북부 집단면접, 광주 개별·집단면접, 전남 개별·집단면접, 전북 개별·집단면접, 충남 개별·집단면접, 경남 개별면접, 2016. 경기북부 개별면접, 광주 개별면접, 부산 개별면접, 학교전담반 개별면접, 2015. 서울 개별면접, 인천 집단면접, 경기 개별면접, 대전 개별면접, 경남 집단면접, 강원 개별·집단면접, 101경비단 개별면접, 2014. 서울 개별면접, 경기 개별면접, 경북 개별면접, 경남 개별면접, 대구 개별면접, 부산 개별면접, 충남 개별면접, 2013. 서울 집단면접, 부산 집단면접, 경기 개별·집단면접, 경북 개별면접, 울산 개별면접, 101경비단 집단면접, 2012. 서울 개별면접, 경기 개별·집단면접, 경북 개별면접, 광주 개별면접, 2011. 서울 개별·집단면접, 대전 개별면접, 대구 개별면접, 인천 개별·집단면접, 2010. 서울 집단면접, 인천 집단면접, 대구 개별면접, 2009. 서울 집단면접)

경찰은 계급제 조직이다. 따라서 직급을 무시할 수 없다. 경찰업무를 수행하는 과정에서 상사와 의견이 다를 수가 있다. 또 나이 어린 상사도 둘 수 있으며, 상사의 지시사항이 내가 생각할 때 못마땅하거나 현실에 맞지 않는 과한 것 요구일 수도 있다. 또 상사의 질책이 있는데 억울할 수도 있다.

상관이 감정적으로 부하직원을 대할 때, 부하직원의 대응행태는 크게 두 가지로 나타난다고 볼 수 있다. 하나는 그 자리에서 자기주장을 굽히지 않는 경우이고, 다른 하나는 억울해도 무조건 참는 경우이다. 그렇다면 어떤 유형이 바람직한가?

근본적으로 위의 두 가지 모두 문제가 있다고 본다. 상급자와 의견 대립이 있을 때 현명하게 대처하는 방법은 일단 '한 박자 쉬는 것'이 좋다고 본다. 현장에서 곧바로 감정적으로 대응하기보다는 일단 상대방의 의견을 청취하고, 그것에 대해 심사숙고하고, 분명하게 잘못된 부분이 있다면, 이후에 찾아가서 부당함을 밝히는 것이 좋다고 본다. 감정의 대립을 일단 멈추고 사태를 객관적·합리적으로 바라볼 수 있는 '냉각기'(冷却期)가 필요하다. 이러한 냉각기를 거치게 되면, 상관도 어느 정도 흥분된 상태를 가라앉힐 수 있는 기회를 갖고, 본인도 자신의 주장으로 논리적으로 펼 수 있는 기회를 갖게 된다.

한편, 상관의 위법(違法)한 명령과 부당(不當)한 지시에 대해서 어떻게 대응해야 하는가. 이러한 상황은 경찰직무를 수행하는 과정에서 적지 않게 발생할 수 있다고 본다.

여기에서 위법하다는 것은 법률에 위반한 것을 의미하고, 부당하다는 것은 위법한 정도는 아니고, 이치에 맞지 않거나 불합리한 수준 정도로 볼 수 있다. 따라서 응답자는 이러한 위법과 부당의 정도를 충분히 구분하여 적절하게 답변하는 것이 좋다고 본다.

이러한 질문은 경찰조직 내에서 질서유지를 위한 직무규율과 관련하여 복종의무의 한계성, 협조성과 적응성을 알아보고자 하는 질문이라 할 수 있다.

첫째, 상관의 위법한 명령은 절대 복종해서는 안 된다. 국가공무원법 제75조(복종의무)에 의해 공무원은 직무를 수행할 때 소속 상관의 직무상 명령에 복종하여야 한다는 규정이 있어 자칫 상관의 명령에 복종해야 한다고 생각하겠지만, 이는 직무상 명령에 복종하라는 말이지 위법한 직무명령에 복종하라는 말이 아니다.

상관의 명령이라 하더라도 위법성을 알면서 이에 따른다면 본인도 책임을 지게 된다. 상사의 명령이 위법이나 불법일 때에는 이는 이미 직무상의 지시명령이라 할 수 없으므로 이에 따라야 할 의무는 없는 것이다.

따라서 위와 같은 형식의 면접 질문에서는 "상사의 명령이라도 그 명령에 위법성이 있으면 따를 수 없다고 봅니다. 저는 상사에게 명령이 법에 위반되는 점을 지적하겠습니다. 그런데도 불구하고 받아들이지 않는다면 직속상관이나 소속 청문감사관과 의논하겠습니다"라는 답변이 좋다고 본다.

둘째, 상관의 부당한 지시에 대해서는 무조건 거부할 수는 없다고 본다. 위에서 살펴 보았듯이 국가공무원법 제75조에 근거하여 공무원은 직무를 수행할 때 소속 상관의 직무상 명령에 복종하도록 하고 있기 때문이다.

이러한 부당한 지시와 관련된 질문에서는 "일단은 상사의 명령에 따르겠습니다. 그리고 그 명령이 명백히 부당하다고 판단되는 경우에는 상사에게 저의 의견을 말하며 저의 소신을 밝히겠습니다"라고 답변할 수 있다. 2차 질문으로 "상관이 이를 받아들이지 않고 계속하여 부당한 업무지시를 한다면 어떻게 하겠습니까?"라는 질문이 이어진다면 어떻게 해야 할까? 이에 대해서는 상관에 대한 '복종의 한계'를 언급하고 위법하지 않는 수준의 부당한 지시라 한다면 이에 "따르겠습니다. 다만, 이후에 관련 지시에 대한 개선책을 모색하도록 하겠습니다"식으로 답변할 수 있을 것이다.

요약건대, 상관의의 명령 또는 지시가 업무상 위법하지 않다면 복종해야 하고, 다만 그러한 명령 또는 지시가 부당하다고 판단되는 경우에는 자신의 의견을 제시하여 자신이 소신을 밝히는 것이 바람직하다고 본다.

## 성실·복종의 의무와 책임

성실·복종의 의무

① 모든 공무원은 법령을 준수하며 성실히 직무를 수행하여야 한다(성실의무, 국가공무원법 제56조).

② 공무원은 직무를 수행할 때 소속 상관의 직무상 명령에 복종하여야 한다(복

종의 의무, 국가공무원법 제57조).

위법한 명령에 대한 책임
① 상급자의 종용과 결재에 따라 허위 공문서 작성 및 동 행사에 책임이 있는 이상 징계책임 처분은 적법하다(대판 91누3598).
② 상사의 명령이라 하더라도 위법성을 알면서도 행한 행위는 행위자 자신의 책임을 벗어날 수 없고, 따라서 상사의 명령에 순종하였다는 식으로 변명이 되거나 그 책임을 면할 수 없다(대판 66누68).
③ 상관의 명령이 위법이나 불법일 때에는 이는 이미 직무상의 지시명령이라고 할 수 없으므로 이에 따라야 할 의무가 없다(대판 99도636).

한편, "처음 발령을 받아 부임한 경찰부서에서 해당 업무는 시키지 않고, 직무와 무관한 업무(청소, 심부름 등)를 시킨다면 어떻게 해야 할까?" 만일 이러한 상황이 현실로 이어진다면 적지 않은 스트레스를 받게 될 것이다. 이러한 질문을 한 의도는 응답자의 사회성, 조직 적응력, 직업관 등을 파악하고자 하는 것이라 할 수 있다.

처음 경찰부서(지구대 등)에 배치되어 무엇인가 적극적으로 경찰업무를 꿈꾸는 신임경찰관들에게 이러한 직무 외의 일을 시킨다는 것은 사실 잘못된 것이라 할 수 있다. 그러나 이러한 질문에 대해서 응답자가 민감하게 받아들여 흥분하여 과격하게 또는 냉철하게 답변하기보다는 다소 유연성 있게 대응하는 것이 좋다고 본다. 물론, 상관 또는 선배경찰관이 지시한 일에 대해서는 무조건 하겠다는 답변도 지양해야 한다고 본다.

그렇다면 어떠한 답변이 좋을까? 이러한 경우에는 "저에게 부여된 경찰업무와 무관한 일을 하도록 요구하는 것은 바람직하지 않다고 봅니다. 다만 부서 내에서 누군가는 해야만 하는 일이라면 신임경찰관으로서 충분히 할 수 있다고 봅니다" 또는 "저에게 부여된 직무수행에 특별히 문제가 생기지 않는 수준의 일은 경우에 따라서는 할 수도 있다고 생각됩니다. 경찰조직 역시 '작은 사회'(small society)로서 부서 내의 원활한 운영을 위해서는 누군가가 희생을 하는 것도 필요하다고 생각됩니다" 정도의 답변도 가능하다고 본다.

## 12) 경찰관의 부적절한 행태

> ■ 선배(또는 동료) 경찰관이 순찰차 안에서 담배를 피우고 창밖으로 꽁초를 버리는 것을 목격했을 때 어떻게 하겠는가?(2018. 서울 개별면접, 2015. 서울 개별면접, 경기 개별면접, 2014. 경기 개별면접, 2013. 부산 개별면접, 2012. 경기 개별면접)
>
> ■ 주변 평판도 좋지 않고, 일도 열심히 하지 않는 상관(후배경찰관)이 있다면 어떻게 대처하겠는가?(2018. 서울 개별·집단면접, 경기남부 개별면접, 경기북구 개별면접, 전남 개별면접, 전북 개별면접, 충남 집단면접)
>
> ■ 직장상사(또는 퇴직을 앞둔 상사가)가 근무 중 인터넷 쇼핑을 하고 있다면 어떻게 할 것인가?(2018. 광주 개별면접)

공무원이라는 것은 사적(私的)인 일이 아닌 공적(公的)인 일 즉, '공무'(公務)를 수행하는 사람을 뜻한다. 사전적 의미로 '공'(公)에 내포된 공적이라는 것은 공평(公平)함을 의미하며, 이외에도 관청, 기관, 벼슬을 의미하고 있다. 더 나아가 '공'은 '일반인'이 아닌 '귀인'(貴人)을 의미하는 것이기도 하다. 이러한 점에서 공무원은 공적인 일을 공평하게 수행하는 관청 내지·기관으로서 타인의 모범되는 훌륭한 인품과 전문성을 갖추고 있어야 한다.

따라서 타의 모범이 되어야 할 경찰관이 예컨대, 담배 꽁초를 길바닥에 버리는 등의 행위는 법적인 책무 이전에 도덕적으로 옳지 못하다는 점은 분명한 사실이다. 이를 법적으로 본다면, 먼저 경찰공무원으로서 품위를 손상했다고 볼 수 있다. 국가공무원법에서는 공무원은 직무의 내외를 불문하고 그 품위가 손상되는 행위를 하여서는 아니 된다고 규정하고 있다(제63조). 여기에서 품위손상행위란 국가의 권위, 위신, 체면, 신용 등에 영향을 미칠 수 있는 공무원의 불량하거나 불건전한 행위를 말한다(예, 축첩, 도박, 마약이나 알코올 중독, 음주운전 등). 그리고 이러한 품위유지의무는 직무수행 중 뿐만 아니라 직무수행과 관계없이도 존재하며(예, 휴가기간 동안의 음주운전 등), 따라서 이를 위반하면 역시 징계사유가 된다고 본다.

그리고 현행법상 담배꽁초를 무단으로 투기하는 행위는 「경범죄처벌법」에 해당한다(제3조 제1항 제11호).[18] 그리고 「국민건강증진법」에 의해 금연구역에서 흡연하다 적발되면 과태료 10만원을 부과하도록 하고 있다(제34조 제3항).

어쨌든, 담배꽁초 무단투기를 단속해야 하는 경찰들이 오히려 길거리에서 흡연을 하고 무단투기를 하는 행위는 이유 막론하고 용납될 수 없다고 본다. 그리고 사복이 아닌 제복을 갖춘 상태라면 더욱 조심해야 할 것이다. 만약, 동료경찰관이 목격하고도 이를 묵인하였다면 '제 식구 감싸기'라는 행태를 보여주는 꼴이 될 것이다.

## 신독(愼獨)

남이 보지 않는 곳에 혼자 있을 때에도 도리에 어긋나지 않도록 조심하여 말과 행동을 삼가는 것을 말한다. 스스로에게 부끄럽지 않도록 자기관리를 엄격하게 해야 하는 삶의 자세라 할 수 있다.

이와 관련하여 중용(中庸)에서는 "군자는 보이지 않는 곳에서 삼가고(戒愼乎 其所不睹), 들리지 않는 곳에서 스스로 두려워한다(恐懼乎 其所不聞)"고 쓰고 있다. 이런 경지에 오른 상태가 바로 '신독(愼獨)'이다. 남들이 보이지 않는 곳에서, 즉 혼자 있을 때 스스로 삼간다는 뜻이다.

중용에서는 이에 더하여 "숨겨져 있는 것보다 더 잘 보이는 것은 없고(莫見乎隱), 아주 작은 것보다 더 잘 드러나는 것은 없다(莫顯乎微). 그러기에 군자는 홀로 있을 때 스스로 삼간다(故君子愼其獨也)"고 하였다. 군자의 풍모는 은밀할 때, 아주 사소한 부분에서 더 잘 드러난다는 의미이다.

출처: http://blog.naver.com/PostView.nhn?blogId=dolgle&logNo=221695641206.

정도의 차이는 있지만 직무수행 중 경찰관의 부적절한 행태는 얼마든지 있다고 본다. 순찰도중 한적한 곳에서 순찰차 안에서 잠을 자는 행동, 112상황실에서 부하직원에게 일을 맡기고 잠을 자는 상관, 경찰관서 내에서 인터넷 쇼핑을 하는 경찰, 현장 출동시 최단거리를 택하지 않고 길을 우회하여 출동을 지시하는 상관,

---

18) 쓰레기 등 투기: 담배꽁초, 껌, 휴지, 쓰레기, 죽은 짐승, 그 밖의 더러운 물건이나 못쓰게 된 물건을 함부로 아무 곳에나 버린 사람(제11호).

교통근무 중 스마트폰을 오랫 동안 조작하는 경찰 등 매우 많다.

물론, 경찰도 인간인지라 기계적으로 근무시간을 철저히 준수한다는 것은 어렵다고 본다. 다만, 그러한 행동이 외부에 노출되거나 또 정도가 지나칠 경우에는 문제시 된다고 본다. 이는 처벌의 여부를 떠나서 경찰에 대한 국민의 인식에 부정적인 영향을 미치고, 또 그것으로 인해 정말로 중요한 사건에 대한 '대응시점' (Golden Time)을 놓쳐서 심각한 상황이 초래될 수도 있다고 본다.

따라서 동료경찰의 부적절한 행동을 목격한 경우에는 그것을 지적하였을 경우 관계가 악화되는 등의 문제를 우려하여 단순히 묵인해서는 안된다고 본다. 특히, 동료경찰이 일회성이 아닌 반복적·지속적으로 부적절한 행동을 하는 한 경우에는 본인이 직접 개입하거나 또는 상황이 여의치 않은 경우에는 주변의 도움을 받아 문제를 해결하도록 노력해야 할 것이다. 이 경우 상대방의 처지를 이해하고, 감정이 상하지 않도록 최대한 배려하면서, 이를 개선하도록 하는 지혜가 필요하다고 본다.


## 13) 경찰의 민사사건 개입

■ 주민이 경찰에게 민사사건을 해결해 달라고 하는 경우 어떻게 할 것인가?(2018. 경기남부 개별면접, 인천 집단면접)

■ 나이가 많은 할머니가 이웃에 빌려준 돈 3만원을 빌려 준 것을 못 받았다고 하면서 경찰이 대신 받아 달라고 하면 받아 줄 것인가?(2015. 서울 집단면접, 2014. 서울 개별면접, 경북 개별면접, 2012. 서울 집단면접, 2009 광주 집단면접)

■ 민사사건을 형사처벌을 해달라고 막무가내로 자신의 주장만 내세우는 민원인이 있을 경우 어떻게 대응할 것인가?(2012. 광주 개별면접, 2011. 부산 집단면접)

경찰 민원업무는 민원인이 처해 있었던 상황에 따라서 매우 다양하다. 민원인이 계속적으로 민원을 어떠한 제기하는 것은 이들의 개인사정(나이, 지적수준, 경제적 여건, 건강상태 등)에 따라 해결방법을 잘 모르는 경우라고 본다. 따라서 경찰관은 이점을 이해하고 국민전체에 대한 봉사자로서 봉사한다는 마음가짐을 갖고 임해야 한다고 본다.

　그러나 경찰은 '공공의 원칙'에 따라 민사관계 불간섭 원칙을 준수하여야 한다. 개인의 재산권 행사, 친족권 행사, 민사상 계약 등의 사적인 관계는 경찰이 개입해서는 안 된다는 의미이다. 다만, 단호하게 거절하기 보다는 민원인의 이야기를 충분히 들어주고, 해결할 수 있는 방법과 관련된 조언을 해주는 것도 필요하다고 본다.

## 경찰공공의 원칙

　경찰공공의 원칙이란 조리상의 한계 가운데 하나로서 경찰권한은 원칙적으로 사회질서 위협에 직접적인 영향이 없는 개인의 사익(사생활·사주소, 민사상의 법률관계, 통신의 비밀 등)에 대해서는 관여할 수 없다는 것을 의미한다.

　경찰이 이러한 원칙에 위반하여 개입하는 경우에는 위법한 것이 되며, 개인이 이로 인해 권리와 이익을 침해한 때에는 일반적으로 국가배상 등에 의하여 구제받을 수 있다.

### 사생활불가침의 원칙

　경찰은 사회공공의 질서와 직접 관계없는 개인의 사생활(私生活)이나 행동에는 간섭해서는 안 된다는 것을 의미한다. 이러한 사생활·사주소불가침의 원칙은 헌법상의 원칙(제16조, 제17조, 제18조 등)을 경찰법에 적용한 것이다.

　물론 개인의 사생활일지라도 정신착란 또는 음주로 인하여 자기 또는 타인의 생명, 신체, 재산에 위해를 미칠 우려가 있는 자의 보호조치라든지 전염병환자에 대한 강제격리, 수용조치 등 사회질서에 직접적인 관계가 있는 것은 예외적으로 경찰권한 행사의 대상이 된다.

### 사주소불가침의 원칙

　경찰은 공중과 직접 접촉되지 않는 사주소(私住所) 내에서의 행동은 사회질서에 직접 영향을 미치지 않는 한 관여할 수 없다는 의미이다. 헌법에서 규정하고 있는 사주소불가침의 원칙은 특히, 형사절차와 관련된 것이다. 즉, 모든 국민은 주거의 자유를 침해받지 아니한다고 규정하고 있는데, 이를 위해 경찰 등 형사사법기관이 주거에 대한 압수나 수색을 할 때에는 검사의 신청에 의하여 법관이 발부한 영장(令狀)을 제시하도록 하고 있다(제16조 단서).

여기에서 사주소란 개인의 주거용 가택뿐만 아니라 회사, 사무소, 창고, 연구실 등과 같이 비거주건축물도 포함된다. 그러나 흥행장, 음식점, 여관, 역 등과 같이 항상 불특정다수인에게 이용이 개방되어 있는 장소는 사주소에 포함되지 않는다.

원래, 이 원칙은 그 행위가 만약 공공의 장소에서 행하여진다면 당연히 금지되어야 할 행동이라도 그것이 사주소 내에서 행하여진다면 원칙적으로 사회공공의 안녕과 질서에 영향을 미치지 아니하므로 각자의 자유에 맡기고 질서유지행정권의 대상이 되지 않는다는 취지이다.

한편, 사주소불가침에도 한계가 있다. 즉, 사주소 내의 행위가 공공의 안녕이나 질서에 직접 중대한 장해를 가져오는 경우(예: 지나친 소음, 악취, 음향의 발생 등)에는 경찰의 개입이 가능하게 된다.


## 민사관계 불간섭의 원칙

경찰은 민사상의 법률관계 또는 권리관계에 개입할 수 없다. 그것은 직접 공공의 안녕이나 질서에 위해를 가하는 것은 아니기 때문이다. 이는 개인의 재산권의 행사, 친족권의 행사, 민사사상의 계약 등은 개인 사이의 사적인 관계에 그치고, 그 권리의 침해나 채무의 불이행에 대하여는 사법권에 의하여 보호되므로, 경찰이 관여할 사항이 아니라는 것을 의미한다.

따라서 예컨대, 경찰이 사인간의 가옥임대차에 관한 분쟁에 개입하거나, 민사상의 채권집행에 관여하거나 범죄의 종료 후 범죄로 인하여 생긴 손해를 배상시키려고 한 행위는 그 직무상의 행위로 볼 수 없는 위법행위라 할 것이다.

그러나 민사상의 법률관계라 할지라도 당사자의 사익에 그치지 않고 그것이 동시에 공중의 안전, 위생, 풍속, 교통 기타 사회공공의 안녕과 질서에 영향을 미치는 경우에는 경찰의 개입이 가능하다.

예컨대, 암표매매 행위는 민사상의 특정인의 이해관계를 벗어나 사회공공에 직접적인 위해를 가하는 경우라 할 수 있다.[19] 한편, 민사상의 거래에 경찰상의 허

---

19) 암표매매를 한 사람은 흥행장, 경기장, 역, 나루터, 정류장, 그 밖에 정하여진 요금을 받고 입장시키거나 승차 또는 승선시키는 곳에서 웃돈을 받고 입장권·승차권 또는 승선권을 다른 사람에게 되판 사람으로서 20만원 이하의 벌금, 구류 또는 과료의 형으로 처벌

가(許可)를 필요로 하는 경우도 있다.[20]

출처: 최선우(2017), 경찰학, 서울: 그린, pp. 443-444.

## 14) 사회적 약자보호 3대 치안정책

■ 최근 우리사회는 사회적 약자를 보호하는데 많은 관심을 갖고 있다. 만약 자신이 경찰공무원이 된다면 사회적 약자 보호를 위해 어떻게 할 수 있는지 각자 자신의 방법을 말하시오. (2018. 서울 개별면접, 101경비단 개별면접, 경기남부 개별·집단면접, 경기북부 집단면접, 전남 집단면접, 전북 집단면접, 광주 개별면접, 2017. 경기남부 집단면접)

사회적 약자보호 3대 치안정책이라 함은 문재인 정부가 국정과제로 '사회적 약자 보호'를 선정함에 따라 2017년 7월 경찰청이 수립한 치안정책이다.

사회적 약자보호 3대 치안정책은 대상별 특성에 따라 ㉠ 젠더폭력(Gender-based violence)근절(여성), ㉡ 학대·실종대응 강화(아동, 노인, 장애인), ㉢ 소년보호(청소년 보호)를 말한다.

▌ 사회적 약자보호 3대 치안정책 세부 추진과제

| 대분류 | 세부 추진 과제 |
|---|---|
| 젠더폭력 근절[21]<br>(여성) | • 성폭력 범죄 엄정 대응<br>• 아동 음란물 등 사이버음란물 대응역량 강화<br>• 가정폭력 대응 및 현장 법집행력 강화<br>• 스토킹·데이트 폭력 현장 초동조치 강화[22]<br>• 가출 청소년 등 성매매 근절<br>• 다중이용 시설 등의 몰래카메라 성범죄 집중 단속[23] |

---

한다(경범죄처벌법 제3조 제2항 제4호).

20) 화약류를 양도 또는 양수하고자 하는 사람은 행정안전부령이 정하는 바에 의하여 그 주소지 또는 화약류의 사용지를 관할하는 경찰서장의 허가(許可)를 받아야 한다. 다만, 다음의 어느 하나에 해당하는 경우에는 그러하지 아니하다(이하 생략)(총포·도검·화약류 등의 안전관리에 관한 법률 제21조 제1항).

| | |
|---|---|
| | • 여성범죄안전환경 조성<br>• 폭력예방교육(성희롱·성매매·성폭력·가정폭력) 내실화 |
| 학대·실종 대응 강화<br>(아동·노인·장애인) | • 아동학대 점검 내실화 등 사각지대 해소[24]<br>• 노인학대 예방 및 근절 강화<br>• 장애인학대 예방 및 근절 강화<br>• 학대예방경찰관(APO) 운영 내실화<br>• 실종 예방 및 발견 인프라 구축<br>• 아동안전지킴이(집) 운영 확대 및 내실화 |
| 청소년 보호<br>(청소년) | • 학교밖 청소년 전문기관 연계 및 비행예방<br>• 가정 밖 청소년 발굴 및 선도·보호 강화<br>• 청소년범죄 재발 방지를 위한 소년범 선도·지원<br>• 학교폭력 근절 정책 내실화 |

출처: 경찰청(2017.07.24), 「여성폭력 근절 100일 계획」 브리핑자료.

---

21) 젠더폭력(Gender-based violence)이란, 성차이(性差異)에 의해 발생하는 신체적·정서적·성적 폭력을 말한다. 성폭력, 가정폭력 등 전통적인 여성폭력 범죄 외에도 스토킹, 데이트폭력, 사이버성폭력 등 신종 여성폭력까지 포괄하고 있다.

22) 현행법상 스토킹은 「경범죄 처벌법」에 따라 처벌할 수 있으나 10만원 이하의 벌금, 구류 또는 과료의 형으로 처벌수위가 낮아 범죄행위 제지가 어렵다는 지적이 있고, 스토킹 가해자의 대다수가 친밀한 관계에 있던 사람이라는 사실과 스토킹이 단순히 개인 간의 문제가 아니라 폭행, 성폭력 및 살인 등으로 이어질 수 있는 심각한 범죄라는 사실을 고려하면 현행법만으로 스토킹에 효과적으로 대응하기 어려워 별도의 제정법인 「스토킹처벌법」을 마련하여 스토킹의 유형을 구체화하고 그 처벌을 강화하며, 신변안전조치, 임시조치, 보호처분 등을 통하여 피해자 보호에 만전을 기하려는 것이다.

23) 김부겸 행정안전부장관은 '몰래 카메라(이하 몰카)와의 전쟁'을 선포(2018.6)하고 몰카 범죄 노출 위험이 큰 전국의 공중화장실을 대상으로 지방자치단체와 경찰서, 교육청, 공공기관, 여성단체 등이 합동으로 몰카 설치 여부를 주기적으로 점검하고, 취약개소별 스티커 부착 및 이용자 전단지 배포 등을 전개하고 있다.

24) 'e아동행복지원시스템'은 보건복지부가 2018년 3월 19일 전국적으로 시행하고 있는 제도로 아동의 장기결석 정보, 영유아 건강검진·예방접종 실시 정보, 병원 기록 등 빅데이터를 모아 분석하고, 일정 수준 이상의 위험 인자가 발견되면 보호 필요 아동으로 추정해 각 읍면동으로 자동 통지하는 시스템이다.

## 15) 범죄예방: 셉테드(CPTED)와 CCTV설치 등

- 범죄예방 및 셉테드(CPTED)에 대한 설명과 구체적인 적용방법에 대해 설명하시오. (2018. 전남 집단면접)
- CCTV 설치에 대한 찬반론에 대해 본인의 의견을 제시하시오. (2018. 경기남부 개별면접, 전남 집단면접, 전북 집단면접, 2015. 서울 집단면접, 인천 집단면접, 충남 개별면접, 2014. 서울 집단면접, 101경비단 집단면접, 경북 집단면접, 대구 집단면접, 2013. 경기 집단면접, 대구 집단면접, 충남 집단면접, 2011. 서울 집단면접, 2009. 서울 집단면접, 101경비단 집단면접, 경남 집단면접)

범죄통제에 있어서 무엇보다도 중요한 것은 범죄예방이라 할 수 있다. 범죄예방이라는 것은 "범죄의 위험을 예측, 인식, 평가하여 범죄를 감소 또는 근절시키기 위한 사전활동"으로 정의를 내릴 수 있다.

이러한 범죄예방활동은 공식적인 형사사법기관(刑事司法機關: 경찰·검찰·법원·교정 등)의 활동뿐만 아니라 다른 여러 국가·지방기관, 그리고 개인 및 민간단체의 활동까지도 포함한다고 본다. 범죄를 유발하는 원인이 다양하듯이, 범죄를 예방할 수 있는 방법도 다양한 관점에서 접근되어야 하기 때문이다.[25]

생각건대, 모든 사회현상 속에서 발생하는 수많은 범죄에 대한 대응방식은 각각의 현상에 따라 상이하다. 이와 관련하여 범죄예방을 하나의 구조모델(Structure Model)을 통해서 단계적으로 살펴보는 것도 의미가 있다. 이러한 단계적 접근방법은 질병에 대한 의학적 치료를 위한 의료모델에 기원을 두고 있는데, 이는 3단계 차원에서 논의된다. 따라서 각 단계별 질병예방을 응용하여 범죄예방의 구조모델을 ㉠ 1차적 범죄예방, ㉡ 2차적 범죄예방, ㉢ 3차적 범죄예방으로 나누어 접근할 수 있다.[26]

---

25) Steven P. Lab/이순래·박철현·김상원 역(2011), 범죄예방론, 서울: 그린, p. 46 재인용.
26) P. J. Brantingham and F.L. Faust(1976), "A Conceptual Model of Crime Prevention," Crime & Delinquence, p. 22.; 임준태(2009), 범죄예방론, 서울: 대영문화사, pp. 56−66 재인용.

**▎범죄예방 구조모델**

| 구분 | 1차적 범죄예방 | 2차적 범죄예방 | 3차적 범죄예방 |
|------|------|------|------|
| 대상 | 일반시민 | 잠재적 범죄자 | 상습범죄자 |
| 내용 | 일반시민을 대상으로 일반적인 사회환경에서 범죄원인이 되는 조건들을 발견·개선하는 예방활동 | 범죄를 저지를 우려가 높은 잠재적 범죄자를 초기에 발견하고, 이들의 범죄행위를 저지하기 위한 예방활동 | 상습범죄자(전과자)를 대상으로 이들에 의한 범죄가 더 이상 발생하지 않도록 하는 예방활동 |

이러한 범죄예방활동과 관련하여 최근 새롭게 부각되고 있는 것 가운데 하나가 바로 '환경설계에 의한 범죄예방'(CPTED: Crime Prevention Through Environmental Design)이라 할 수 있다. 이러한 환경설계에 의한 범죄예방은 환경적인 요소가 인간의 행동과 심리적인 성향을 자극하여 범죄를 저지르지 못하게 하는 환경행태학(環境行態學)적 이론을 기초로 하고 있다. 이러한 환경설계에 의한 범죄예방은 CCTV 등과 같은 '물리적 환경개선을 통한 방법'(1세대 CPTED)과 '해당 지역 주민의 관심과 참여를 강조하는 방법'(2세대 CPTED)이 아울러 고려되고 있다.

그렇다면, CCTV 등과 같은 물리적 환경개선을 통해서 범죄예방 효과를 기대할 수 있는가? 주택단지 내의 골목길과 같은 특정지역 내지 장소에 설치된 CCTV는 범죄행위를 관찰·감시하고, 사후에 증거능력으로 사용될 수 있기 때문에 범죄행위를 억제하는 기능을 가지고 있다고 본다. CCTV는 일종의 '가시성'(可視性) 효과를 가져다주기 때문에 일정부분 범죄예방을 기대할 수 있다고 본다.

그러나 이러한 전제는 범죄행위를 저지르고자 하는 자가 '합리적 의사결정'을 할 때 가능하다고 본다. 즉, CCTV가 자신의 행위를 관찰·감시하고, 사후에 증거능력을 사용될 수 있다는 점을 충분히 인지하는 사람들에 대해서 억제효과가 있는 것이지, 비합리적인 사람(예컨대, CCTV 자체를 인지하지 못하거나, 이를 무시하는 경우)에게는 효과를 기대하기 어렵다고 본다.

| CCTV의 기능과 이용분야

| CCTV의 기능 | CCTV의 이용분야 |
| --- | --- |
| • 원거리 관찰<br>• 보이지 않는 영역 관찰<br>• 다수인에 의한 동시관찰<br>• 다수의 장소를 동시에 관찰<br>• 지속적이고 집중적인 관찰<br>• 환경이 열악하거나 근접이 불가능한<br>  장소의 관찰 | • 범죄예방뿐만 아니라, 공업, 교육, 교통,<br>  의료, 화상 등 수많은 영역에서 이용 가능 |

출처: 최선우(2019), 민간경비론, 인천: 진영사, p. 436.

한편, CCTV 효과는 위에서 언급한 단계별 범죄예방단계를 통해서도 접근이 가능하다고 본다. 일반시민들을 대상으로 하는 1차적 범죄예방에서는 CCTV는 매우 유용한 효과를 가져다준다고 본다. 반면, 잠재적 범죄자를 대상으로 한 2차적 범죄예방, 그리고 상습범죄자들을 대상으로 한 3차적 범죄예방으로 갈수록 CCTV를 맹신해서는 안 된다고 본다. 특히, 상습범죄자들은 범행의지가 매우 강하기 때문에 비록 CCTV가 설치되어 있다 할지라도 이를 교묘히 회피해서 범죄목적을 달성할 수 있는 방법을 강구하기 때문이다.

## CCTV의 설치와 인권침해 문제

오늘날 CCTV는 범죄예방뿐만 아니라 수많은 영역에서 활용되고 있다. 그러나 이로 인한 개인의 사생활 침해 등의 문제가 대두되고 있는 것이 사실이다. 자유민주사회에서 '개인의 자유와 권리의 보호'는 매우 본질적인 것이며, 따라서 CCTV로 인한 인권침해는 간과되어서는 안 된다고 본다.

그러나 오늘날 범죄의 양적·질적 심화로 인해 개인의 자유와 권리가 침해되는 것 또한 사실이다. 만약에 CCTV가 범죄예방 및 범죄통제에 효과가 충분히 있다면, 이의 활용 역시 중요한 의미가 있다고 본다.

그러나 무분별한 CCTV의 설치는 범죄예방이라는 목적을 넘어서 개인의 인권을 심각하게 침해할 여지가 있음은 물론이다. 따라서 공중목욕탕 및 의류매장의 탈의실 등에 범죄예방이라는 미명하에 CCTV를 설치하는 것은 개인의 자유와 권리보호라는 자유민주국가의 기본가치를 침해하는 것이라 할 수 있다.

이러한 점에서 CCTV의 설치기준은 법적으로 엄격하게 규제·적용되어야 한다고 본다. 이와 관련하여 「개인정보보호법(2011)」에서는 일정한 경우에만 영상정보처리기기를 설치·운영할 수 있도록 하고 있다. 이에 따라 "누구든지 다음의 경우를 제외하고는 공개된 장소에 영상정보처리기기를 설치·운영하여서는 아니 된다"고 규정하고 있다(제25조 제1항).

　　㉠ 법령에서 구체적으로 허용하고 있는 경우
　　㉡ 범죄의 예방 및 수사를 위하여 필요한 경우
　　㉢ 시설안전 및 화재 예방을 위하여 필요한 경우
　　㉣ 교통단속을 위하여 필요한 경우
　　㉤ 교통정보의 수집·분석 및 제공을 위하여 필요한 경우

물론, 위와 같은 경우에도 불구하고 CCTV는 교도소, 정신보건시설, 군사시설 등에서는 예외적으로 설치·운영이 가능하지만(동조 제2항~제8항), 기본적으로 비례원칙 등이 적용되어 개인의 인권이 침해되지 않도록 해야 한다고 본다.

## 16) 경찰의 총기사용

- 총기사용에 대해 찬반 토론을 하시오. (2018. 101경비단 집단면접, 2016. 경기북부 집단면접)
- 경찰관이 되어 총기를 사용할 수 있는 상황이 된다면 사용하겠는가? 경찰관이 왜 총기사용을 꺼려한다고 생각하는가?(2018. 광주 개별면접, 2015. 101경비단 개별·집단면접, 2014. 경북 개별면접, 2011. 서울 집단면접)

경찰관직무집행법상 '무기'(武器)라 함은 사람의 생명이나 신체에 위해를 가할 수 있도록 제작된 권총, 소총, 도검(刀劍) 등을 말한다(제10조의4 제2항). 위해성 경찰장비의 사용기준 등에 관한 규정에서는 무기를 권총, 소총, 기관총(기관단총을 포함), 산탄총, 유탄발사기, 박격포, 3인치포, 함포, 크레모아, 수류탄, 폭약류 및 도검으로 정의하고 있다(제2조 제2호). 한편, 경찰관은 대간첩·대테러작전 등 국가안전

에 관련되는 작전을 수행할 때에는 개인화기(個人火器) 외에 공용화기(公用火器)를 사용할 수 있다(경찰관직무집행법 제10조의4 제3항).

경찰관의 무기사용은 사람의 생명이나 신체에 중대한 위해를 가져올 수 있기 때문에 법률로 엄격히 규제해야 하는 것은 당연하다. 이러한 의미에서 경찰관직무집행법 제10조의4 등은 매우 중요한 의미를 가지며, 경찰관의 무기사용은 이러한 법적인 절차에 의해서 엄격하게 이루어져야 함은 물론이다.

그런데 경찰의 무기사용은 이러한 법적인 한계를 규정하고 있음에도 불구하고, 실제에 있어서는 재량의 여지가 적지 않게 존재하고 있음은 물론이다. 따라서 이러한 재량권 행사의 정당성 문제는 이른바 '조리상의 한계'(특히, 비례의 원칙 등)에 의해 판단된다고 볼 수 있다.

## 경찰 총기사용 관련 규정

경찰관직무집행법(제10조의4): 무기의 사용

① 경찰관은 범인의 체포, 범인의 도주 방지, 자신이나 다른 사람의 생명·신체의 방어 및 보호, 공무집행에 대한 항거의 제지를 위하여 필요하다고 인정되는 상당한 이유가 있을 때에는 그 사태를 합리적으로 판단하여 필요한 한도에서 무기를 사용할 수 있다. 다만, 다음 각 호의 어느 하나에 해당할 때를 제외하고는 사람에게 위해를 끼쳐서는 아니 된다.

1. 「형법」에 규정된 정당방위와 긴급피난에 해당할 때

2. 다음 각 목의 어느 하나에 해당하는 때에 그 행위를 방지하거나 그 행위자를 체포하기 위하여 무기를 사용하지 아니하고는 다른 수단이 없다고 인정되는 상당한 이유가 있을 때

　　가. 사형·무기 또는 장기 3년 이상의 징역이나 금고에 해당하는 죄를 범하거나 범하였다고 의심할 만한 충분한 이유가 있는 사람이 경찰관의 직무집행에 항거하거나 도주하려고 할 때

　　나. 체포·구속영장과 압수·수색영장을 집행하는 과정에서 경찰관의 직무집행에 항거하거나 도주하려고 할 때

　　다. 제3자가 가목 또는 나목에 해당하는 사람을 도주시키려고 경찰관에게 항

거할 때

 라. 범인이나 소요를 일으킨 사람이 무기·흉기 등 위험한 물건을 지니고 경찰관으로부터 3회 이상 물건을 버리라는 명령이나 항복하라는 명령을 받고도 따르지 아니하면서 계속 항거할 때

 3. 대간첩 작전 수행 과정에서 무장간첩이 항복하라는 경찰관의 명령을 받고도 따르지 아니할 때

위해성경찰장비의 사용기준 등에 관한규정(제9조): 총기사용의 경고
 경찰관은 법 제10조의4에 따라 사람을 향하여 권총 또는 소총을 발사하고자 하는 때에는 미리 구두 또는 공포탄에 의한 사격으로 상대방에게 경고하여야 한다. 다만, 다음 각 호의 어느 하나에 해당하는 경우로서 부득이한 때에는 경고하지 아니할 수 있다.

 1. 경찰관을 급습하거나 타인의 생명·신체에 대한 중대한 위험을 야기하는 범행이 목전에 실행되고 있는 등 상황이 급박하여 특히 경고할 시간적 여유가 없는 경우

 2. 인질·간첩 또는 테러사건에 있어서 은밀히 작전을 수행하는 경우

위해성경찰장비의 사용기준 등에 관한규정(제10조): 권총 또는 소총의 사용제한
 ① 경찰관은 법 제10조의4의 규정에 의하여 권총 또는 소총을 사용하는 경우에 있어서 범죄와 무관한 다중의 생명·신체에 위해를 가할 우려가 있는 때에는 이를 사용하여서는 아니된다. 다만, 권총 또는 소총을 사용하지 아니하고는 타인 또는 경찰관의 생명·신체에 대한 중대한 위험을 방지할 수 없다고 인정되는 때에는 필요한 최소한의 범위 안에서 이를 사용할 수 있다.

 ② 경찰관은 총기 또는 폭발물을 가지고 대항하는 경우를 제외하고는 14세미만의 자 또는 임산부에 대하여 권총 또는 소총을 발사하여서는 아니된다.

# 경찰권한 행사의 근거와 한계

## 법률유보원칙

경찰은 범죄 및 무질서와 같은 수많은 위험으로부터 개인의 자유와 권리를 보호하고 공공의 안녕과 질서를 유지하는 중요한 국가공권력 가운데 하나라고 할 수 있다. 그러나 이러한 목적달성이라는 미명하에 경찰이 일정한 원칙과 기준이 없이 '자의적'(恣意的)으로 물리적 강제력을 행사하여 국민 또는 개인의 자유를 제한하거나 일정한 희생과 강요를 해서는 안 된다.

따라서 물리적 강제력을 수반하는 경찰권한 행사는 당연히 법적인 근거가 요청된다. 이는 국회에서 제정한 법률의 근거와 법률이 정한 범위 내에서만 행사되어야 한다는 '법률유보원칙'(法律留保原則)을 의미하는 것이며, 오늘날 법치국가에서 널리 수용되고 있는 중요한 기본원칙 중의 하나이다. 물론, 법률의 구체적인 위임이 있으면 행정입법의 형식으로 제정된 법규명령(法規命令)도 포함된다.

## 재량행위

물리적 강제력을 수반하는 경찰권한 행사와 관련된 내용들을 모두 예상하여 입법화한다는 것은 불가능하다. 즉, 범죄를 포함한 수많은 위험 방지 및 제거를 위해 행사하는 경찰권한의 내용을 법률에 모두 개별적으로 규정해두는 것은 불가능하다는 의미이다. 그리고 예컨대, 경찰관직무집행법 제10조의4(무기의 사용)와 같은 개별적 수권규정을 두고 있다 할지라도 "… 필요하다고 인정되는 상당한 이유가 있을 때에는 그 사태를 합리적으로 판단하여 필요한 한도에서 …" 등과 같이 추상적인 불확정개념(不確定槪念)으로 규정하고 있는 것이 현실이다.

이러한 점에서 경찰은 권한행사과정에서 적지 않은 재량권을 행사할 수 있다고 볼 수 있다. 그리고 어떤 면에서는 경찰이 각종 위험에 탄력적으로 대응하기 위해 일정한 재량권한을 부여하는 것이 불가피하다고 본다. 경찰이 권한을 행사하는 과정에서 사용하는 재량은 두 단계로 구성된다. 즉, ㉠ 경찰이 특정한 상황에 개입할 것인가를 결정하는 결정재량(決定裁量), ㉡ 여러 가지 대안 중에서 어떤 행위를 할 것인가를 선택하는 선택재량(選擇裁量)이 바로 그것이다.

## 17) 전자충격기(테이저건)의 사용

- 경찰장구(테이저건 등)의 사용에 대해 설명하시오.(2018. 경기북부 집단면접, 전남 집단면접, 2015. 학교전담 집단면접, 경기 집단면접)

전자충격기(테이저건, Taser Gun)는 경찰장비 가운데 경찰장구에 해당한다.[27] 전자충격기는 사람의 생명 또는 신체에 위해를 끼칠 수 있는 '위해성 경찰장비'이기 때문에 '필요한 최소한도'에서 사용하도록 하고 있다(경찰관직무집행법 제10조 제4항).

사실, 그동안 위해성 경찰장비의 사용으로 인한 인권침해 문제가 끊임없이 제기되어 왔다. 따라서 경찰관직무집행법 개정(2014.5.20.)으로 이에 대한 요건과 절차로서 '위해성 경찰장비에 대한 필요한 최소한도의 사용' 내용을 명시하였다. 이는 위해성 경찰장비의 사용시 특히, 비례원칙(比例原則)이 적용되어야 한다는 것을 의미한다.

전자충격기의 사용과 관련하여 경찰관은 14세 미만의 자 또는 임산부에 대하여 전자충격기(또는 전자방패)를 사용하지 못하도록 하고 있다. 그리고 경찰관은 전극침(電極針) 발사장치가 있는 전자충격기를 사용하는 경우, 상대방의 얼굴을 향하여 전극침을 발사하지 못하도록 하고 있다(경찰장비규정 제8조 제1항 및 제2항).

## 18) 주취자 대응요령: 관공서 주취소란 등

- 주취자 대응 요령을 설명해 보시오.(2018. 서울 개별면접, 101경비단 개별면접, 경기남부 집단면접, 경기북부 개별·집단면접, 광주 집단면접, 울산 집단면접, 전남 개별·집단면접, 전북 집단면접, 2016. 서울 개별면접, 전남 집단면접, 2015. 경남 개별면접, 인천 집단면접, 충북 집단면접, 2014. 서울 집단면접, 2013. 부산 집단면접, 2012. 서울 개별면접, 2009. 전남 집단면접, 전남 집단면접)

---

27) 경찰장비관리규칙 제75조(구분) 경찰장구류는 경찰관이 휴대하여 범인검거와 범죄진압 등 직무수행에 사용하는 장비로서, 수갑, 포승, 호송용 포승, 경찰봉, 호신용경봉, 전자충격기, 방패, 전자방패 등을 말한다.

경찰관이 일선 현장에서 많이 접하는 문제 가운데 하나가 주취자(酒醉者) 즉, 술에 취한 상태에 있는 사람에 대한 대응이라고 할 수 있다. 이들은 경찰의 중요한 보호대상 가운데 하나이면서도, 동시에 공권력에 불응하고 경우에 따라서는 경찰과 일반시민에게 심각한 위협요인이 될 수도 있기 때문이다. 그리고 이들에 적절한 대응 여부는 경찰에 대한 대중의 신뢰 내지 이미지를 결정짓는 중요한 요인이 되기도 하므로 항상 신중하고 최선을 다해야 한다.

경찰관직무집행법에서는 이를 '보호조치'(保護措置)라고 부르고 있다. 이러한 보호조치와 관련하여 경찰이 권한을 행사하기 위해서는 '구체적인 위험의 존재'가 필요하다.[28) 보호조치에는 ㉠ 강제보호(强制保護)와 ㉡ 임의보호(任意保護)가 있는데, 여기에서의 보호조치는 위험방지(危險防止)를 목적으로 하는 것이며, 따라서 범죄수사의 목적으로 활용될 수는 없다고 본다. 주취자에 대한 보호조치는 경찰관직무집행법 규정상 일종의 강제보호에 해당된다고 본다.

경찰이 행사하는 보호조치는 '적절한 조치를 취할 수 있다'고 규정하여 보호조치를 재량행위로 규정하고 있다. 물론 재량권행사에 있어서 하자가 없어야 한다. 즉, 그것이 오남용되었을 경우 헌법 제12조에서 보장하고 있는 개인의 자유에 대한 침해를 가져다 줄 수도 있기 때문이다. 그러나 반대로 적절한 조치를 전혀 하지 않은 경우에도 문제가 될 수 있다. 즉, 특별한 경우에는 재량권이 영(零, zero)으로 수축 될 수도 있기 때문이다.[29)

---

28) 이러한 보호조치 과정에서 피보호자에 대한 경찰장구(수갑·포승·경찰봉 등)의 사용문제가 제기될 수 있다. 생각건대, 피보호자의 보호를 위하여 수갑 등을 사용하는 것은 허용되지 않는다고 본다. 다만, 정신착란 또는 술 취한 상태로 인하여 자기 또는 타인의 생명·신체와 재산에 위해를 가하려고 하는 자, 자살을 기도하는 자, 그리고 보호사유가 소멸하기 전임에도 불구하고 경찰의 보호로부터 이탈하려고 하는 자에 대해서는 수갑 등을 사용할 수도 있을 것이다. 물론 경찰관직무집행법 제10조의2(경찰장구의 사용)가 규정하는 범위 안에서만 가능하다고 본다.

## 주취자 보호 관련 규정

경찰관직무집행법(제4조): 보호조치 등

① 경찰관은 수상한 행동이나 그 밖의 주위 사정을 합리적으로 판단해 볼 때 다음 각 호의 어느 하나에 해당하는 것이 명백하고 응급구호가 필요하다고 믿을 만한 상당한 이유가 있는 사람(이하 '구호대상자'라 함)을 발견하였을 때에는 보건 의료기관이나 공공구호기관에 긴급구호를 요청하거나 경찰관서에 보호하는 등 적 절한 조치를 할 수 있다.

1. 정신착란을 일으키거나 술에 취하여 자신 또는 다른 사람의 생명·신체· 재산에 위해를 끼칠 우려가 있는 사람

2. 자살을 시도하는 사람

3. 미아, 병자, 부상자 등으로서 적당한 보호자가 없으며 응급구호가 필요하 다고 인정되는 사람. 다만, 본인이 구호를 거절하는 경우는 제외한다.

② 제1항에 따라 긴급구호를 요청받은 보건의료기관이나 공공구호기관은 정당 한 이유 없이 긴급구호를 거절할 수 없다.

③ 경찰관은 제1항의 조치를 하는 경우에 구호대상자가 휴대하고 있는 무기· 흉기 등 위험을 일으킬 수 있는 것으로 인정되는 물건을 경찰관서에 임시로 영치 (領置)하여 놓을 수 있다.

④ 경찰관은 제1항의 조치를 하였을 때에는 지체 없이 구호대상자의 가족, 친 지 또는 그 밖의 연고자에게 그 사실을 알려야 하며, 연고자가 발견되지 아니할 때에는 구호대상자를 적당한 공공보건의료기관이나 공공구호기관에 즉시 인계하 여야 한다.

---

29) 긴급구호권한과 같은 경찰관의 조치권한은 일반적으로 경찰관의 전문적 판단에 기초한 합리적인 재량에 위임되어 있는 것이다. 그러나 그렇다고 하더라도 구체적 상황하에서 경찰관에게 그러한 조치권한을 부여한 취지와 목적에 비추어 볼 때, 그러한 권한을 행사 하지 않은 것이 현저하게 불합리하다고 인정되는 경우에는 문제가 있다. 즉, 그러한 권 한의 불행사는 법령에 위반하는 행위에 해당하게 되어 국가배상법상의 다른 요건이 충 족되는 한, 국가는 그로 인하여 피해를 입은 자에 대하여 국가배상책임을 진다. 대법 1996.10.25, 95다45927.

경찰관이 순찰도중 또는 신고를 받고 출동한 상황에서 주취자의 상태를 확인하여 취기가 약할 경우에는 친근감 있는 자세로 "선생님 약주를 많이 하셨습니다. 가족이 기다리고 있으니 집으로 돌아가시지요"라는 말 등으로 상대의 자제를 유도할 필요가 있다. 계속하여 난동을 부린다면 지구대로 임의동행하는 것도 고려할 수 있다.

지구대에 도착하였을 때에는 의자를 권해 앉히면서(유리 등 파손 가능하거나 던지기 쉬운 물건이 있는 곳과 분리), 흥분상태를 가라앉히는데 주력하고, 어느 정도 안정되면(2인 이상의 경찰관이 일정한 거리를 유지하면서 관찰) 귀가를 권유하거나, 연락된 보호자에게 인계하도록 한다.

## 주취자 처벌 관련 규정

경범죄처벌법(제3조): 경범죄의 종류
① 다음 각 호의 어느 하나에 해당하는 사람은 10만원 이하의 벌금, 구류 또는 과료(科料)의 형으로 처벌한다. … (이하생략)
20. (음주소란 등) 공회당·극장·음식점 등 여러 사람이 모이거나 다니는 곳 또는 여러 사람이 타는 기차·자동차·배 등에서 몹시 거친 말이나 행동으로 주위를 시끄럽게 하거나 술에 취하여 이유 없이 다른 사람에게 주정한 사람. … (이하생략)
③ 다음 각 호의 어느 하나에 해당하는 사람은 60만원 이하의 벌금, 구류 또는 과료의 형으로 처벌한다.
　　1. (관공서에서의 주취소란) 술에 취한 채로 관공서에서 몹시 거친 말과 행동으로 주정하거나 시끄럽게 한 사람. … (이하생략)

형법(제136조): 공무집행방해
① 직무를 집행하는 공무원에 대하여 폭행 또는 협박한 자는 5년 이하의 징역 또는 1천만원 이하의 벌금에 처한다. … (이하생략)

한편, 주취자가 만취상태일 경우에는 의료조치 필요 여부를 최우선으로 확인해야 한다(만취자의 경우 단순히 술에 취했으리라는 생각에 경찰관서에 데려다 놓았으나 알코올 쇼크 등으로 사망한 사례도 있음). 특히, 의식이 없는 주취자의 경우는 신속한 응급조치가 이루어질 수 있도록 119와 협조하고, 범죄와 무관한 주취자는 가능한 신속하게 보호자에게 인계해주도록 한다.

그리고 만약 경찰의 조치에 순응하지 않고, 난동을 부릴 때에는 관공서 주취소란 또는 공무집행방해 등으로 형사입건될 수 있음을 고지하고, 상황에 따라 적절한 절차에 따라 대응할 필요가 있다.

첫째, 행위 제지가 이루어져야 한다. 이를 위해 경찰관은 돌발상황에 대비하여 경찰장구를 휴대하고 있어야 하며, 주취자라 할지라도 경찰관은 반드시 자신의 신분과 소속을 밝힌 후 행위자를 제지하도록 한다. 아울러 녹화·녹취 등 증거자료들이 충분히 확보할 필요가 있다.

둘째, 경고를 한다. 주취자의 소란행위 등이 계속될 때에는 형사처벌 및 현행범으로 체포가 될 수 있음을 경고하도록 한다.

셋째, 사안에 따라 훈방, 현행범으로 체포한다. 관공서 주취소란의 경우에는 벌금 상한이 60만원으로서 「형사소송법」 제214조가[30] 적용되지 않으므로 일반적인 현행범인 체포요건[31] 구비시에 체포가 가능하다. 경고에 순응하고 행위가 종료되면 훈방하며, 계속 행패를 부리는 경우에는 사안에 따라 공무집행방해로 형사입건하거나 즉결심판으로 처리하도록 한다.

경찰관에게 폭행이나 협박을 하는 경우에는 「형법」상 공무집행방해로 형사입건할 수 있다. 다만 형사입건을 한다는 것은 위반자에게 전과기록을 남기게 되는 만큼 처분을 할 때에는 위법의 정도와 피해 정도를 신중하게 살펴 판단하여야 한다. 공무집행방해죄의 폭행이나 협박의 정도가 미미하여 구성요건 해당 여부에 대

---

30) 형사소송법 제214조(경미사건과 현행범인의 체포) 다액 50만원 이하의 벌금, 구류 또는 과료에 해당하는 죄의 현행범인에 대하여는 범인의 주거가 분명하지 아니한 때에 한하여 제212조 내지 제213조의 규정을 적용한다.

31) 형사소송법 제211조(현행범인과 준현행범인) ① 범죄의 실행 중이거나 실행의 즉후인 자를 현행범인이라 한다. ② 다음 각 호의 1에 해당하는 자는 현행범인으로 간주한다. 1. 범인으로 호창되어 추적되고 있는 때, 2. 장물이나 범죄에 사용되었다고 인정함에 충분한 흉기 기타의 물건을 소지하고 있는 때, 3. 신체 또는 의복류에 현저한 증적이 있는 때, 4. 누구임을 물음에 대하여 도망하려 하는 때.

해 의심이 드는 경우에는 「경범죄처벌법」을 적용하여 즉결심판사범으로 처리하도록 한다.

## 즉결심판사범 사례

**음주소란**

피의자는 일정한 직없이 없는 사로 2005. 08. 07. 23:00경 ○○시 소재 ○○단란주점에서 술에 취하여 외상으로 술을 주지 않는다고 "이 ○같은 년들아 똑바로 장사해 쳐 먹어라"하는 등 약 20분간 욕설과 고함을 지르면서, 위 점포 문짝을 발길로 걷어차는 등의 행패를 부리고 소란을 피운 자이다.

**주취폭력**

피의자는 직업불상인 사로 2005. 08. 11. 21:00경 ○○시 소재 ○○단란주점에서 음주만취된 상태에서 종업원이 술을 더 주지 않는다는 이유로 뺨을 1회 때리고 멱살을 잡고 흔드는 등의 폭력을 행사하였다.

출처: 경찰청 내부자료.

## 대림동 공무집행방해 사건: 일명 '대림동 여경사건'

**사건 개요**

- 2019년 5월 서울 구로구의 음식점에서 업주와 시비를 벌이던 중 신고를 받고 출동한 경찰관의 뺨을 때렸다가 제압되는 영상이 인터넷과 SNS 등에 확산됨.
- 해당 동영상에서 현장의 여자경찰관이 취객을 제압하지 못하는 것처럼 비쳐 여자경찰관의 효용성에 대한 논란 야기.
- 이날 출동한 경찰관은 취객 때문에 신체적·정신적 피해 등을 이유로 112만 원씩 총 224만원을 청구하는 민사소송(이른바 '112소송') 제기함.

### 대림동 사건에 대한 언론보도의 문제점
- 주취자가 난동을 부리는 경우에는 젊은 남자경찰들로 대응하기가 쉽지 않은 것이 현실임. 미국 등 외국의 경우에도 주취자 및 부랑자 등의 난동과정에서 건장한 남자경찰들로 적지 않은 피해를 겪는 경우가 비일비재함.
- 따라서 언론 등에서 경찰업무의 현실을 직시하지 못하고 대응미숙에 대한 비난만을 하는 것은 단지 우리사회의 불안감만을 조성하는 결과를 가져다준다고 봄.

### 공권력의 상징인 경찰에 대한 위협
- 경찰청 내부자료에 따르면, 최근 5년간 공무집행방해사범은 연간 1만 5천여 명에 달하고 그 중 주취자는 1만명 내외로 약 71.4%를 차지하고 있음.
- 2015년 한국고용정보원 조사 결과 경찰이라는 직업은 '화나게 하거나 무례하게 행동하는 사람을 만나는 빈도' 1위 직업으로 조사된 바 있음.

### 현장 출동경찰의 대응 개선
- 공무집행방해 사건은 발생 초기부터 형사가 현장 출동하여 증거자료를 최대한 확보하고, 특히 흉기사용 등 죄질이 무거운 특수공무집행방해는 강력 사건에 준하여 엄정 대응해야 함.
- 경찰관은 평상시(자살시도, 정신질환 의심, 가정폭력, 흉기소지 등) 신고를 받고 출동할 때에는 방검, 방탄복, 방검장갑 등 보호장구를 착용하여 경찰관 스스로 자신의 안전을 확보하기 위해 노력해야 함.
- 신고내용과는 다르게 정신질환, 흉기 소지 여부가 확인되지 않더라도 Code 1 이상의 신고현장에서는 불시에 공격할 수 있다는 점을 인식하고 현장 상황에 맞게 삼단봉 또는 테이저건 장구를 사용할 수 있도록 하여야 함.
- 특히, 주취자, 정신질환자의 경우 언제든지 흥분하여 공격성을 나타낼 수 있다는 점에 유의하여 항상 안전거리를 유지하고 대응해야 함.
- 현장상황을 알 수 없는 경우에는 피습받을 수 있음을 가정하여 갑작스러운 피습에 신속히 대응할 수 있도록 업무분담을 명확히 하고, 경계·방어·제압 태세를 유지하면서 진입하도록 함.

112신고 대응코드(Code)[32)

| 구분 | 분류기준 | 출동목표 시간 |
|---|---|---|
| Code 0 | code 1중 이동범죄, 강력범죄 현행범의 경우<br>예 남자가 여자를 강제로 차에 태워갔다. "살려 주세요" 비명 등 위급상황으로 판단되는 경우 | 최단시간 내 |
| Code 1 | 생명·신체에 대한 위험이 임박, 진행 중, 직후인 경우 또는 현행범인인 경우<br>예 모르는 사람이 현관문을 열려고 한다. 주차된 차문을 열어 보고 다닌다. | 〃 |
| Code 2 | 즉각적인 현장조치는 불필요하나 수사, 전문상담 등이 필요한 경우<br>예 언제인지 모르지만 금반지가 없어졌다. 며칠 전 폭행을 당해 병원 치료중이다. | 당일 근무시간 내 |
| Code 3 | 긴급성이 없는 민원·상담 신고 | 타기관 인계 |

Code1 사례: 흉기든 남자가 내렸다−경찰의 신속한 출동으로 강력사건 예방

2019년 9월 10일 오전 1시 42분경에 경찰 무전에 '코드 1(생명·신체에 대한 위험 임박)' 지령이 울렸다. 광주 북부경찰서 건국지구대원들은 시민이 신고한 내용을 전파받고 즉각 현장인 광주 북구의 한 아파트 단지로 출동하였다. 3분만에 현장에 도착한 순찰차 두 대 중 한 대는 도주로를 막고, 다른 한 대는 주변을 수색하기 시작하였다.

그러던 중 아파트 단지를 배회하는 수상한 남성을 발견하였다. 이○○ 경위는 테이저건을 겨눈 채 "움직이지 말라"고 경고했고, 임○○ 경장은 무전기를 잡고 주변 경찰관들에게 피혐의자 발견 사실을 알렸다.

추가로 10명의 경찰관이 현장에 속속 도착하자 범인은 지구대원들의 지시에 따라 옷 속에서 각각 30㎝, 20㎝ 길이의 흉기 두 자루를 꺼내 바닥에 순순히 내려놨다. 흉기를 빼앗은 지구대원이 "왜 흉기를 들고 있느냐"고 물었다. 그러자 이 남성은 "옛 직장 상사가 나에 대한 뒷담화를 해 술김에 죽이려고 왔다"며 "잘못했

---

32) 112 신고가 증가함에 따라 신고사건의 경중에 따른 선택과 집중의 필요성이 대두되면서 2010년 1월 제도가 도입되었다. 코드제도는 Code 0부터 Code 3까지 있다.

고, 후회한다"고 하였다. 경찰은 이 남성 A(36) 씨를 경범죄 처벌법상 '흉기 은닉 휴대' 혐의로 입건하였다. 이 남성은 즉결 심판에 회부될 예정이다.

건국지구대 임○○ 경장은 "추석 명절을 앞두고 특별방범 활동 기간 신속한 출동으로 강력사건을 예방할 수 있었다"며 "안전한 추석을 위해 최선을 다하겠다"고 하였다. 연합뉴스(2019. 09. 10)

경찰공권력 및 공무집행방해에 대한 인식의 전환

- 공권력을 경시하는 오늘날의 우리현실은 일산 경찰관에게 사명감을 잃게 하고, 현장 직무집행과정에서 발생하는 모든 문제를 현장 경찰관이 떠안아야 하는 현실도 문제임.
- 매일 같이 대형사건·사고가 넘치는 현실에서 대림동 여경사건 당사자들이 제기한 '112 소송'에 대해 국민들이 과연 얼마나 관심을 가질지는 모르나 이 소송을 통해 경찰관의 어려움을 조금이나마 이해하고 현장 여건이 개선될 수 있는 계기가 되기를 희망함.
- 공무집행방해로 입은 경찰의 인적·물적 피해는 손해배상 등을 적극적으로 청구하여 피해복구토록 해야 함.
- 국민의 인권보호는 근본적으로 민주국가의 본질적인 가치이지만, 이를 수호하는 경찰의 공권력이 위협을 받게 되면, 더 많은 인권침해가 우려됨.
- 경찰의 대응력 강화라는 것도 결국은 국민의 지지 및 언론의 인식전환, 그리고 특히, 사법부 등의 이에 대한 정당성 인정 등에서 확보될 수 있다고 봄.

## 경찰 폭행한 주취자 무죄사건

무전취식(사기) 혐의로 체포되는 과정에서 경찰관에 폭력을 행사한 40대가 최근 법원에서 무죄 판결을 받았다. 이에 일선 경찰들은 "법과 현장의 괴리를 보여주는 사례", "사기를 꺾는 판결"이라며 불만을 토로하고 있다.

지난 2019년 7월 9일 청주지법 담당 부장판사는 '공무집행방해' 혐의로 기소된 A(47) 씨에게 무죄를 선고하였다. 판사는 "치킨집 주인이 술값을 받지 않겠다는 의사를 전했고, 경찰관이 피고인의 가방을 열어 신분증이나 술값을 지불할 카드가 있음을 확인할 수 있었던 점을 고려하면, 피고인에게 무전취식 혐의를 물을 만한 사정이 인정되지 않는다"고 설명했다.

이어 "적법성이 결여된 직무행위를 하는 공무원에게 대항하여 폭행이나 협박을 가한 것은 공무집행방해죄의 구성요건을 충족하지 않는다"며 무죄를 선고한 이유를 밝혔다.

사건의 발단은 다음과 같다. 청주에 사는 A씨는 지난해 10월 3일 오전 2시쯤 만취한 상태로 동네 치킨집을 찾았다. A씨는 치킨집에서 술을 더 마셔 인사불성이 되었고, 집에 갈 생각을 하지 않았다. 이에 치킨집 주인은 결국 경찰에 신고해 도움을 청하였다. 치킨집 주인은 "술값은 얼마 되지 않으니 A씨가 돌아가게만 해달라"고 현장에 출동한 경찰관들에게 부탁하였다. 출동한 경찰관들은 A씨에게 신분증이나 전화번호를 맡기고 가게에서 나갈 것을 수차례 요구했으나 A씨는 되레 경찰관에게 욕을 하고 자신의 가방을 주며 뒤져가라는 식으로 말했다. 경찰은 결국 A씨를 무전취식 혐의로 현행범으로 체포하였다. 이 과정에서 저항하던 A씨는 팔로 경찰관의 얼굴을 때렸다. 그러나 법원은 이 같은 A씨의 행동이 공무집행방해에 해당하지 않는다며 무죄를 선고한 것이다.

이러한 판결내용이 알려지자 경찰 내부망 게시판 '현장활력소'에는 "법과 현장의 괴리를 보여주는 사례", "매일 밤 주취자와 씨름하는 일선 경찰관들의 사기를 꺾는 판결"이라는 등의 의견이 잇따라 달렸다.

지난 13일 울산의 한 파출소에 근무하는 경찰관이 작성한 게시글 조회수는 18일 기준 1만 6,000건을 넘어섰다. 댓글도 160여 개가 달렸다. 댓글 중 하나는 "주취자가 신분증을 제시하지 않는 상황에서 경찰관이 동의 없이 가방을 뒤지는 것도 불법이 된다"며 "만약 무전취식 행위자를 체포하지 않았다면 경찰이 소극적인 대응을 했다며 비판받았을 것"이라고 지적했다. 검찰은 이 같은 1심 판결이 부당하다며 항소한 상태다.

'지역경찰 매뉴얼'은 상대방 동의나 영장이 없는 상태에서 가방을 임의로 뒤져 신분을 확인할 수 없도록 하고 있다. 한편 형사소송법상으로는 50만원 이하의 벌금, 구류 또는 과료에 해당하는 죄의 현행범에 대해서는 주거가 분명하지 않을 때에 한해 현장 체포가 가능하다.

출처: 국민일보(2019.07.18).

## 주취자 사망 / 경찰 국가배상 책임

　　신고를 받고 출동한 경찰이 "괜찮다"는 취객의 말을 들었더라도 보호조치를 하지 않았다면 취객의 사망에 책임이 있으므로 국가가 배상해야 한다는 법원 판결이 나왔다. 서울중앙지법 민사합의 34부는 A씨 유족이 국가를 상대로 낸 손해배상 청구 소송에서 "국가가 9,000여 만원을 배상하라"고 판결하였다.

　　강원도 횡성경찰서 경찰관들은 지난해 3월 22일 밤 A씨가 술에 취해 쓰러져 있다는 신고를 받고 두 차례 출동하였다. 첫 번째 출동했을 때에는 A씨가 건물 화장실에 쓰러져 있는 것을 보고 데리고 나왔으나, 구체적인 주소를 말하지 않자 귀가하라고 말하고 현장을 떠났다. 이후 A씨가 건물 현금자동입출금기(ATM) 출입문 옆에 주저앉아 있다는 신고가 또 들어왔고, 다시 현장에 도착한 경찰관들은 순찰차에서 내리지 않은 채 창문을 열고 A씨에게 "괜찮아요?"라고 물어본 다음 현장을 떠났다. A씨는 이튿날 아침 병원으로 이송됐으나 사망하였다.

　　법원은 A씨 유족의 주장을 받아들였다. 재판부는 "술에 만취해 정상적으로 몸을 가누지 못한 A씨의 건강 상태와 주변 상황을 살핀 후 경찰서에 데려가는 등 적절한 보호조치를 했어야 한다"고 지적하였다. 경찰관들은 두 번째 출동했을 때 '괜찮냐'고 물었고, A씨가 '그렇다'고 대답했다며 보호조치가 필요하지 않았다고 주장했지만, 재판부는 받아들이지 않았다. 재판부는 "사망 당시 A씨의 혈중알코올농도 등을 고려하면 괜찮다는 취지로 대답했어도 만취해 무의식적으로 나온 대답임을 쉽게 알 수 있었을 것"이라고 밝혔다. 다만, 재판부는 A씨가 주량을 초과해 술을 마신 과실이 있다며 국가의 책임을 30%로 제한하였다.

출처: 서울신문(2019.09.15).

## 19) 자살기도자에 대한 대응

- 자살 신고를 받고 출동할 경우 어떻게 대응할 것인가?(2018. 경기북부 개별면접, 경남 개별면접, 전북 개별·집단면접, 충남 개별면접, 2013. 경기 개별면접, 부산 집단면접)

- 빚 때문에 자살하려는 사람을 설득해 보시오. (2015. 경기 집단면접)

범죄와 직접적인 관련이 없는 경우도 있지만 자살은 우리사회의 중대한 사회문제 가운데 하나로 인식되고 있다. 이와 관련하여 2017년에 12,426명이 자살한 것(1일 약 34명)으로 나타나 OECD 가입국가 가운데 1위를 차지하고 있다. 이는 지난 2009년 14,722명 수준에 비하면, 많이 줄어든 수준이지만 여전히 심각한 수준이라고 볼 수 있다.

자살자의 특징을 보면 특히, 사회경제적인 문제와 정신적·육체적인 문제 등이 자살과 밀접한 관련이 있음을 알 수 있다.[33] 따라서 경찰이 자살기도자에 대한 대응을 하는 과정에서는 이들이 처한 어려운 상황을 충분히 이해하고 접근할 필요가 있다고 본다.

앞에서 살펴 본 주취자 보호조치와 마찬가지로 자살기도자 역시 강제보호조치 대상이다(경찰관직무집행법 제4조 제1항 제2호). 그러나 자살기도자의 자살기도를 막는 것이 최선이기 때문에 현장에 출동해서 무조건 강제보호조치를 하는 것은 능사가 아니라고 본다. 강제적인 개입을 하게 되면 오히려 역효과를 가져올 수도 있기 때문에 신중하게 접근해야 한다.

그리고 현장 출동경찰은 자살기도자가 극도의 불안정한 심리상태 속에서 돌발적인 행동을 할 우려가 있기 때문에 자극적인 언행은 삼가고, 친근한 대화를 유도하여 자살동기를 신속히 파악할 수 있어야 한다. 또한 자살도구를 소지할 수도 있기 때문에 이에 대해서도 대비하고 있어야 한다.

---

33) ① 자살자(전체 12,426명)의 직업 가운데 특히, 무직자(無職者, 5,916명) 및 일용노동자(190명)가 전체의 약 49.0%를 차지하고 있으며, 특별한 직업이 불분명하거나 단순 직업에 있는 사람들이(3,853명)으로 약 31%를 차지하고 있는 것으로 나타났다. ② 원인으로 본다면, 정신적 문제(4,132명)가 33.3%, 육체적 질병문제(3,230명)가 약 26.0%, 경제생활문제(2,363명)가 약 25.%를 차지하고 있는 것으로 나타났다. 물론, 이러한 원인들이 개별적이라기 보다는 복잡하게 얽혀 있다고 본다. ③ 한편, 자살자의 연령을 보면 61세 이상(4,098명)이 약 33.0%, 51세~60세(2,497명)가 약 20.0%, 41세~50세(2,473명)가 약 19.9% 순으로 나타났다. 이처럼 41세 이상(9,068명) 약 73.0%를 차지하는 것으로 나타나 자살은 사회경제적인 어려움과 정신적·육체적 문제들을 많이 경험하는 중장년층과 노년층에서 많이 발생하고 있음을 알 수 있다. 경찰청(2017), 경찰통계연보, pp. 219－220.

| 자살기도자에 대한 조치사항

| 단계 | 조치사항 |
|---|---|
| 현장출동<br>자살기도자는 극도로 흥분한 상태이므로<br>직접적인 자극 금지 | — 경찰서 상황실, 지구대장, 팀장에게 보고<br>— 일반인 접근통제<br>— 119 등 의료기관 연락 등 후송대책 마련 |

⇩

| 단계 | 조치사항 |
|---|---|
| 상황파악 및 현장조치<br>지구대장 등 경험 많은<br>최고선임자가 지휘 | — 자살동기 또는 요구사항 파악<br>— 침착한 대화유도<br>— 가족, 지인 확인 및 연락<br>— 투신 등에 대한 안전조치 |

⇩

| 단계 | 조치사항 |
|---|---|
| 상황종료 및 대상자 인계 등<br>보호자, 정신병원 인계<br>정신보건센터 상담 안내 | — 자살기도자의 상황을 정확히 파악<br>— 보호자 확보시 보호자에 인계<br>— 보호자 미확보시 의료기관 인계 및 정신<br>  보건센터에 상담권고 |

출처: 경찰청 내부자료

## 20) 집단폭력사건 대응

■ 집단폭력사건에 대해 어떻게 대응할 것인가(2018. 101경비단 집단면접, 경기북부 집단면접, 전남 집단면접, 광주 개별면접, 2014. 부산 집단면접, 2011. 경북 집단면접, 2009. 경기 집단면접)

2018년 4월 광주광역시 집단폭력사건을 계기로 집단폭력사건 등 경찰의 현장 대응력에 문제가 사회적 이슈가 되었다.

# 광주 집단폭력사건

## 사건개요
- 2018년 4월 30일 06:23경 광주광역시 광산구에서 A측 8명과 B측 3명이 택시 탑승시비로 상호 폭행사건 발생함.
- 주도적으로 폭행을 행사한 A측 8명을 전원 현행범으로 체포하고 6명을 구속함.
- 여러 명의 피해자 가운데, 정모 씨가 심각한 부상을 당함.

## 경찰대응 논란
- 피해자 정모 씨 집단폭행 장면과 경찰의 초동조치 영상이 사이버상에 알려지게 되면서, 출동한 경찰이 해당 가해자들을 적극적으로 제지했어야 했음에도 불구하고 인원부족, 상황유지 등을 이유로 사태를 관망하는 등 공권력 행사를 주저했다는 논란이 제기됨.

## 국민청원
- 청원시작 2018.5.2., 청원마감 2018.6.1., 청원인원 334,173에 이름.
- 국민청원의 내용은 "가해자들에게 살인미수를 적용하고 가담자 전원을 구속하는 등 강력하게 처벌해야 한다"는 내용임.

## 공권력 강화 여론
- 집단폭행사태시 경찰은 적극적으로 물리적인 강제력(경찰장구 사용 등)을 행사하여 공정하고 엄격하게 범죄자들을 대응하는 제압해야 한다는 여론이 조성됨.
- 이에 5월 15일 국무총리는 "국민의 생명과 재산을 지키고 사회의 법질서를 유지하기 위해 공권력은 엄정하고 분명하게 행사돼야 합니다"라고 발표함.

이에 경찰은 '불법 폭력행위 등에 대한 현장 대응력 강화 방안'을 2018년 6월 1일부터 시행할 계획이라고 보도하였는데, 이의 주요 내용은 다음과 같다.[34]

---

34) 경찰청, '경찰, 불법폭력행위 등에 대한 현장대응력 강화 추진'(경찰청 브리핑, http://www.

첫째, 지역경찰은 현장에 출동할 때에는 경찰장비를 휴대하고(테이저건, 삼단봉, 수갑 등 즉시 사용가능상태 유지), 경광등과 사이렌을 울리며, 인근 순찰차 및 형사기동대 차량 등 모든 출동요소와 동시 출동요청을 하도록 한다.

둘째, 현장에 도착한 후에는 지구대장 등 현장책임자의 지휘에 따라 신속히 폭력행위를 제지하고, 폭력가담 인원을 분리하며, 제지에 불응하면서 경찰관을 공격하거나 도주하는 자에 대하여는 필요시 수갑·경찰봉·전자충격 등 장구를 사용한다. 도주시에는 112신고센터에 인상착의, 도주수단, 도주예상로 등을 보고하도록 한다. 그리고 캠코더, 카메라 등 가용장비를 활용하여 현장 채증을 하고, 부상자 발견시 119 공동대응 요청 및 신속히 가까운 병원으로 후송한다.

셋째, 계획적·의도적인 폭행이 아닌 경우에는 가해자는 현장에 있는 경우가 대부분이기 때문에 현장 도착 즉시 정황을 파악하고, 관련자의 신병을 확보하고(현행범 체포, 임의동행, 현장해결 등), 현장에 남아있는 폭행의 흔적, 흉기 등을 파악하여 보존·기록하고, 목격자로부터 사건경위에 대한 진술을 확보하도록 한다.

## 21) 경찰 훈방

■ 경찰 훈방에 대해서 설명·토론하시오. (2018. 서울 개별면접, 2017. 경특 집단 면접)

경찰의 일정한 법규위반자에 대해 훈계방면(訓戒放免, release with warning) 즉, 훈방(訓放)조치를 할 수 있다. 경찰의 훈방 권한은 어떠한 법규위반(행정법규, 형벌법규) 행위에 대해서 처벌하기보다는 주변 상황을 고려하여 당사자에게 일종의 계도(啓導) 또는 지도(指導) 차원에서 이루어지는 경찰권한의 행사라고 볼 수 있다. 이는 어떤 면에서는 재판권한의 일종으로도 볼 수 있을 것이다. 물론, 이러한 경찰의 훈방 권한은 ㉠ 위반자의 범죄사실이 경미하고, ㉡ 개전의 정이 현저하며, ㉢

---

police.go.kr, 2018.5.31.).

피해자가 없다는 조건이 충족되어야 한다.

　이러한 훈방 권한은 일선 외근경찰 역시 일정 부분 행사할 수 있다고 본다. 그러나 문제는 경찰의 이러한 훈방 권한에 대한 특별한 법적 근거가 마련되어 있지 않다는 점이다.

## ▌경찰업무편람상의 훈방 내용

| 구분 | 주 요 내 용 |
|------|-------------|
| 훈방권자 | 경찰서장 및 지구대(파출소)장 |
| 훈방대상 | 범죄사실 경미, 개전의 정 있음 |
| 훈방요건 | ① 연령상: 60세 이상 고령자, 미성년인 초범자<br>② 신체상: 정신박약, 보행불구, 질병자<br>③ 신분상: 주거·신원 확보, 부득이한 정상 참작의 사유가 있는 자<br>④ 죄질상: 공무방해 또는 상습범이 아닌 자, 과실범<br>⑤ 기타 경찰서장이 특히 훈방함 사유가 된다고 인정되는 자 |

　실무상에서 경찰의 훈방 권한 행사는 경우에 따라서는 보다 광범위하게 이루어질 수도 있다고 본다. 예컨대, ㉠ 경범죄처벌법 제3조상의 수많은 위반행위(빈집 위반행위, 흉기의 은닉휴대, 폭행 등 예비, 물품강매·호객행위, 광고물 무단부착, 노상방뇨, 의식방해, 구걸행위, 음주소란 등), 그리고 ㉡ 도로교통법 제156조 및 제157조상의 수많은 위반행위(운전자 및 보행자 준수사항 위반 등), ㉢ 그리고 형법 및 특별형법상의 경미한 위반행위(도박 등)에 대해서 일선경찰은 훈방 권한을 행사할 수 있다고 본다.

　이렇게 본다면, 훈방의 대상은 즉결심판에 관한 절차법상의 범위를 벗어나서도 이루어질 수 있다고 본다. 그리고 실제 형벌법규 위반행위에 대해서 이루어지는 '훈방 권한의 행사'(비록 그것이 훈계방면이라는 공식적인 절차를 거치는 것은 아니지만 경찰의 묵인하에)는 보다 광범위하다고 본다.

　판례에서는 이에 대한 별도의 근거를 제시하지 않은 채 사법경찰관리의 훈방 권한을 인정하고 있다. 판례는 위와 같이 경찰서장뿐만 아니라 사법경찰관리의 훈방 권한을 인정하고 있는 점이 특징이다.

### 사례 1

사법경찰관리가 직무집행 의사로 위법사실을 조사하여 훈방하는 등 어떤 형태로든지 그 직무집행행위를 하였다면 형사 피의사건으로 입건 수사하지 않았다 하여 곧 직무유기죄가 성립한다고 볼 수는 없다.[35]

### 사례 2

사법경찰관리가 경미한 범죄 혐의사실을 검사에게 인지 보고하지 아니하고 훈방한 경우 그것이 직무유기죄에 해당하지 않는다. 일반적으로 공무원이 직무를 유기한 때라 함은 "공무원이 법령 내규 또는 지시 등에 의해 추상적인 충근(忠勤)의무를 게을리 한 일체의 경우를 지칭하는 것이 아니라 주관적으로 직무집행의사를 포기하고 객관적으로 정당한 이유 없이 직무집행을 하지 아니하는 부작위상태가 있어 국가기능을 저해하는 경우"를 말한다. 사법경찰관리가 직무집행의사로 위법사실을 조사하여 훈방하는 등 어떤 형태로든지 그 직무집행행위를 하였다면 형사 피의사건으로 입건·수사하지 않았다 하여 곧 직무유기죄가 성립한다고 볼 수는 없다.[36]

### 사례 3

정신질환자의 평소 행동에 포함된 범죄내용이 경미하거나 범죄라고 볼 수 없는 비정상적 행동에 그치고 그 거동 기타 주위의 사정을 합리적으로 판단하여 보더라도 정신질환자에 의한 집주인 살인범행에 앞서 그 구체적 위험이 객관적으로 존재하고 있었다고 보기 어려운 경우, 경찰관이 그때그때의 상황에 따라 그 정신질환자를 훈방하거나 일시 정신병원에 입원시키는 등 경찰관직무집행법의 규정에 의한 긴급구호조치를 취하였고, 정신질환자가 퇴원하자 정신병원에서의 장기 입원치료를 받는 데 도움이 되도록 생활보호대상자 지정 의뢰를 하는 등 그 나름대로의 조치를 취한 이상, 더 나아가 경찰관들이 정신질환자의 살인범행 가능성을 막을 수 있을 만한 다른 조치를 취하지 아니하였거나 입건·수사하지 아니하였다고 하여 이를 법령에 위반하는 행위에 해당한다고 볼 수 없다.

---

35) 대판 1982.6.8., 82도117.
36) 대법 1982.06.08, 82도117.

이러한 이유로 사법경찰관리의 수사 미개시 및 긴급구호권 불행사를 이유로 제기한 국가배상청구를 배척한다.[37]

사례 4
경찰관이 불법체류자의 신병을 출입국관리사무소에 인계하지 않고 훈방하면서 통상적인 절차와 달리 이들의 인적사항조차 기재해 두지 아니한 행위는 직무유기죄가 성립한다.[38]

생각건대, 경찰의 훈방 권한 행사는 통상적으로 재량권 영역이라고 볼 수 있다. 그러나 이러한 재량권 행사가 무한대로 이루어지는 것이 아니라 일정한 법적 테두리 내에서 이루어져야 함은 물론이다. 바꿔 말하면, 경찰이 재량권을 벗어난 훈방 권한을 행사했을 경우에는 그에 대한 책임을 면하기 어려울 것이다.

## 22) 가정폭력

- 가정폭력 신고를 받고 출동하였다. 어떻게 대처할 것인가?(2018. 서울 개별·집단면접, 경기남부 개별·집단면접, 경기북부 개별·집단면접, 광주 집단면접, 인천 개별면접, 전남 개별면접, 2016. 경기 집단면접, 2015. 경북 집단면접, 2012. 서울 개별면접, 2009. 서울 집단면접)
- 가정폭력신고 들어와서 출동했는데 출입구 차단기 내려가 있다면 어떻게 대처할 것가?(2018. 울산 개별면접)
- 아파트에서 가정폭력 신고 들어왔는데, 당사자가 출입문을 열어주지 않는다. 어떻게 할 것인가?(2019. 경기 집단면접, 2018. 울산 집단면접, 충남 개별면접)

최근 가정폭력 문제가 심각한 사회문제 가운데 하나로 떠오르고 있다. 가정폭력은 '가족구성원 사이의 신체적·정신적 또는 재산상 피해를 수반하는 행위'를 말하며(가정폭력범죄의 처벌 등에 관한 특례법 제2조 제1호), 피해자와 가해자가 함께 생

---

37) 대법 1996.10.25, 95다45927.
38) 대법 2008.02.14, 2005도4202.

활하고 있다는 측면에서 일반적인 폭력과 다르다.[39]

　　가정폭력은 피해자뿐만 아니라 가족 전체에 영향을 미치기 때문에 피해가 심각하며, 가정을 해체시키는 원인이 되기도 한다. 가정폭력 행위에는 신체적 상해나 폭행, 신체적·정서적·성적 학대, 유기, 협박 등이 있다. 상대방의 경제적 자유를 박탈하거나 상대방의 의견을 무시하고 본인의 의견을 강요하는 행위도 가정폭력에 포함된다. 가정폭력은 한 번 발생하면 대부분 다시 일어나므로 폭력이 처음 발생했을 때 적극적으로 대처하는 자세가 중요하다.[40]

　　이러한 가정폭력 문제는 그동안 인권침해의 사각지대로 방치되어 오다가 그 문제의 심각성으로 인해 국가의 적극적인 개입을 필요로 하고 있다. 특히, 가정폭력사건의 제1단계에서 대응하는 경찰[사법경찰]의 적절한 역할수행이 강조되고 있음은 물론이다.

　　통상적으로 가정폭력범죄의 신고가 접수되었을 때, 사법경찰관리는 「가정폭력방지 및 피해자보호 등에 관한 법률(약칭: 가정폭력방지법)」에 의해 적절한 대응조치를 하도록 하고 있다.

### 사법경찰관리의 현장출동 등 대응방법

1. 사법경찰관리는 가정폭력범죄의 신고가 접수된 때에는 지체 없이 가정폭력의 현장에 출동하여야 한다.[41]
2. 출동한 사법경찰관리는 피해자를 보호하기 위하여 신고된 현장 또는 사건 조사를 위한 관련 장소에 출입하여 관계인에 대하여 조사를 하거나 질문을 할 수 있다.

---

39) 가정폭력은 다음과 같은 특징을 갖는다. ① 은폐성: 폭력이 외부로 잘 드러나지 않는다. ② 연속성: 가벼운 구타로 시작해 연속적으로 심각한 수준까지 발전한다. ③ 상습성: 폭력이 반복될수록 폭력의 주기가 빨라진다. ④ 세대 전수성: 폭력을 경험한 자녀는 이후 특정 상황에서 폭력을 행사한다. 다음백과(https://100.daum.net/encyclopedia).
40) 다음백과(https://100.daum.net/encyclopedia).
41) 현장 출동시에는 피해사실, 현재상황, 피해자, 가해자의 현재위치 등 필요한 사항을 신고접수자로부터 파악하여 경찰장구를 휴대하고 신속히 출동한다. 이 경우, 돌발 위험상태에 처할 수 있으므로 자기보호를 위한 대비를 철저히 해야 한다.

3. 가정폭력행위자는 사법경찰관리의 현장조사를 거부하는 등 그 업무수행을 방해하는 행위를 하여서는 아니 된다.

> 정당한 사유 없이 가정폭력방지법 제9조의4 제3항을 위반하여 현장조사를 거부·기피하는 등 업무수행을 방해한 가정폭력행위자에게는 500만원 이하의 과태료를 부과한다(제22조 제1항).

4. 현장출입, 조사 또는 질문을 하는 사법경찰관리는 그 권한을 표시하는 증표를 지니고 이를 관계인에게 내보여야 한다.
5. 현장출동시 수사기관의 장은 긴급전화센터, 상담소 또는 보호시설의 장에게 가정폭력 현장에 동행하여 줄 것을 요청할 수 있고, 요청을 받은 긴급전화센터, 상담소 또는 보호시설의 장은 정당한 사유가 없으면 그 소속 상담원을 가정폭력 현장에 동행하도록 하여야 한다.
6. 현장조사 또는 질문을 하는 사법경찰관리는 피해자·신고자·목격자 등이 자유롭게 진술할 수 있도록 가정폭력행위자로부터 분리된 곳에서 조사하는 등 필요한 조치를 하여야 한다.

가정폭력방지 및 피해자보호 등에 관한 법률 제9조의4.

한편, 진행 중인 가정폭력범죄(즉, 응급상황)에 대하여 신고를 받고 출동한 사법경찰관리는 「가정폭력범죄의 처벌 등에 관한 특례법(약칭: 가정폭력처벌법)」에 따라 일정한 즉시 조치를 취해야 한다.

## 가정폭력범죄에 대한 응급조치

진행 중인 가정폭력범죄에 대하여 신고를 받은 사법경찰관리는 즉시 현장에 나가서 다음의 조치를 하여야 한다.

1. 폭력행위의 제지, 가정폭력행위자·피해자의 분리 및 범죄수사
2. 피해자를 가정폭력 관련 상담소 또는 보호시설로 인도(피해자가 동의한 경

그런데 가정폭력범죄의 신고를 받고 아파트 등 가정집에 경찰이 개입하고자 할 때, 현실적으로 여러 가지 문제에 직면하게 된다. 예컨대, 가정폭력행위자가 아파트 문을 잠그고 경찰의 현장출입·조사를 거부하는 등의 문제가 발생할 수 있다.

이 경우, 경찰은 과태료(500만원 이하) 부과 등의 금전적 제재가 가해질 수 있다고 고지할 수 있는데, 그 실효성이 과연 어느 정도 이루어질지는 의문이다. 또 극단적으로 흥분한 가정폭력행위자가 아파트 출입문을 열어주지 않은 채, 피해자에게 치명적인 상해를 가할 우려도 적지 않다고 본다.

현장에 출동한 경찰은 원칙적으로 법적인 절차에 의해 대응해야 하지만 매우 긴박한 경우(예컨대, 피해자의 비명이 계속되고, 기물이 파손되는 소리가 크게 들리는 등)에는 현장책임자의 지휘감독 및 냉철한 상황판단에 의해 재량권을 행사하여 강제적으로 물리력 내지 유형력을 행사하여 현장 출입을 할 필요가 있다고 본다.[42] 이 경우 비례의 원칙이 적용됨은 물론이다.

그리고 가정폭력범죄가 일회성으로 그치지 않고 재발할 우려가 있다고 판단되는 경우에는 그에 따른 일정한 대응조치가 필요하다고 본다. 가정폭력의 특성상 반복되는 경우가 있고, 폭력의 정도가 심화되는 경향이 있기 때문에 현장에 출동한 사법경찰관리는 이러한 부분(예컨대, 가해자가 지나치게 공격적이거나 심신 불안정하고, 또는 지나치게 차분한 경우 등)을 예의 주시하여 신중하게 대응할 필요가 있다고 본다. 부실한 경찰조치로 인해 극단적인 인명피해가 야기될 수도 있기 때문이다.

---

42) 유형력 행사 가택진입의 법적 근거로서 형사소송법 제216조 영장에 의하지 아니한 강제처분, 경찰관직무집행법 제6조 범죄의 예방과 제지, 제7조 위험방지를 위한 출입, 제11조의2 적법한 경찰조치로 인한 손실보상, 가정폭력방지 및 피해자보호 등에 관한 법률 제9조의4 사법경찰관리의 현장출동 등의 규정을 들 수 있다.

## 가정폭력에 대한 임시조치 및 긴급임시조치

### 임시조치의 청구

검사는 가정폭력범죄가 재발될 우려가 있다고 인정하는 경우에는 직권으로 또는 사법경찰관의 신청에 의하여 법원에 다음과 같은 임시조치를 청구할 수 있다.

① 피해자 또는 가정구성원의 주거 또는 점유하는 방실(房室)로부터의 퇴거 등 격리

② 피해자 또는 가정구성원의 주거, 직장 등에서 100미터 이내의 접근 금지

③ 피해자 또는 가정구성원에 대한 「전기통신기본법」 제2조 제1호의 전기통신을 이용한 접근 금지

가정폭력범죄의 처벌 등에 관한 특례법 제8조, 제29조

### 긴급임시조치

사법경찰관은 제5조에 따른 응급조치에도 불구하고 가정폭력범죄가 재발될 우려가 있고, 긴급을 요하여 법원의 임시조치 결정을 받을 수 없을 때에는 직권 또는 피해자나 그 법정대리인의 신청에 의하여 일정한 조치(위의 ①, ②, ③)를 할 수 있다.

가정폭력범죄의 처벌 등에 관한 특례법 제8조의2.

한편, 가정폭력사건을 처리하는 과정에서 현장에 출동한 경찰이 주의해야 할 것 가운데 하나가 바로 '부적절한 언행'을 삼가야 한다는 점이다. 특히, 남성경찰들의 부지불식간에 여성비하 발언 등을 하게 되어 2차 피해를 가하는 경우가 있기 때문에 조심할 필요가 있다. 이는 비단 여성피해자뿐만 아니라 모든 사람을 대할 때 적용된다고 본다.

## 범죄신고 처리시 경찰의 언행상의 유의사항

- 이런 사건은 구속하기도 어렵고, 해봐야 벌금받고 끝입니다. 이정도의 상처는 별거 아니어서 고소할 수 없습니다.(×)
  - ⇨ 범죄의 성립 여부(한계)를 친절하게 설명해주고, 수사결과에 대해서 미리 예단해서 말하지 말 것.
- (피해를 호소하는 피해자에게) 우리가 알아서 할 테니까 좀 가만히 있어요. 말 같지도 않은 소리 하지 말고, 사건처리할 건지만 말하세요.(×)
  - ⇨ 피해자가 범죄피해로 경황이 없다는 점을 감안하여 인내심을 가지고 차분하게 피해자를 진정시키면서 피해내용을 청취해야 함.
- 요즘 같은 세상에 그런 식으로 말하면 맞을 수도 있어요. 조금만 조심하면 될 것을 왜 사람 성질을 건드려요. 아주머니 말하는 것을 보니 남편이랑 많이 싸우겠네요. 그렇게 말을 땍땍거리게 하니까 남편이 화를 내는 겁니다.(×)
  - ⇨ 피해원인에 대해서 현장에서 단정적으로 말하지 말 것. 행위에 대한 가치판단이 이루어질 경우, 피해자 입장에서는 자신을 비난하거나 가해자를 옹호·동조하는 것으로 오해할 수 있음.
- (가정폭력 등에 의한) 접근금지 절차에 대해서 문의하자 "절차도 복잡하고 준비해야 할 서류들이 많습니다. 할 수 있겠습니까?" 피해자가 사건에 대해 물어보고자 하는 것이 많아 보이는데, 종이 한 장(피해자 권리고지서 등)을 주면서 "그거 읽어 보시면 됩니다."(×)
  - ⇨ 피해자들은 피해신고 처리시 전문용어 사용으로 이해하기 어렵거나, 지원 관련 정보의 제공에 경찰이 무성의하다는 불만이 적지 않음. 따라서 관련 내용에 대한 상세한 설명이 필요함.

출처: 경찰청 내부자료.

## 23) 아동학대

- 아동학대의 정의와 이의 대책에 대해 토론하시오?(2018. 서울, 개별면접, 경기남부 집단면접, 경기북부 집단면접, 전남 집단면접)
- 아동학대의 관련 사건 발생시 경찰은 어떻게 대응해야 하는가?(2018. 경기남부 개별·집단면접, 경기북부 집단면접, 광주 개별면접, 2014. 학교전담 집단면접)
- 울산 계모 사건 등으로 「아동학대범죄의 처벌 등에 관한 특례법」이 제정되었다. 그 주요 내용이 무엇인가?(2016. 광주 집단면접, 2014. 서울 집단면접)

아동학대는 신체에 폭행을 가하는 신체적 학대, 부모가 고의나 태만으로 밥과 같은 음식을 주지 않는 영양학적 학대, 근친상간 등 성폭행을 가하는 성적 학대, 심리적으로 학대하는 감정적 학대, 치료 가능한 질환을 방치하는 의료적 학대 등으로 분류된다.[43]

「아동복지법」에서는 '아동'이란 18세 미만인 사람을 의미한다(제3조 제1호). 따라서 현행법에서는 보호자를 포함한 성인이 '18세 미만의 사람'인 아동의 건강 또는 복지를 해치거나 정상적 발달을 저해할 수 있는 신체적·정신적·성적 폭력이나 가혹행위를 하는 것과 아동의 보호자가 아동을 유기하거나 방임하는 것을 아동학대로 규정하고 있다(동법 제3조 제7호). 아동학대는 '소아학대'라고도 한다.

1955년 미국 소아과 의사 H. 캠프 박사는 "X선에서 나타나는 아동의 외상의 대부분은 고의적으로 가해진 것"이라는 연구결과를 발표한 바 있다. 이 연구를 계기로 일부 국가에서 아동학대 사례를 조사하자 놀랍게도 아동학대가 광범위하게 자행되고 있음이 밝혀졌다. 또한 학대받은 아이는 정신적·신체적으로 특이한 증상을 겪게 된다는 사실도 밝혀졌는데, 소아·청소년과나 정신과 의사들은 이 증상을 피학대아증후군(被虐待兒症候群: battered child syndrome)이라는 정신병으로 분류하였다.

이러한 학대받는 아동은 학대를 가하는 부모와 동일화되어 공격적인 성격이 되거나, 역으로 계속해 공격을 받기만 한 결과 위축되고 우울증 증상을 지닌 성격

---

43) 이하 다음백과(https://100.daum.net/encyclopedia) 재인용.

을 보이기도 한다. 학대받는 아동의 행동 특징을 나타낸 표현 중에 '얼어붙은 응시'라는 말이 있는데, 이 말은 아이가 통증에 대하여 무표정·무감동한 상태를 뜻한다. 학대의 대상이 되는 아이는 1세 이하의 유아를 비롯해 3세 이하의 아이가 많은 것으로 나타났다.

우리나라는 「아동학대범죄의 처벌 등에 관한 특례법」에 의하여, 아동에게 신체학대, 정서학대, 성적 학대, 방임 등을 통해 학대를 한 사람은 각 행위에 따라 처벌을 받도록 하고 있다. 그리고 친권자에 의해 아동학대가 발생한 경우 시·도지사, 시장·군수·구청장 또는 검사는 아동의 복지를 위해 법원에 친권행사의 제한 또는 친권상실의 선고를 청구해야 하며, 이때 아동의 의견을 존중하도록 하고 있다.

## 아동학대범죄의 처벌 등에 관한 특례법상의 경찰대응 방법

### 현장출동(제11조)

① 아동학대범죄 신고를 접수한 사법경찰관리나 아동보호전문기관의 직원은 지체 없이 아동학대범죄의 현장에 출동하여야 한다. 이 경우 수사기관의 장이나 아동보호전문기관의 장은 서로 동행하여 줄 것을 요청할 수 있으며, 그 요청을 받은 수사기관의 장이나 아동보호전문기관의 장은 정당한 사유가 없으면 사법경찰관리나 그 소속 직원이 아동학대범죄 현장에 동행하도록 조치하여야 한다.

② 아동학대범죄 신고를 접수한 사법경찰관리나 아동보호전문기관의 직원은 아동학대범죄가 행하여지고 있는 것으로 신고된 현장에 출입하여 아동 또는 아동학대행위자 등 관계인에 대하여 조사를 하거나 질문을 할 수 있다. 다만, 아동보호전문기관의 직원은 피해아동의 보호를 위한 범위에서만 아동학대행위자 등 관계인에 대하여 조사 또는 질문을 할 수 있다.

③ 제2항에 따라 출입이나 조사를 하는 사법경찰관리나 아동보호전문기관의 직원은 그 권한을 표시하는 증표를 지니고 이를 관계인에게 내보여야 한다.

④ 누구든지 현장에 출동한 사법경찰관리나 아동보호전문기관의 직원이 제1항에 따라 업무를 수행할 때에 폭행·협박이나 현장조사를 거부하는 등 그 업무수행을 방해하는 행위를 하여서는 아니 된다.

피해아동에 대한 응급조치(제12조)

① 현장에 출동하거나 아동학대범죄 현장을 발견한 사법경찰관리 또는 아동보호전문기관의 직원은 피해아동 보호를 위하여 즉시 다음 각 호의 조치(이하 "응급조치"라 함)를 하여야 한다. 이 경우 제3호의 조치를 하는 때에는 피해아동의 의사를 존중하여야 한다(다만, 피해아동을 보호하여야 할 필요가 있는 등 특별한 사정이 있는 경우에는 그러하지 아니하다).

    1. 아동학대범죄 행위의 제지

    2. 아동학대행위자를 피해아동으로부터 격리

    3. 피해아동을 아동학대 관련 보호시설로 인도

    4. 긴급치료가 필요한 피해아동을 의료기관으로 인도

② 사법경찰관리나 아동보호전문기관의 직원은 제1항 제3호 및 제4호 규정에 따라 피해아동을 분리·인도하여 보호하는 경우 지체 없이 피해아동을 인도받은 보호시설·의료시설을 관할하는 특별시장·광역시장·특별자치시장·도지사·특별자치도지사 또는 시장·군수·구청장에게 그 사실을 통보하여야 한다.

③ 제1항 제2호부터 제4호까지의 규정에 따른 응급조치는 72시간을 넘을 수 없다. 다만, 검사가 제15조 제2항에 따라 임시조치를 법원에 청구한 경우에는 법원의 임시조치 결정시까지 연장된다.

④ 사법경찰관리 또는 아동보호전문기관의 직원이 제1항에 따라 응급조치를 한 경우에는 즉시 응급조치결과보고서를 작성하여야 하며, 아동보호전문기관의 직원이 응급조치를 한 경우 아동보호전문기관의 장은 작성된 응급조치결과보고서를 지체 없이 관할 경찰서의 장에게 송부하여야 한다.

⑤ 제4항에 따른 응급조치결과보고서에는 피해사실의 요지, 응급조치가 필요한 사유, 응급조치의 내용 등을 기재하여야 한다.

⑥ 누구든지 아동보호전문기관의 직원이나 사법경찰관리가 제1항에 따른 업무를 수행할 때에 폭행·협박이나 응급조치를 저지하는 등 그 업무수행을 방해하는 행위를 하여서는 아니 된다.

아동학대행위자에 대한 긴급임시조치(제13조)

① 사법경찰관은 제12조 제1항에 따른 응급조치에도 불구하고 아동학대범죄가 재발될 우려가 있고, 긴급을 요하여 제19조 제1항에 따른 법원의 임시조치 결정을 받을 수 없을 때에는 직권이나 피해아동, 그 법정대리인(아동학대행위자는 제

외), 변호사 또는 아동보호전문기관의 장의 신청에 따라 제19조 제1항 제1호부터 제3호까지의 어느 하나에 해당하는 조치를 할 수 있다

> 1. 피해아동 또는 가정구성원의 주거로부터 퇴거 등 격리
> 2. 피해아동 또는 가정구성원의 주거, 학교 또는 보호시설 등에서 100 미터 이내의 접근 금지
> 3. 피해아동 또는 가정구성원에 대한 「전기통신기본법」상의 전기통신을 이용한 접근 금지(이상 제19조 제1호~제3호).

② 사법경찰관은 제1항에 따른 조치(긴급임시조치)를 한 경우에는 즉시 긴급임시조치결정서를 작성하여야 한다.

생각건대, 경찰단계에서 아동학대 문제에 대응하는 것은 결코 쉽지 않다고 본다. 따라서 경찰과 같은 국가공권력의 개입 이전에 아동의 인권에 대한 인식전환과 사회적 노력이 이루어져야 한다고 본다. 보다 많은 '건강한 가정환경'이 조성될 수만 있다면, 아동과 같은 사회적 약자에 대한 인권침해 문제는 보다 감소할 수 있을 것으로 기대된다.

또 아동의 인권보호를 위해 사회적 캠페인을 펼치는 것도 의미 있는 일이라고 본다. 이와 관련하여 국제소아과학회와 국제연합아동기금은 전세계적으로 아동학대 방지 캠페인을 펼치는 주요 단체이다. 한국에서는 아동학대 예방을 위해 전국적으로 통일된 번호로 24시간 아동학대 신고전화를 운영하고 있으며, 매년 11월 10일을 아동학대 예방의 날을 지정해 행사와 홍보활동을 벌이고 있다.

## 24) 성범죄

- 성폭력의 원인과 대책에 대해 설명·토론하시오. (2018. 서울 개별면접, 경기남부 개별면접, 경기북부 집단면접, 경남 개별면접, 충남 개별면접, 2016. 서울 개별면접, 충북 집단면접, 2014. 서울 집단면접, 대구 집단면접)
- 택시 안에서 성폭행(성추행)을 당했다고 신고가 들어 온 경우(또는 자신이

경찰로 근무하는 중 성추행범을 목격한 경우), 어떻게 대응하겠는가?(2016. 무도특채 집단면접, 2015. 충북 개별면접, 2014. 서울 집단면접, 강원 집단면접, 2011. 집단면접)

■ 화학적 거세에 처분에 대해서 설명하시오?(2018. 서울 집단면접, 101경비단 집단면접, 광주 집단면접, 2016. 부산 개별면접, 광주 집단면접, 전남 집단면접, 2014. 경기 집단면접, 경북 집단면접, 2013. 부산 집단면접, 경북 집단면접, 2009. 경기 집단면접)

■ 미투운동(Me Too Movement)의 의의 및 한계에 대해서 설명하시오. (2018. 경기남부 개별면접, 경기북부 집단면접, 인천 집단면접, 전남 개별면접, 충남 개별면접)

■ 그루밍 성폭행의 원인과 경찰의 대응방안에 대해서 설명하시오. (2018. 인천 집단면접, 충남 개별면접)

우리는 거의 매일 같이 신문기사나 언론방송을 통해서 강간이나 강제추행과 같은 성폭력 사건을 접하고 있다. 미취학 아동부터 성인여성, 낯선 사람부터 친족에 이르기까지 그 연령과 대상을 가리지 않고 발생하는 성폭력에 대한 두려움은 이미 우리사회에 만연해 있다.[44)]

성범죄는 인간이 두려워하는 강력범죄 가운데 하나로서 피해자에게 신체적·정신적·정서적으로 장기적인 영향을 미친다. 그러나 성범죄 발생의 책임이 오히려 피해자에게 돌아오는 경우가 빈번하다는 점고, 신고 후에도 조사나 재판과정에서 2차 피해를 입을 가능성이 높기 때문에 강력범죄 가운데 신고율이 가장 낮다는 특징을 갖는다. 더 나아가 성범죄를 당한 피해자 외에도 그 가족, 친구, 이웃, 지인들 또한 2차적인 피해자로 영향을 받는다. 즉, 피해자가 충격과 상처로부터 회복하도록 돕는 입장에 있는 이들에게 있어서도 사건의 후유증은 때로는 감당하기 힘든 수준으로 크게 나타난다.

국내 공식통계를 살펴보면, 2017년에 전체 강력범죄(흉악: 살인, 강도, 방화, 성폭력)는 총 36,030건이 발생하였는데, 이 가운데 성폭력은 32,824건으로 약 91.1%를 차지하고 있다.[45)] 바꿔 말하면, 1일 평균 약 90건, 1시간 평균 약 3.7건의 성폭

---

44) 이하 박지선(2015), 범죄심리학, 서울: 그린, pp. 217－218 재인용.

력 범죄가 발생하고 있다는 것을 의미한다.[46)]

그러나 주의할 점은 성범죄자에 대한 공식통계나 재범률 등 대부분의 자료는 체포되거나 혹은 유죄를 선고받은 사람들에게서 비롯된 것인데, 이는 실제로 발생하는 전체 성범죄 가운데 극히 일부만을 나타낸다는 것이다.

## 성범죄의 원인

다른 여러 범죄와 마찬가지로 성범죄의 원인을 밝혀내는 것은 결코 쉬운 일이 아니다. 이와 관련하여 몇 가지 이론적 근거가 있지만 이 가운데 어느 하나에 국한하지 않고 여러 다양한 관점들을 토대로 종합적·총체적으로 이해할 필요가 있다.

### 생물학적 이론

범죄생물학 관점에서는 성범죄의 대부분은 비정상적인 호르몬 수준이 성(性)에 악영향을 미친다는 가정에 근거한다. 예컨대, 테스토스테론 호르몬은 남성의 성적 충동에 영향을 미치는 주요 요소로 보고 있다. 따라서 남성의 공격성과 테스토스테론 수준 사이에 실제로 상관관계가 존재한다고 한다. 그러나 테스토스테론의 수준과 성적 공격성을 측정하는 연구결과들은 일관된 결론을 내리지 못하고 있다는 한계가 있다.

### 애착 이론

애착 이론은 인간이 기본적으로 타인과 정서적 유대를 형성하려 하며, 아동기에 형성한 애착관계(부모와 아이와의 관계, 형제간의 관계 등)가 나중에 성인기의 애착 양상에 영향을 미친다는 가정하에 기반을 둔다. 바꿔 말하면, 아동기에 정신적·정서적으로 애착관계를 제대로 형성하지 못한 사람은 대인 관계 기술이 부족하고, 친밀한 성적 관계를 갖기가 힘들기 때문에, 이성과의 관계에 있어서 성범죄를 저지를 가능성이 상대적으로 높다는 것이다.

---

45) 이 가운데 살인 858건(2.4%), 강도 990건(2.7%), 방화 1,358건(3.8%)에 이르고 있다. 법무연수원(2019), 범죄백서, p. 83.
46) 위의 책, p. 83.

### 페미니스트 이론

페미니스트적 관점에서는 성범죄는 남성 우월주의적인 가부장적 사회에서 나타나는 남성의 여성에 대한 억압의 한 형태라고 주장한다. 페미니스트 이론가들은 성폭력이 반드시 남성의 성적 만족을 위해서라기보다는 여성을 지배하고 통제하기 위해 남성이 사용하는 여러 수단 중 하나라고 보고 있다. 즉, 성폭력은 남성 지배와 여성 착취라는 뿌리 깊은 사회문화적 전통이라는 것이다. 다양한 형태로 여성의 인권이 심각하게 유린당하고 있는 인도와 같은 나라는 대표적인 예라고 볼 수 있다.

### 사회심리적 이론

사회심리적 관점에서는 성범죄는 부적절한 사회화의 결과물로 보고 있다. 성범죄자들은 일반적으로 낮은 자존감과 빈약한 자아상을 가지고 있고, 대인관계 기술의 부재로 인해 다른 사람과 정상적인 관계를 형성하는데 어려움이 있다는 것이다. 따라서 성범죄자들은 성적 만족이라는 그들의 목표를 성취하기 위한 유일한 수단은 폭력의 사용이라고 생각한다.

출처: 박지선(2015), 범죄심리학, 서울: 그린, pp. 226-230.

그렇다면, 경찰은 이러한 성범죄에 대해서 어떻게 대응해야 할 것인가? 성범죄는 여성의 인권이 심각하게 침해되는 대표적인 범죄이기 때문에 사안의 경중을 불문하고 타 신고사건에 우선하여 출동해야 한다. 그리고 출동할 때에는 가급적 여성경찰과 함께 출동하여 성범죄 피해자를 배려해 줄 수 있어야 한다. 성범죄 신고사건처리 진행과정은 다음과 같다.

첫째, 출동 중 조치사항으로서 피해사실, 현장상황, 가해자와 피해자 위치 등 필요한 사항을 파악하도록 한다. 주변 이목 집중에 따른 피해자의 수치심을 감안하여 신속한 출동을 방해하지 않은 범위에서 경광등을 소등하고 인근에 하차하여 도보로 이동하도록 한다. 가능하면 사복을 착용하는 것도 한 방법이다.

둘째, 현장 도착시의 조치사항으로서 피해자 상태를 우선적으로 파악하고 치료, 증거채취 등을 하고 필요한 경우에는 통합지원센터나 성폭력 전담의료기관 등 가까운 병원으로 후송하도록 한다. 한편, 아동·장애인 피해자는 반드시 해바라기센터에 연계하여 상담 의료·조사를 병행하도록 한다(가급적 부모 등 신뢰관계인 동행). 원거리 치료가 곤란한 경우에는 가까운 의료기관으로 인계하도록 한다(필요시 119에 공동대응 요청).

셋째, 피의자 체포시의 조치사항으로서 피의자 도주시간을 감안하여 필요시 112상황실에 신속히 인상착의 및 도주로 등을 전파하고 순찰차를 긴급 배치하여 주변 지역을 수색하도록 한다. 피의자가 현장에 있는 경우에는 즉시 검거하여 반드시 피해자와 분리하고 지구대에 동행할 때에는 지구대 내 격리된 장소에서 대기시켜 다른 민원인에게 비밀이 누설되지 않도록 주의하며 경찰 초동조치로 인해 2차 피해가 발생하지 않도록 해야 한다(아동 성폭행 사건의 경우, 피해자 의사와 관계없이 처벌 가능).

넷째, 끝으로 언행시의 유의사항으로서 사건이 사실을 확인하는 과정에서 피해자를 탓하거나 모욕과 수치심을 주는 용어, 가해자 옹호, 사건과 무관한 질문이나 합의를 종용하는 부적절한 말을 해서는 결코 안 된다.

## 엄벌주의 성범죄 대책이 놓치고 있는 것들

2008년 초등학생을 대상으로 끔찍한 성폭력범죄를 저질렀던 조두순의 출소를 앞두고 최근 성폭력대책의 실효성에 대한 논란이 뜨겁다. 2017년 9월 조두순 출소를 반대하는 국민청원이 제기돼 약 61만명이나 동참하였다. 답변자로 나선 청와대 민정수석은 현행법 체계에서는 재심청구나 형의 연장은 불가능하지만, 조두순이 출소하더라도 5년간 신상정보가 공개되고, 7년간의 전자발찌부착과 더불어 보호관찰관의 감독이 예정되어 있으니 정부는 전담 보호관찰관을 지정하여 24시간 일대일 관리를 통해 조두순이 피해자 또는 잠재적 피해자 근처에서 돌아다니는 일은 반드시 막겠다고 약속하였다.

그리고 이 약속은 더불어민주당 표창원의원이 대표발의한 일명 '조두순법'이 지난 4월 16일부터 시행됨으로써 현실화되었다. 그러나 전자발찌, 신상공개 등 정부의 약속과 후속대책만으로는 일반국민들의 불신과 불안

감을 잠재우지 못했고, 좀더 강력한 대책을 요구하는 내용의 국민청원이 계속 이어지고 있다. 더욱이 지난 4월 24일 한 방송은 신상공개 등 성범죄자 관리 실태를 점검해본 결과 심각한 관리 부실이 드러나 이에 경각심을 불러일으킬 필요가 있다는 이유를 들면서 조두순의 얼굴을 공개하였고, 이후 주요 성폭력정책의 실효성논란이 재점화 되었다.

2000년대 말부터 최근에 이르기까지 엄벌주의를 주된 특징으로 하는 다양한 성폭력대책이 쏟아져 나왔는데 이 중 상당수의 대책은 조두순사건 이후 이에 공분한 여론의 압력에 의해 마련되었다.

구체적으로 보면, 법정형이 상향되고, 양형기준이 강화되어 성폭력범죄자가 유죄판결을 받게 된다면, 예전에 비해 더 오랜 기간 교도소에 수감된다. 출소 이후에는 아동·청소년 관련 기관이나 직종에 취업할 수 없고, 20년 동안 인터넷을 통해 신상정보가 공개되며, 거주지가 바뀌는 경우마다 인근주민들에게 우편으로 신상정보가 고지된다. 재범가능성이 높다고 판단된다면 최장 30년 동안 전자발찌를 부착하고 살아야 하며, 유치원, 학교주변 등에 대한 출입과 피해자에 대한 접근이 금지되고, 야간에 외출이 금지될 수 있고, 이를 위반하는 경우 전자적으로 체크되어 바로 경보가 울린다. 마지막으로 성도착증 환자로 진단된 경우에 본인의 동의와 관계없이 최장 15년 동안 성충동을 조절하는 약물치료를 받아야 한다.

이러한 이중삼중의 엄벌주의 정책들은 일견 성폭력범죄로부터 아동을 두텁게 보호하는 것처럼 보이기도 한다. 그러나 이러한 수많은 정책들에도 불구하고 지난 10년간 아동성폭력 범죄의 감소라는 가시적인 성과는 나타나지 않았고, 일반국민들은 더욱 불안해하며, 보다 더 강력한 대책을 요구하고 있다. 왜 그런 것일까?

이에 대한 해답을 찾기 위해서는 먼저 대부분의 대책이 비정상적인 낯선 성인이 아동을 유인·납치하여 극심한 신체적 상해를 입혔거나 살해한 극단적인 형태의 아동성폭력 사건이 발생한 후 마련되었다는 점을 상기할 필요가 있다. 현재 대책들은 언론이 선정적인 보도를 쏟아내고 이에 공분한 일반시민들이 강력한 처벌을 요구하게 됨에 따라 입법자들과 정부가 별다른 준비과정 없이 단기간에 외국의 제도들을 참고하여 마련·시행되었다. 그러나 상담사례가 보여주듯이 대부분의 아동성폭력범죄는 일상적인 생활공간에서, 지극히 정상적으로 생활하고 있는, 아는 사람에 의해서 저질러진다. 따라서 비정상적인 낯선 사람에 의한 성폭력범죄를 가정하여 설계된 신상공개, 전자발찌, 화학적 거세 등은 대다수의 아동성폭력범죄에 대해서 효과적 대책이 될 수 없다.

실효성 있는 대책을 찾기 위해서는 엄벌주의에만 초점을 맞춘 대책에 대한 성찰도 필요하다. 연구결과에 따르면, 엄벌주의는 처벌의 확실성과 결합되었을 때에만 효과적이다. 현재 성폭력범죄는 신고율이 매우 낮고, 신고된 사건마저도 증거 불충분 등의 이유로 대부분 불기소 처리된다. 재판에 회부되는 경우는 신고된 사건의 약 30% 수준이며, 징역형을 받는 범죄자는 재판에 회부된 범죄자의 약 25%, 수사기관에 알려진 범죄자의 10% 미만에 불과하다.

이와 같이 성폭력범죄를 저질렀어도 엄한 처벌을 피해갈 수 있는 기회가 많을 경우 엄벌주의는 범죄자의 재범을 억제하지 못하며, 오히려 저항을 야기할 수 있고, 일반국민들의 사법신뢰에 부정적 영향을 미치게 된다. 지역주민의 감시(신상 공개제도), 물리적 기계장치(전자발찌), 약물(화학적 거세) 등을 통해 성폭력범죄자를 관리하는 데만 초점을 맞추고 있는 점도 해결해야 할 과제이다. 범죄자의 위험을 관리한다고 해서 그의 범죄성이 변화되지는 않는다.

성폭력범죄에 대한 기초자료를 확보해 과학적 분석에 기반한 대책을 수립하는 것에서부터 출발해야 한다. 처벌의 확실성 확보를 위해 신고율 제고, 수사력 강화 방안을 모색하고, 시간이 걸리더라도 범죄자의 변화와 사회통합을 이끌어내기 위해 교화 및 치료프로그램을 내실화하여야 한다. 범죄와 범죄자를 만들어내는 사회 환경과 문화를 바꾸는 사회정책 등 가장 원론적이고 기본적인 형사정책으로 되돌아가야 할 시점이다.

출처: 김지선, "엄벌주의 성범죄 대책이 놓치고 있는 것들", 오피니언(2019.05.03.).

한편, 성범죄자들에 대한 화학적 거세의 실효성에 대한 논의가 제기되고 있다.[47] '화학적 거세'란 「성폭력범죄자의 약물치료에 관한 법률」(약칭: 성충동약물치료법)에 근거하여 법원이 재범위험성을 판단하여 성폭력범 중 성도착증 환자를 대상으로 국가의 비용 부담으로 성기능을 약화 또는 정상화시키는 약물치료와 심리치료를 병행하는 재범을 방지하는 제도를 말한다.

---

[47] 우리나라에서 공식적으로 2011년 이후 화학적 거세(약물투여를 통한 테스토스테론 분비 억제)를 받은 성범죄자는 42명 중 재범자는 0명으로 나타났다. 다만, 이의 효과성에 입증과 관련된 샘플의 부족, 연간 500만의 약물투여 비용 소요, 그리고 이로 인한 부작용(성인병, 심혈관질환, 우울증 등) 부작용 문제가 제기되고 있다. 중앙일보(2019.08. 22.).

치료명령을 받은 자가 도주하거나 정당한 사유 없이 상쇄약물을 투약하는 경우 7년 이하의 징역 또는 2천만원 이하의 벌금에 처하고 있다.

헌법재판소는 "성충동 약물치료 명령은 신체자유 및 사생활의 자유, 인격권 등을 제한하지만 성폭력 범죄의 재범을 방지하고 범죄로부터 국민을 보호하고자 하는 것으로 입법목적이 정당하다"며 「성폭력 범죄자의 약물치료에 관한 법률」에 대하여 6대 3으로 합헌 결정을 내린 바 있다. 그러나 3인의 재판관은 부작용이 규명되지 않았다며 반대하였다.[48]

## 그루밍 성폭력

### 1. 의의

잠재적 가해자가 성적 착취를 목적으로 아동이나 청소년과 친밀한 관계를 만드는 수법을 말한다. 그루밍(Grooming)이란 '다듬다, 길들이다'라는 뜻이다. 사전에 피해자와 신뢰관계를 형성해 성적 학대가 쉽게 이뤄지도록 만들고 학대가 시작된 뒤에는 이를 은폐하기 위해 하는 행위 전반을 의미한다. 주로 취약한 환경에 놓인 아동이나 청소년에게 접근해 신뢰를 얻은 다음 성적 학대를 시작하며, 이후로는 회유나 협박을 통해 폭로를 막는 방식으로 진행된다.

그루밍은 아동·청소년 대상 성폭력에서 나타나는 전형적인 수법이다. 특히 학대가 일어나기 전에 피해자와 신뢰·지배관계를 형성한다는 점에서 심각한 피해를 줄 수 있다. 아동·청소년 피해자가 자신의 피해 사실을 인지하지 못하거나 두려움으로 인해 피해가 오랜 시간 지속될 수 있기 때문이다. 그러나 현행법상 범죄로 포섭할 수 있는 관련 법규가 미비해 대책 마련이 필요하다는 비판이 있다.

### 2. 특징

가해자들은 성적으로 착취할 대상을 선정한 뒤, 오랜 기간 친절하게 대해주며 피해자를 길들인다. 피해자는 이 과정을 통해 가해자에게 호감을 느끼고 신뢰하게 된다. 특히 인정과 애정을 받고 싶은 욕구가 큰 아동·청소년일수록 그루밍을 거치며 가해자와 종속적인 관계를 유지하게 될 가능성이 크다.

---

48) 나무위키(https://namu.wiki).

그루밍을 통한 성적 착취의 가장 큰 문제는 신뢰를 바탕으로 학대가 진행된다는 점이다. 피해자는 가해자에게 호감을 느끼거나 신뢰하고 있어 스스로 학대를 인지하지 못하거나 자발적으로 동의하는 것처럼 보일 수 있다. 이후 피해 사실을 인지하게 되더라도 성적 피해가 있었던 당시 왜 적극적으로 신고하지 않았는지를 설명해야 하는 상황에 놓이는 경우가 많다. 이는 결과적으로 가해자에 대한 처벌을 어렵게 만드는 요인이 될 수 있다.

## 3. 방식

아동·청소년 성폭력 상담소에 따르면, 가해자의 그루밍 수법은 크게 피해자 선택하기, 신뢰 얻기, 욕구 충족, 고립, 관계를 성적으로 만들기, 통제 유지하기 등의 단계로 진행된다. 가해자는 먼저 성적 착취를 목적으로 취약한 상황에 놓인 아동·청소년에게 접근한다. 특히, 가출한 청소년이나 부모의 방임으로 보호를 받지 못하는 아동은 쉽게 위험에 노출된다. 이후 피해 아동·청소년에 대한 정보를 수집해 필요한 욕구를 파악한 뒤, 선물을 주는 등의 방법으로 신뢰를 얻는다. 이 과정에서 아동·청소년의 부모의 신뢰를 얻기 위해 노력하기도 한다.

피해 아동·청소년의 신뢰를 얻은 뒤에는 보호자로부터 고립되는 상황을 만든다. 보호자 대신 가해자에게 의존하게끔 만드는 수법이다. 이후로는 점차 자연스러운 신체 접촉을 유도하는 등 성적인 관계를 만들기 시작한다. 성행위와 관련한 대화를 건네거나 음란물을 보여주는 등의 방식으로 아동·청소년이 성적 행위를 받아들이도록 유도하는 경우도 있다. 성적인 관계를 맺은 뒤에는 협박이나 회유를 통해 폭로를 막고 관계를 지속한다.

## 4. 피해자에게 미치는 영향

피해자가 자신의 피해 사실을 인지하기 어렵거나 자발적으로 성관계에 동의하는 것처럼 보일 수 있다. 가해자가 피해자와 신뢰를 쌓으며 길들인 뒤, 성폭력을 자연스럽게 받아들이도록 조종하기 때문이다. 가해자는 그루밍을 통해 아동·청소년의 경계심을 낮추고 스스로 성관계를 허락하도록 만든다. 피해 아동·청소년은 자신의 선택으로 모든 일이 발생했다고 생각하게 돼 외부에 도움을 청하기 어려워지며, 일부 피해자는 가해자를 사랑한다고 착각하기도 한다.

피해자가 자신의 피해 사실을 인지해 신고하더라도 수사기관이나 법원에서 2차 가해가 발생하기도 한다. 피해 아동·청소년이 표면적으로 성관계에 동의한 것처럼 보이는 그루밍의 특성을 인지하지 못한 수사기관과 법원이 피해 사실을 자발적인 성관계로 판단하는 경우가 많기 때문이다. 피해를 적극적으로 신고하지 못했거나 저항하지 못한 점을 근거로 아동·청소년 피해자에게 성폭력의 책임을 묻기도 한다. 이런 이유로 아동·청소년 대상 성범죄를 판단할 때는 피해자가 성적 관계에 동의하는 것처럼 보이더라도, 수사와 재판과정에서 피해자의 취약함을 이용하는 그루밍의 특성을 고려해야 한다는 의견이 대두되었다.

출처: 다음백과(https://100.daum.net/encyclopedia).

## 25) 아파트 층간소음 등

■ 아파트 등 층간소음에 대해 토론해 보시오. (2018. 서울 개별면접, 경기남부 개별면접, 광주 집단면접, 울산 집단면접, 2016. 경기북부 집단면접)

아파트 등 공동택의 층간소음 민원이 매년 증가하면서 사회 문제로 대두되고 있다. 한국환경공단에서 운영하는 '층간소음 이웃사이센터' 통계에 따르면 2012년 8,795건이던 층간소음 민원은 2013년 1만 8,524건, 2014년 2만 641건, 2015년 1만 9,278건, 2016년 1만 9,495건, 2017년 2만 2,849건, 지난해 2만 8,231건으로 늘었다.[49]

구체적인 사례로서, 지난 2019년 8월 60대 남성이 층간소음 문제로 이웃 A씨에게 흉기를 휘두르다 경찰에 체포되었다. 이 남성은 경기도 고양시에 소재한 자신의 아파트에서 이웃 주민인 A(61) 씨와 그의 아들 B(39) 씨에게 전기충격기로 충격을 가한 뒤, 흉기를 휘두른 혐의를 받고 있다. 남성은 경찰 조사에서 "평소 층간소음으로 다툼이 많았고 너무 화가 나 범행을 저질렀다"고 진술하였다.

그런가 하면 지난 2019년 6월 광주 북구에서 층간소음 문제로 갈등을 빚어온 40대 남성이 이웃집 현관문 앞에 불을 지르려 한 혐의로 경찰에 체포되기도 하였다. 체포 당시 이 남성은 붕대로 감은 망치를 들고 있었다. 그는 위층 소음에 대응해 천장을 두드리려고 했던 것으로 알려졌다. 또 지난해 11월에는 서울 마포구의

---

49) 이하 아시아경제(2019.08.28) 재인용.

한 아파트에서는 층간소음 문제로 다투던 중 농업용 낫을 들고 윗집에 사는 이웃을 위협한 60대 남성이 경찰에 입건되기도 하였다.

이러한 층간소음의 발생 원인으로는 ㉠ 아이들이 뛰는 소리나 발걸음 소리 (70.6%), ㉡ 망치질(4.1%), ㉢ 가구를 끌거나 찍는 행위(3.4%), ㉣ 가전제품(3.4%), ㉤ 문 개폐(2.0%), ㉥ 기계진동(1.8%), ㉦ 악기소리(1.7%) 등의 순으로 나타났다. 아이들이 뛰는 소리나 발걸음 소리가 매우 높은 비중을 차지하고 있음을 알 수 있다.

정부는 층간소음을 「공동주택관리법」과 「소음·진동관리법」 등을 통해 규제하고 있으나, 문제를 해결하기에는 실효성이 떨어진다는 지적이 있다.

## 생활소음과 진동의 규제

생활소음과 진동의 규제
특별자치시장·특별자치도지사 또는 시장·군수·구청장은 주민의 정온한 생활환경을 유지하기 위하여 사업장 및 공사장 등에서 발생하는 소음·진동(산업단지나 그밖에 환경부령으로 정하는 지역에서 발생하는 소음과 진동은 제외)을 규제하여야 한다.

소음·진동관리법 제21조 제1항.

생활소음·진동의 규제기준을 초과한 자에 대한 조치명령 등
특별자치시장·특별자치도지사 또는 시장·군수·구청장은 조치명령을 받은 자가 이를 이행하지 아니하거나 이행하였더라도 제21조 제2항에 따른 규제기준을 초과한 경우에는 해당 규제대상의 사용금지, 해당 공사의 중지 또는 폐쇄를 명할 수 있다.

소음·진동관리법 동법 제23조 제4항.

그렇다면, 이러한 층간소음 신고로 출동한 경찰은 어떠한 대응을 어떻게 해야 할 것인가? 사실 층간소음 자체만 가지고 경찰이 개입하는 것은 쉽지가 않다고 본다. 즉, 층간소음 피해자는 「경범죄처벌법」에 따라 가해자를 '인근소란죄'로 경찰에

신고할 수 있으나, 소음 크기와 지속 시간, 고의성 여부 등을 따지다 보면 처벌기준을 적용하기 어려운 경우가 대부분이다.

그런데 층간소음 문제로 인해 피해자가 일시적 또는 1회성이 아닌 반복적·지속적으로 경찰에 신고한 경우는 좀더 신중하게 대응할 필요가 있다고 본다. 반복적·지속적으로 층간소음 문제를 제기한다는 것은 그만큼 감정적으로 적지 않은 스트레스를 경험한 상태이며, 따라서 경찰 등이 적절한 해결방안을 제시해주지 못한다면 극단적인 방법을 사용할 수도 있기 때문이다. 이러한 이웃 간의 감정싸움이 계속되면, 폭행, 방화, 살인 등의 극단적인 범죄로 이어질 가능성이 있다는 점이다.

## 인근소란죄

악기·라디오·텔레비전·전축·종·확성기·전동기(電動機) 등의 소리를 지나치게 크게 내거나 큰소리로 떠들거나 노래를 불러 이웃을 시끄럽게 한 사람.
경범죄처벌법 제3조 제21호.

그렇다면, 이에 대한 근본적인 대책은 무엇인가? 층간소음을 야기한 사람에 대한 경찰의 개입 및 처벌의 강도를 높이는 것도 하나의 방법일 수 있지만, 이는 현실성이 떨어진다고 본다. 근본적으로 아파트 등 공동주택의 건축시공이 적절하게 이루어져야 한다는 의미이다.

이와 관련하여 감사원은 2019년 5월 '아파트 층간소음 저감제도 운영실태' 감사 결과를 발표한 바 있다.[50] 감사원은 LH·SH공사에서 시공한 22개 공공아파트 126가구와 민간 건설사에서 시공한 6개 민간아파트 65가구 등 총 191가구를 대상으로 층간소음을 측정한 결과, 184세대(96%)가 사전에 인정받은 소음차단 성능등급보다 실측등급이 더 나쁘게 나왔다고 밝혔다.

즉, 조사대상이 된 114가구(60%)는 「주택건설기준 등에 관한 규정」에 드러난 최소성능기준(▲경량 58dB ▲중량 50dB)에도 못 미치는 것으로 확인되었다. 그 이유

---

50) 감사원(2019.05.02.), "아파트 층간소음 저감제도 운영실태" 감사결과, p. 2.

로서 품질이 낮은 완충재를 사용하거나 품질성적서를 조작하는가 하면, 애초 계획과 다른 바닥구조를 만드는 부실시공 등이 주된 원인으로 지적되었다.

생각건대, 층간소음 문제는 사업목적 등에 의해 발생한 피해가 아닌 경우 환경분쟁조정의 대상이 되지 않으므로 아파트내의 주민회의나 공동주택관리규약 작성 등을 통해 해결하도록 권유하는 것도 하나의 방법이라고 볼 수 있다.

민사적 해결방안으로 '지방환경분쟁조정위원회'를 통해 피해구제를 의뢰할 수 있음을 안내하고, 공동주택에 거주하면서 이웃으로부터 층간소음 때문에 고통을 받고 있는 경우 '층간소음이웃센터'(www.noiceinfo.or.kr) 또는 전화상담 1661－2642 (공사장, 영업장 소음은 지역번호＋120)에서 현장 소음측정서비스를 제공하고 있음을 안내하는 것도 하나의 방법이라고 할 수 있다.

## 26) 수사구조개혁: 수사권독립논쟁

■ 수사개혁 및 검경 수사권 조정[경찰수사권 독립론]에 대해 설명하시오. (2018. 서울 개별·집단면접, 101경비단 집단면접, 경기남부 개별·집단면접, 경기북부 집단면접, 경남 개별면접, 인천 집단면접, 전남 개별·집단면접, 전북 개별면접, 충남 개별·집단면접)

■ 버닝썬 사건과 관련하여 경찰의 유착 의혹이 있는데, 이 때문에 일각에서 수사권 조정이 힘들다는 말이 있는데 이에 대해서 어떻게 생각하는가?(2018. 서울 집단면접)

수사라는 것은 형사절차의 제1단계로서 '범죄의 혐의 유무의 확인과 범인의 체포 및 증거 수집을 위한 수사기관의 활동'을 말한다. 여기에서 '수사권'이라는 것은 일련의 수사절차 즉, ㉠ 수사개시, ㉡ 수사진행, 그리고 ㉢ 수사종결과정에서 행사할 수 있는 법적인 권한이라고 할 수 있다. 수사기관은 법률상 범죄수사를 할 수 있는 권한이 인정되는 국가기관을 의미한다. 현행법상으로는 수사기관으로는 검사(檢事)와 사법경찰관리(司法警察官吏)가 있다(형사소송법 제195조~제197조).

## 사법경찰관리의 종류

사법경찰관리(司法警察官吏)에는 일반사법경찰관리와 특별사법경찰관리가 있다. 여기에서 사법경찰관리는 '사법경찰관'(司法警察官)과 '사법경찰리'(司法警察吏)를 합친 용어이다.

① 일반사법경찰관리: 사법경찰관에는 검찰청 소속 수사관, 경무관, 총경, 경정, 경감, 경위가 있고, 사법경찰리는 경사·경장·순경이 이에 해당된다(형사소송법 제196조 제1항, 제5항).

② 특별사법경찰관리: 특별사법경찰관리는 삼림, 해사, 전매, 세무, 군수사기관 기타 특별한 사항에 관하여 사법경찰관리의 직무를 행할 자와 그 직무의 범위는 법률로써 정하도록 하고 있다(형사소송법 제197조).

경찰의 범죄수사의 법적 근거와 관련하여 경찰법 제3조(국가경찰의 임무) 및 경찰관직무집행법 제2조(직무의 범위)에 경찰은 '범죄의 예방·진압 및 수사'를 한다고 규정하고 있다.

그런데 이러한 법적 근거만으로 경찰이 수사권을 가지고 있는 것으로 보기도 하나,[51] 이는 권한 규정이라기보다는 직무규정이기 때문에 그것만으로 범죄수사에 관한 권한이 구체적·직접적으로 부여되어 있다고 보기는 어렵다고 본다.

이와 더불어 범죄수사의 권한규정이라 할 수 있는 형사소송법을 살펴보아야 이를 명확히 파악할 수 있는데, 현행 형사소송법에서는 경찰의 수사권을 주체적·독립적으로 인정하지는 않고 있다는 점이다.[52]

즉, 사법경찰관(수사관, 경무관, 총경, 경정, 경감, 경위)은 '모든 수사'에 관하여 검사의 지휘를 받도록 하고 있다(형사소송법 제196조 제1항). 그리고 사법경찰리(경사, 경장, 순경)는 수사의 주체가 되지 못하고, 검사 또는 사법경찰관의 지휘를 받아 수사를 보조하는 수사보조기관으로서의 권한과 의무를 가질 뿐이다(제5항). 이러한

---

51) 신동운(2006), 형사소송법, 서울: 법문사, p. 51.
52) 현행 형사소송법상 범죄수사의 주체는 검사라고 할 수 있다. 형사소송법에서 '검사는 범죄의 혐의가 있다고 사료(思料)하는 때에는 범인, 범죄의 사실과 증거를 수사하여야 한다'고 규정한 것(제195조)과 같이 범죄수사의 주체로서 검사를 규정하고 있기 때문이다.

경찰수사권의 한계를 수사개시, 진행, 종결 차원에서 살펴보기로 한다.53)

먼저, 사법경찰의 수사 개시·진행상의 한계를 살펴보기로 하자. 현행법상 사법경찰관은 범죄의 혐의가 있다고 인식하는 때에는 범죄수사의 개시·진행을 할 수 있다(제196조 제2항). 그러나 '모든 수사에 관하여 검사의 지휘를 받는다'고 함으로써(제1항), 검사의 수사개시 및 진행과정상의 지휘는 일반적·포괄적으로 이루어진다고 본다.54) 이러한 일반적·포괄적 수사지휘는 구체적·직접적이라기보다는 수사준칙 또는 지침 등을 통해서 이루어진다.

그런데 검사의 이러한 일반적·포괄적 수사지휘 외에도 필요한 경우에는 구체적 사건에 관하여 직접적으로 수사지휘를 할 수 있다는 점이다.55) 그리고 수사진행과정에서 특히, 강제수사를 위해 필요한 압수·수색 등의 영장청구권은 검사에 전속된 권한이라는 점이다.

## 사법경찰관리의 내사활동에 대한 검사의 지휘권 행사문제

최근 경찰의 내사활동에 대한 검찰의 지휘권 행사문제가 크게 제기되고 있다. 형사소송법상 범죄수사는 검사의 지휘를 받도록 규정하고 있는데, 수사의 전(前) 단계로서 범죄혐의의 유무를 확인하는 내사활동까지 과연 검사가 지휘권을 행사

---

53) 이하 최선우(2017), 앞의 책, pp. 533-535 재인용.

54) 수사기관은 범죄에 대한 주관적 혐의로 언제든지 수사에 착수할 수 있으며, 그러한 범죄 혐의를 갖게 된 원인은 묻지 않는다. 이와 같이 범죄혐의를 두게 된 원인을 수사의 단서 (端緖)라고 한다. 형사소송법에서 규정하고 있는 수사의 단서로는 현행범, 고소, 고발, 자수, 변사자의 검시가 있다. 그러나 수사의 단서는 이에 국한되지 않는다. 특별법에 의한 것으로는 불심검문(경찰관직무집행법 제3조), 자동차 검문(도로교통법 제47조) 등이 있다.

55) ① 수사지휘 원칙: 검사는 사법경찰관을 존중하고 법률에 따라 사법경찰관리의 모든 수사를 적정하게 지휘한다(검사의 사법경찰관리에 대한 수사지휘 및 사법경찰관리의 수사준칙에 관한 규정 제2조). ② 수사지휘 일반: ㉠ 지방검찰청 검사장 또는 지청장은 국민의 인권을 보호하고 수사절차의 투명성과 수사의 효율성을 보장하기 위하여 사법경찰관리에게 필요한 일반적 수사준칙 또는 지침을 마련하여 시행할 수 있다. ㉡ 위에 따른 수사준칙 또는 지침은 검찰총장이 수사에 대한 일반적 수사준칙 또는 지침을 시행하면 사법경찰관리에게 이를 시달(示達)하는 방식으로 이루어져야 한다. ㉢ 검사는 사법경찰관리에게 구체적 사건의 수사에 관하여 필요한 지휘를 할 수 있다(제3조).

하는 것이 타당한 것인가 하는 문제이다.

### 내사의 개념

일반적으로 내사(內査)라는 것은 '범죄첩보, 진정·탄원 등 수사민원, 언론보도 등 제반 범죄정보들을 수집하고, 기타 임의적인 수단을 통해 범죄혐의 유무를 확인하는 범죄인지(입건) 전(前)의 경찰활동'이라고 정의하고 있다.

### 내사와 수사의 구분

내사와 수사의 구별기준과 관련하여 수사기관이 부여하는 '범죄입건' 여부에 따라 내사와 수사를 구분하자는 형식설(形式說)이 있다. 이에 따르면, 내사는 어떠한 범죄에 대한 주관적 혐의조차 인정되지 않는 단계의 입건 전 조사로서, 입건 후의 수사와는 명백히 구별되는 개념으로 받아들이고 있다.

이러한 형식설에 대하여 '범죄혐의가 인정되는가? 혹은 인정되지 않는가'라는 점을 기준을 가지고 실질적으로 구별되어야 한다는 실질설(實質說)이 대립되고 있다(일반적으로 형식설을 인정하고 있다).

생각건대, 범죄수사활동의 역동성을 감안하고, 수사절차의 일관성을 확보하기 위해서는 형식설이 타당하다고 본다. 따라서 형사소송법을 경찰내사의 근거로 주장하는 것은 타당하지 못하다고 본다. 경찰내사는 수사와 구별되는 개념이며, 따라서 검사의 지휘권 행사는 법적 재량을 일탈한 것이다. 경찰의 내사활동은 강제처분이 허용되지 않는 임의적 활동으로서 향후 이에 대한 법적 근거는 경찰법 및 경찰관직무집행법(제8조 제1항)에서 제시함으로써 이의 위상을 확립하는 것이 필요하다.

출처: 정세종(2011), "경찰내사의 활성화방안에 관한 연구," 한국경찰학회보, 13(4), p. 182.

다음으로 사법경찰의 수사종결과 관련된 한계이다. 범죄단서로부터 시작된 수사절차는 수사기관이 공소제기 여부를 판단할 수 있는 정도로 그 혐의가 밝혀지게 되면 종결(終結)된다. 수사종결은 공소제기(公訴提起) 또는 불기소처분(不起訴處分)의 형태로 나타난다. 물론, 공소제기 후에도 검사는 공소유지를 위한 수사를 할 수 있으며, 불기소처분을 한 때에도 언제든지 수사를 재개할 수 있다.

현행법상 수사종결은 검사만이 할 수 있다. 수사의 주재자는 어디까지나 검사이고, 사법경찰관리는 검사의 지휘를 받아 수사를 할 수 있을 뿐이기 때문이다. 따라서 사법경찰관이 수사를 마감했을 때는 관련 서류와 증거를 관할지방검찰청 검사장 또는 지청장에게 송부해야 한다(형사소송법 제238조 및 제239조).[56]

## 수사권독립논쟁

### 수사권독립논쟁의 의의

형사소송법은 검사를 수사의 주재자로 규정하고 있으나(제196조 등), 현실에서는 대부분의 수사가 경찰의 독자적인 판단에 의해 이루어지고 있다. 이것은 전국적으로 구성된 방대한 경찰조직을 토대로 시민생활과 직접 접촉하면서 수행되는 경찰활동의 당연한 결과라고 할 수 있다. 여기에서 법과 현실의 부조화를 엿볼 수 있다. 이러한 법과 현실의 부조화 문제를 해결하기 위하여 사법경찰관에게 검사의 지휘·감독으로부터 독립한 수사의 주재자로서의 지위를 부여하자는 입법론적 논의를 수사권독립논쟁(搜査權獨立論爭)이라고 한다.

### 수사권독립 긍정론

첫째, 형사사법구조에 있어서 '견제와 균형의 원리'는 매우 중요하다. 형사사법의 역사를 살펴보면, 근대 이전에는 수사, 기소, 판결 등이 하나의 기관에 의해 장악된 형태로 이루어졌다. 바꿔 말하면, 민권사상에 기초를 두는 탄핵주의적 소송구조가 발달됨에 따라 국가권력이 분립되어 가는 것은 역사적 필연성을 갖는다.

둘째, 대부분의 범죄사건에 대한 수사는 실질적으로 법무부 소속 검사가 아닌 경찰청 소속 사법경찰관의 독자적인 판단과 일정한 책임하에 이루어지고 있다. 그러나 현행법에서는 모든 수사에 대한 검사의 지휘·감독권을 인정하고 있는 것이 현실이다. 모든 조직의 운영 및 목표 달성에 있어서 에 있어서 '책임에 상응하는 권한'(authority commensurate with responsibility)의 부여는 매우 중요하다. 바꿔 말하면, 사법경찰이 특정한 사건을 해결하는 책임을 부여받았다면, 그 사건에 대한 수사가 행해지는데 필요한 중요한 결정(강제수사, 수사종결 등)을 내릴

---

56) 다만, 예외적으로 20만원 이하의 벌금, 구류, 과료에 처할 범죄사건으로서 즉결심판절차에 의해 처리될 경미사건의 경우에는 경찰서장 또는 관할해양경찰서장이 관할관사에게 즉결심판을 청구함으로써 수사절차를 종결하게 된다(즉결심판에 관한 절차법 제3조 제1항 단서).

수 있는 적절한 권한을 함께 부여해야 한다는 것을 의미한다.

셋째, 검사는 법률전문가이지만 수사의 전문가는 아니다. 범죄수사를 위한 수사경험, 과학적 수사장비, 그리고 수사전문지식 등의 확보는 경찰청에서 지방경찰청, 경찰서, 지구대·파출소에 이르는 방대한 경찰조직을 통해서 가능하다.

넷째, 범죄예방을 경찰의 고유 역할로 설정하고, 범죄수사를 검찰의 역할로 이분화 하는 것은 매우 비효율적이다. 범죄의 양적·질적 심화, 광역화·기동화 되고 있는 현대 범죄에 효율적으로 대응하기 위해서는 범죄의 예방 및 수사가 일원적으로 이루어지는 것이 바람직하다. 범죄예방과 범죄수사는 본질적으로 불가분리성(不可分離性)을 갖는다.

수사권독립 부정론

첫째, 법률전문가가 아닌 사법경찰관이 독자적으로 수사를 하는 경우 자칫하면 수사의 합목적성만을 추구하는 나머지 적법절차가 지켜지지 않고, 인권침해 문제가 발생할 수 있다. 검사는 원래 수사에 있어서 인권침해의 위험을 제거하고 수사에 대한 법적 근거를 제공하기 위해 탄생한 제도이므로 검사의 수사지휘권을 부정하는 것은 검찰제도 자체를 무의미하게 한다는 주장도 같은 맥락이라 할 수 있다.

둘째, 수사권독립논의는 경찰의 독자적 강제수사권과 표리일체의 관계에 있다고 볼 수 있다. 전국적으로 방대한 조직을 갖추고 있는 경찰에 대하여 독자적인 수사권을 부여할 경우 경찰권한이 비대화되어 오남용 문제가 우려된다.

셋째, 법관과 대등한 법률전문가의 자격을 가지고 신분이 보장된 검사에게 수사지휘권을 인정함으로써 수사의 공정성을 담보하고, 나아가 수사의 쟁점을 검사로 하여금 미리 정리하게 하여 신속한 수사가 가능하게 된다.

출처: 신동운(2006), 형사소송법, 서울: 법문사, pp. 51-53.;
최선우(2017), 경찰학, 서울: 그린, pp. 30-31, p. 217.

생각건대, 수사권독립논쟁은 경찰과 검찰 두 권력기관 간의 밥그릇 싸움 또는 이해타산에 의하기보다는 개인의 자유와 권리의 보호를 본질로 하는 민주주의적 가치실현에서 찾아야 한다고 본다. 그러나 양 기관 모두 '권력의지'가 팽배한 현 상황에서는 어떠한 '정치적 결단'만이 해결의 실마리가 될 것으로 보인다. 경찰의 입장에서도 무조건 수사권독립을 강조하는 것은 한계가 있다. 경찰이 현재와 같이 전국에 걸쳐 일원화된 국가경찰체제를 가지고 있는 상태에서 수사권을 행사하게 될 경우 수사가 법률외적인 영향에 좌우될 여지가 없지 않다. 따라서 수사권독립논쟁은 반드시 경찰분권화 즉, 자치경찰제도의 논의와 병행하여 이루어지지 않으면 안된다.57)

이러한 상황 속에서 지난 2018년 6월 21일 정부서울청사별관에서 이낙연 국무총리가 입회한 가운데 법무부, 행안부 장관의 '검·경 수사권 조정 합의문' 서명이 있었다.

## 검·경 수사권 조정 합의문 주요 내용

1. 검찰과 경찰의 상호관계: 수사와 공소제기, 공소유지의 원활한 수행을 위하여 서로 협력관계로 설정한다.
2. 경찰의 수사권 및 검찰의 통제권한: 경찰은 모든 사건에 대하여 '1차적 수사권' 및 '1차적 수사종결권'을 갖고, 검사는 '기소권'과 함께 일부 특수사건58)에 관한 직접 수사권 행사 및 송치후 수사권, 경찰 수사에 대한 보완수사 요구권 및 보완수사 요구에 불응하는 경우 직무배제 또는 징계를 요구하는 권리를 가진다. 동일사건을 검사와 경찰이 중복수사하게 된 경우에는 검사가 우선적 수사권을 갖고, 경찰이 영장에 의한 강제처분에 착수한 경우 영장기재범죄사실에 대하여 경찰의 우선권을 인정한다. 검사 또는 검찰청 직원의 범죄혐의에 대하여 경찰이 압수·수색·체포·구속영장을 신청한 경우 검찰은 지체 없이 법원에 영장을 청구한다.
3. 자치경찰제의 도입: 경찰은 2019년 내 서울, 세종, 제주 등에서 시범적으로 실시하고 대통령 임기 내 전국에 실시하도록 한다. 자치경찰의 정치적 중립

---

57) 신동운(2006), 앞의 책, p. 53.
58) 특수사건 범위: ① 부패범죄: 뇌물, 알선수재, 배임수증재, 정치자금, 국고등손실, 수뢰 관련 부정처사, 직권남용, 범죄수익 은닉 등, ② 경제범죄: 사기, 횡령, 배임, 조세 등(기업·경제비리 등), ③ 금융·증권범죄: 사기적 부정거래, 시세조정, 미공개정보이용 등, 인수합병비리, 파산·회생비리 등, ④ 선거범죄: 공직선거, 공공단체등위탁선거, 각종 조합선거 등, ⑤ 기타: 군사기밀보호법, 위증, 증거인멸, 무고 등.

을 확보하기 위해 광역시도에 관련 기구 및 자치경찰위원회를 설치하고 비
수사분야(지역 생활안전, 여성청소년, 경비, 교통 등) 및 수사분야의 사무 권
한 및 인력과 조직은 이관계획 등을 정부 관련부처와 협의하여 결정하도록
한다.

4. 수사권 조정과 동시에 경찰이 실천해야 할 사항: 인권옹호를 위한 제도와 방
안 강구, 사법경찰직무에 종사하지 않는 경찰이 사법경찰직무에 개입·관여
하지 못하도록 절차와 인사제도 마련, 경찰대학의 전면적인 개혁방안 마련
등이 이루어져야 한다.

이러한 수사권 조정에 대하여 각계의 반응 등 여론을 정리하면 다음과 같다.

먼저, 긍정적인 반응으로서 이번 합의안은 경찰의 입장에서 100% 만족할 수
는 없지만 검사와 경찰의 수직적 관계에서 검찰과 경찰에 권한이 분산되고 상호 협
력·견제하는 관계로 초석이 마련되었고 경찰이 1차적 수사기관으로 자리매김하게
되었다는데 의의가 있다.

다음으로 부정적인 반응으로서 검사의 수사지휘권은 폐지하였지만 보완수사
및 징계요구권, 시정조치 불응시 송치 후 수사권 등 여러 보완장치로 사실상 경찰
수사가 검사에 종속되어 있고, 경찰 수사권 독립의 핵심은 검·경간 기소와 수사의
분리가 핵심인데 이것에는 완전히 실패하였다. 그리고 검사의 직접수사권 범위가
너무 넓고, 영장청구권은 헌법개헌이 이루어져야 가능한 사항이어서 미완의 관제로
남아있기 때문에  검사가 영장청구권을 독점하면 경찰의 독자적인 수사는 의미 없다.

## 27) 피의자 신상공개제도

■ 피의자의 신상공개제도에 대해서 설명하시오. (2018. 서울 개별·집단면접, 101
경비단 집단면접, 경기남부 개별·집단면접, 경남 개별면접, 광주 집단면접, 울산 집단
면접, 전남 개별·집단면접, 전북 집단면접, 충남 개별면접, 2016. 서울 개별면접)

■ 피의자 신상공개: 무죄추정의 원칙과 관련하여 설명하시오. (2018. 서울 집단
면접)

피의자 신상공개란 「특정강력범죄의 처벌에 관한 특례법」(약칭: 특정강력범죄법) 8조의2(피의자의 얼굴 등 공개)에 따라 해당 기준 충족시 피의자의 얼굴 등 신상을 공개하는 것을 말한다. 2009년 강호순 연쇄살인사건을 계기로 흉악범의 얼굴을 공개해야 한다는 여론이 높아지면서 2010년 4월 해당 규정이 신설되었다. 경찰은 이 규정을 근거로 중대 사건의 피의자 신상을 선별 공개하고 있다. 이 제도가 생긴 후 신상이 공개된 범죄자는 2019년 8월 현재까지 22명에 이르고 있다.

## 피의자의 얼굴 등 공개 요건

① 검사와 사법경찰관은 다음 각 호의 요건을 모두 갖춘 특정강력범죄사건의 피의자의 얼굴, 성명 및 나이 등 신상에 관한 정보를 공개할 수 있다.
    1. 범행수단이 잔인하고 중대한 피해가 발생한 특정강력범죄사건일 것
    2. 피의자가 그 죄를 범하였다고 믿을 만한 충분한 증거가 있을 것
    3. 국민의 알권리 보장, 피의자의 재범방지 및 범죄예방 등 오로지 공공의 이익을 위하여 필요할 것
    4. 피의자가 「청소년 보호법」 제2조 제1호의 청소년에 해당하지 아니할 것
② 제1항에 따라 공개를 할 때에는 피의자의 인권을 고려하여 신중하게 결정하고 이를 남용하여서는 아니 된다.

특정강력범죄의 처벌에 관한 특례법 제8조의 2.

## 피의자 신상공개에 대한 국민여론

최근 강력범죄에 대한 국민들의 비난이 일고 있는 가운데 국민 10명 중 9명은 강력범죄 피의자의 신상공개에 대해 찬성하는 것으로 나타났다. 과거에 비해 적극적인 공개가 이어진 데는 불안감이 커진 시민들의 흉악범 신상공개 요구 목소리가 커졌고, 신상공개를 통한 범죄예방 효과에 대한 긍정적인 의견 많아지고 있어서다.

그 동안 강력범죄 피의자의 얼굴이나 실명 등 개인 신상공개 여부를 둘러싸고

강력범죄 피의자의 경우 범죄예방과 국민의 알권리 보장 차원에서 개인 신상을 공개해야 한다는 주장과 강력범죄 피의자라 하더라도 개인의 인권을 존중해야 한다는 주장이 맞서고 있다.

이런 양측의 주장에 대해 한 여론조사 전문기관은 강력범죄 피의자의 개인 신상공개 여부에 대한 여론조사를 실시한 결과, 강력범죄 피의자의 신상공개에 찬성한다(매우 찬성 69.2%, 찬성하는 편 18.2%)는 의견이 87.4%로 강력범죄 피의자의 신상공개에 반대한다(반대하는 편 6.9%, 매우 반대 2.0%)는 의견 8.9%보다 10배 가까이 높은 것으로 나타났다. 잘 모름은 3.7%였다.

이와 관련하여 지난 2008년 안양 초등생 피살사건 이후 실시한 강력범죄 피의자 신상공개 여부에 대한 여론조사에서는 피의자의 얼굴도 공개해야 한다는 찬성 의견이 80.2%, 피의자의 인권을 고려해 공개해서는 안 된다는 반대 의견이 8.3%로 나타나, 이번 조사결과와 비슷하였다.

한편, 지역별, 연령대별, 성별, 이념성향별로 찬성 의견이 반대 의견보다 압도적으로 높게 나타났다.

출처: 노동일보(2016.05.11).

그런데 이러한 피의자 신상공개제도의 실시에도 불구하고 이의 실효성·균질성·형평성 등에 대한 논란이 제기되고 있다.

예컨대, 지난 2019년 5월에 발생한 이른바 '고유정 사건'(전 남편을 졸피뎀을 먹인 후 칼로 살해하고, 펜션 내에서 시신을 훼손하여 제주도 내, 완도해상, 김포 친아버지 집 등에서 쓰레기 종량제 봉투에 담아 유기한 사건)에서 피의자 고유정은 제주지방법원 공판에 참석하는 과정에서 자신의 모습을 교묘하게 보여주지 않음으로써 국민들의 분노를 자아냈다.

즉, 강력범죄 피의자의 신상공개가 이루어진다 할지라도 피의자들은 머리카락, 모자, 마스크 등을 교묘하게 이용하여 자신모습을 보여주지 않을 수 있다는 점이다. 현행 법상 피의자 신상공개는 규정되어 있지만, 이름, 얼굴, 전신 등의 공개에 세세한 기준이 마련돼야 하는데 아직 법령상 없기 때문이다.

따라서 경찰은 이와 관련하여 법무부 등과 협의가 필요하고 구체화하는 노력을 진행하고 있다. 즉, 경찰은 미국식 '머그샷' 도입도 검토하고 있으며, 이와 관련해 법무부에 유권해석을 의뢰하는 한편, 외국 사례들을 포함해 종합적으로 검토하고 있는 중이다.

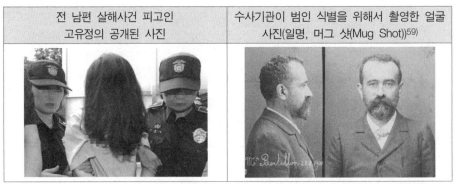

| 전 남편 살해사건 피고인<br>고유정의 공개된 사진 | 수사기관이 범인 식별을 위해서 촬영한 얼굴<br>사진(일명, 머그 샷(Mug Shot))[59] |
| --- | --- |

출처: 세계일보(2019.09.04)(좌); 다음백과(https://100.daum.net/encyclopedia)(우)

다른 하나는 공개의 '균질성·형평성' 문제가 제기되고 있다. 어떤 강력사건은 공개되는 반면, 어떤 강력사건은 공개되지 않으면서 발생한 논란이다.

이에 따라 경찰에서는 신상공개 결정을 '표준화'(標準化)하는 방안도 강구하고 있다. 현재에는 '신상정보공개 심의위원회'를 지방경찰청별로 운영(지방경찰청 소속 경찰 3명과 변호사, 의사, 교수 등 외부 전문가 4명으로 구성)하고 있는데, 이러한 운영과정에서 지방경찰청별 편차가 나타나고 있다.

---

59) 머그샷(Mug Shot)은 일종의 속어로, 공식적으로는 '경찰 사진(Police Photograph)'이라 한다. 18세기 영어권에서 사람의 얼굴을 뜻하던 은어 머그(Mug)에서 유래했다. 한국에서는 수사기관이 피고인(피의자)을 구속할 경우 구치소 등에 수감되기 전, 머그샷에 해당하는 수용기록부 사진을 촬영한다. 범죄 용의자의 사진을 찍는 행위는 사진이 발명이 시작된 지 얼마 되지 않았던 1840년대부터 시작되었다. 이를 표준화한 사람은 프랑스 경찰 알퐁스 베르티옹(Alphonse Bertillon, 1853－1914)이다. 1880년대 베르티옹(위 사진 오른쪽 본인)은 파리 경시청에 범죄자 신원 확인부를 창설하고 범죄 용의자의 사진과 정보를 카드에 함께 적어 관리했는데, 이를 베르티옹 카드라 한다. 다음백과(https://100.daum.net/encyclopedia).

# 피의자 신상공개 범위 확대 요구

일부에서는 피의자 신상공개의 범위를 확대해야 한다는 주장도 제기된다. 예컨 대, 시민들은 청와대 청원을 통해 지난 2019년 7월 고양이 '자두'를 학대하고 죽 게 한 피의자 A(39) 씨에 대한 강력처벌을 요구하는 한편, 피의자의 신상공개를 요구한 바 있다. 청와대는 신상공개 요구에 대해서 "현행법상 동물학대는 특정강 력범죄가 아니다"며 불가하다고 하였다. 다만 동물학대 행위 근절 및 보호 강화를 위한 제도 개선 노력이 이어지고 있다고 답변하였다.

## 별첨: 동물학대 문제

고양이 자두를 살해한 A씨를 강력 처벌하고, 동물보호법을 강화해달라'는 취지 의 청원에 답변자로 나선 김동현 농식품부 동물복지정책팀장은 "경찰에서는 현장 CCTV로 범행 장면 및 피의자의 인상착의를 확인하고, 추가로 CCTV 150대를 분석, 피의자의 주거지를 확인하는 등 조사를 실시한 결과 7월 29일 기소 의견으 로 해당 사건을 검찰에 송치하였다"며 "검찰 수사결과를 지켜봐야 하는 상황"이라 고 하였다.

지난달 13일 A씨는 서울 마포구 경의선 숲길 인근 카페에서 키우던 고양이 자 두를 바닥에 내리치고, 밟아 죽게 한 혐의(재물손괴 및 동물보호법 위반)를 받고 있다. 청원자는 "솜방망이 처벌 때문에 처벌받는 것을 대수롭지 않게 느끼고 같은 범죄들을 또 저지른다"며 강력처벌 필요성을 호소한 바 있다.

김 팀장은 "작년 3월부터는 개정 동물보호법에 따라 정당한 사유 없이 동물을 죽음에 이르게 한 경우에는 기존의 1년 이하의 징역 또는 1천만원 이하의 벌금형 이 아니라, 2배 강화된 2년 이하의 징역 또는 2천만원 이하의 벌금형에 처해질 수 있다"고 하였다. 다만 신상공개를 해달라는 데 대해선 '특정범죄처벌에 관한 특례법'상 불가능하다고 하였다. 해당 법은 '범행수단이 잔인하고 중대한 피해가 발생한 특정강력범죄'를 저질렀을 경우에만 신상공개를 허하는데, 동물학대는 특 정강력범죄에 속하지 않는다.

김 팀장은 지난달 농식품부가 발표한 동물복지 종합계획 수립 추진 방안 등을 예로, 동물학대 방지를 위한 제도 개선 노력이 이어지고 있다고 강조하였다. 해당 방안엔 '동물을 죽음에 이르게 하는 행위에 대한 처벌을 3년 이하의 징역 또는 3

천만원 이하의 벌금으로 강화한다', '동물학대 행위에 대한 처벌을 유형별로 차등화한다' 등의 내용이 담겨 있다. 아울러 "국회에 제출되어 있는 관련 법안에 대한 논의가 하루빨리 진행될 필요가 있다"고 하였다.

기관 간 협업 방안도 모색 중이라고 하였다. 김 팀장은 "동물학대 행위 근절뿐만 아니라 반려동물로 인한 안전사고 예방 등 주요 정책 현안에 효과적으로 대응하기 위해 농식품부와 지자체, 경찰청 등 관계기관 간의 유기적인 업무 협조가 필요하다"며 "현장 지도·단속 방안, 제도 개선 방향 등을 포함한 동물보호 전반에 대한 기관 간 업무협조를 강화하기 위해 농식품부와 경찰청 간 협의체 구축·운영 방안 등을 모색하고 있다"고 덧붙였다.

출처: 한국일보(2019.08.30).

한편, 강력범죄를 범한 피의자 신상공개제도가 법적 근거를 가지고 있고, 많은 대중적 지지를 얻고 있다 할지라도 이의 근본적인 문제가 전혀 없는 것은 아니다.[60]

예컨대, 위에서 언급한 '제주 전 남편 살해 사건'의 피의자 고유정(36)의 신상 정보가 공개된 후 다수의 인터넷 커뮤니티와 SNS에 고씨와 피해자인 전 남편 강모(36)씨의 출신학교와 졸업사진, 고씨 가족의 신상 등이 무분별하게 확산된 것이다. 국민적 관심에 편승해 고씨의 어린 아들에 대한 정보까지 공개되는 것 아니냐는 우려의 목소리가 나오고 있다. 이렇게 되면, 피의자의 가족들은 평생 살인자의 가족이라는 주홍글씨를 안고 살 수 밖에 없는 것이 현실이다.

그리고 일각에서는 신상공개로 얻는 범죄 예방의 효과 등 실익이 미미하다는 주장도 제기된다. 오히려 범죄자의 사회 복귀를 어렵게 해 결과적으로 재범률을 높이는 등 부정적인 문제가 적지 않다는 반론이다. 지난 2019년 5월에 열린 한국형사정책연구원 국제학술회의에서 김종구 조선대 법과대학 교수는 "범죄자의 형기 만료 후 부과되는 신상공개, 전자발찌 부착명령, 취업제한, 거주지 제한, 화학적 거세 등 새로운 형사제재 수단도 그들의 '재사회화'에 장애물이 될 수 있다"며 "형벌이 범죄자 낙인으로 비난을 가하고 차별하기 위한 목적으로 이용돼선 안 된다"고 강조하기도 하였다.

또 법원의 판결이 나기 전 신상을 공개하는 것은 무죄추정의 원칙에 위배된다

---

60) 이하 국민일보(2019.06.11) 재구성.

는 의견도 있다. 2006년 제주도에서 살인·방화사건 용의자로 경찰에 체포돼 실명이 공개된 20대의 경우 최종심에서 살인 혐의에 대해 '무죄 판결'을 받은 점을 상기할 필요가 있다.

## 28) 피의사실 공표죄, 포토라인

- ■ 피의사실 공표죄에 대해서 토론하시오.
- ■ 포토라인에 대해서 어떻게 생각하는가?(2018. 광주 개별·집단면접, 전남 개별면접, 전북 집단면접, 충남 집단면접)

피의사실 공표죄는 경찰·검찰 기타 범죄수사에 관한 직무를 행하는 자 또는 이를 감독하거나 보조하는 자가 직무를 행함에 있어서 알게 된 피의사실을 공판청구(즉, 공소제기) 전에 '공표'(公表)함으로써 성립하는 범죄를 말한다. 경찰·검찰과 같은 특수공무원만이 주체가 될 수 있는 진정직무범죄라 할 수 있다.[61]

### 피의사실 공표죄

검찰, 경찰 기타 범죄수사에 관한 직무를 행하는 자 또는 이를 감독하거나 보조하는 자가 그 직무를 행함에 당하여 지득한 피의사실을 공판청구 전에 공표한 때에는 '3년 이하의 징역' 또는 '5년 이하의 자격정지'에 처한다.

형법 제126조.

피의사실을 공판청구 전에 공표하는 것을 범죄로 처벌하는 것은 증거인멸 등으로 범죄수사에 지장을 줄 뿐만 아니라 피의자의 명예를 손상할 우려가 있기 때문

---

61) 공표라는 것은 불특정 또는 다수인에게 내용을 알리는 것을 말한다. 공공연하게 알릴 것을 요하지 않으며, 한 사람에게 은밀히 말하더라도 이로 인해서 여러 사람이 알 수 있는 경우에는 이에 해당된다. 작위에 한하지 않고 부작위에 의한 경우도 포함된다. 공판청구 전, 즉 공소제기 전이어야 하므로 공소제기 후에 알리는 것은 이해 해당하지 않는다. 이재상·장영민·강동범(2017), 형법각론, 서울: 박영사, p. 707.

에 이를 방지하기 위한 것이다. 따라서 이 죄의 보호법익은 국가의 '범죄수사권'(犯罪搜査權)과 피의자의 '인권'(人權)이다.[62]

그런데 국가의 범죄수사에 대한 지장을 주는 문제는 차치하고 특히, 피의자 및 그 가족 등에 대한 인권 및 명예에 손상을 주는 문제는 심각한 수준이라고 볼 수 있다. 즉, 경찰·검찰 등 수사기관이 여론몰이를 위해 언론기관 등을 통해서 다분히 '의도적인 피의사실 보도'를 관행적으로 하고 있다는 점이다. 이로 인해 피의자가 자기방어를 할 수 있는 기회를 충분히 제공하지 않는 상황에서 부당하게 '여론재판'이 이루어지고 있으며, 이는 무죄추정의 원칙에 어긋나고, 법원에서 무죄를 선고받더라도 피해회복이 어렵다는 점이다.

위에서 살펴본 바와 같이, 형법상 수사기관이 공판청구 전에 피의사실을 공표한 경우 최대 3년 이하의 징역에 처할 수 있도록 하고 있다. 이에 대한 예외 조항은 없다.

그런데 피의사실 공표죄가 과연 실효성이 있는지는 의문이다. 형법상의 예외 조항이 없음에도 불구하고 검찰은 법무부 훈령 '인권보호를 위한 수사공보준칙', 경찰은 경찰청 훈령 '경찰 수사사건 등의 공보에 관한 규칙'을 제정·운용하면서 특정 사건에 대한 피의사실을 공표하고 있다. 즉, 상위법인 형법상의 피의사실 공표죄 규정에도 불구하고 하위규정인 법무부·경찰청 훈령에 의해 관행적으로 이뤄지고 있다는 점이다.

그렇다면, 피의사실 공표죄가 실효성이 떨어지는 이유는 무엇인가? 여러 가지 이유가 있겠지만 큰 틀에서 본다면, 피의사실 공표로 인한 피의자의 '인권침해'와 국민의 '알 권리'란 헌법 가치가 충돌하는 부분이 존재하기 때문이다.

## 법과 현실의 괴리: 피의사실 공표죄와 국민의 알 권리

"명운을 걸고 명명백백하게 밝히겠습니다." 경찰조직의 수장인 민갑룡 경찰청 장은 지난 2019년 3월 국회에서 버닝썬 사건의 수사 의지를 묻는 국회의원들의 질문에 이렇게 답하였다. 경찰은 150여 명이라는 사실상 최대 규모의 수사팀을

---

62) 배종대(2010), 형법각론, 서울: 홍문사, p. 814.

꾸리고 장장 100일이 넘게 버닝썬 사건에 매달렸다. 그동안 클럽과 경찰 간의 유착, 마약 투약 및 유통, 각종 성범죄 의혹들이 하나둘 베일을 벗었다. 유명 연예인들이 줄줄이 구속되고, 경찰 간부가 기소되었다. 이러한 사실을 안 국민들은 공분했고, 2019년 상반기는 버닝썬의 소용돌이로 몰아쳤다.

버닝썬 사건 수사 중에 형법 제126조 '피의사실 공표죄'가 엄격하게 적용됐다고 가정해보자. 수사과정에서 기소 전 피의 사실을 다수의 사람이나 신문기자에게 알리면 안 된다는 것을 골자로 하는 이 법대로라면 경찰은 피의자들에게 어떤 혐의가 있는지, 수사 상황은 어떻게 흘러가고 있는지 등 관련 정보를 공개하는 것은 불가능하다. 국민들은 최초 의혹만 알 뿐 기소 전까지는 경찰서에서 무슨 일이 일어나는지 아무것도 모른 채 하루하루를 보내야 한다.

그런데 경찰이 이러한 사건을 드러내 국민에게 알릴 필요가 없었다면, 그때의 경찰도 명운을 걸었을까? 버닝썬 수사는 언론보도로 시작된 수사가 아니다. 최초 보도는 이미 경찰이 수사를 시작한 지 두 달이 넘은 시점에 이루어졌다. 이때까지 경찰은 제보자 김상교 씨를 강제추행, 쌍방폭행 등 7개 혐의 피의자로 수사 중이었다. 성추행 고소를 한 여성 중 1명이 버닝썬에서 마약을 팔던 MD 애나라는 것도 확인하지 않았다. 경찰이 언론 취재에 응하지 않고 국민에게 알리지 않았다면 김씨는 '클럽에서 성추행하다 보안요원에게 두들겨 맞은 남성' 정도로 남았을 가능성이 농후하다.

국민이 알게 되는 즉시 수사기관의 권력은 견제 받는다. 경찰이든 검찰이든 눈을 뜨고 있는 국민 앞에서 수사를 소홀히 할 수 없다. 합의를 종용하거나 혐의를 자의적으로 조정하는 등 '장난'도 칠 수 없다. 국민이 수사기관의 소식을 알아야 하고 언론이 취재를 쉬지 말아야 하는 이유다. 피의자의 인권도 중요하지만 국민을 깜깜이로 만들어서는 안 된다.

수사기관에 대한 국민의 불신도 점차 증가하고 있다. 피의자든 피해자든 검찰과 경찰에 각각 항고와 수사이의 제도를 통해 재수사를 요청할 수 있다. 검찰 항고는 2014년 2만 6,920건에서 지난해 3만 687건으로 늘어났다. 이 중 90% 이상은 기각되었다. 경찰 수사의 민원도 2014년 1,340건에서 지난해 1,390건이 접수되는 등 지난 5년간 다소 늘어나는 추세다. 수사 과오가 인정되는 것은 50건 안팎 수준이다. 검경에 대한 감시가 더욱더 촘촘해져야 하는 배경이다.

"요즘 확인 못 해주는 거 알잖아", "알려줬다가 나도 입건될라" 피의사실 공표 논란이 일어난 후 일선 경찰서를 취재하며 하루에도 수없이 듣는 말이다. 취재 정보에 대한 확인이 안 되니 당연히 기사도 쓸 수 없다. 그 사이에 국민이 알아야 할 어느 공직자의 비위와 기업가의 성범죄는 묻히고 가려진다. 또 하나의 버닝썬 사건들이 피의사실 공표죄라는 이름으로 통제되고 제한된 상태에서 잘못된 방향으로 이뤄지고 있을지는 아무도 모를 일이다.

출처: 세계일보(2019.09.20).

그러나 국민의 알권리를 충족시킨다는 미명하에 피의사실이 무분별하게 공표된다면, 그것으로 인한 마녀사냥 식의 인권침해 문제는 또 다른 심각한 문제를 초래하게 될 것이라고 본다.

특히, 정치권력집단의 권력 유지수단으로 경찰과 검찰을 통하여 특정사건을 언론에 은연중에 보도하도록 함으로써 국민들의 냉철한 판단을 흐리게 한 경우도 없지 않다. 또 경찰과 검찰 간의 '수사권 조정'을 둘러싸고 자신들에게 유리하고, 상대방에게 불리한 특정사건을 언론에 제공함으로써, 상대방에게 압력을 가하는 이른바 '조직정치'(Organizational Politics)의 수단으로 악용하는 경우도 없지 않다.

따라서 법과 현실의 괴리 문제를 일정 부분 해결할 수 있는 방안을 모색해야 한다고 본다. 즉, 무분별한 피의사실의 공표행위를 처벌함으로써 피의자의 인권을 최대한 보호하는 한편, 일정 부분 국민의 알 권리를 충족시킬 수 있는 방안이 필요하다고 본다. 원칙적으로 피의사실 공표죄를 적용하되, 일정 부분 예외 규정을 두는 방법을 고려할 수 있다고 본다. 이를 위한 하나의 방법으로 현재 운영되고 있는 법무부와 경찰청 훈령 등을 가다듬어 일정 부분 법제화하는 방안을 검토할 필요가 있다고 본다. 이와 관련하여 경찰은 피의사실 공표 허용기준을 크게 세 가지로 나눠 제안했다.[63]

---

63) 이 밖에도 경찰은 마녀사냥이나 정치적 도구로 악용될 수 있다는 부작용에 대해 피의자 반론권도 제안하였다. 수사공보가 허용되는 경우 피의자에게 반론의 기회를 제공해 인권침해와 명예훼손 등의 문제를 최소화하는 방안이다. 머니투데이(2019.09.18).

## 경찰이 제시한 피의사실 공표 3대 허용 기준

1. 국민에게 즉시 알릴 필요가 있는 범죄. 범죄피해가 빠르게 확산하거나 동종 범죄 가능성이 높아 시민 안전을 위협하는 경우.
2. 신속한 범인 검거를 위해 국민들의 협조가 필요한 범죄. 살인 등 주요 강력 범죄, 실종이나 납치 등의 경우.
3. 고위공직자나 정치인, 권력기관의 부정부패 등 공개에 따른 사회적 이득이 큰 경우.

## 논란의 포토라인: 인격권 침해 vs. 알권리 보장

### 포토라인의 의미와 유래

포토라인(photo line)은 과열 취재경쟁으로 인한 불상사를 막기 위해 신문·방송사 카메라 기자들이 더 이상 취재원에 접근하지 않기로 약속한 일종의 취재경계선을 말한다.

어떠한 범죄사건에 있어서 포토라인은 기자가 취재하기 힘든 공적 인물을 공개리에 소환하여 무질서한 취재를 막고 해당 수사를 공식화하는 지점이라 할 수 있다. 그런데 이 포토라인은 모든 국가에 존재하는 것은 아니고 우리나라와 일본과 같은 특정 국가에만 존재·운영되고 있다고 한다. 대한민국의 포토라인이 만들어진 계기는 다음과 같다. 1993년 고 정주영 현대그룹 명예회장이 검찰에 출두하는 과정에서 과열된 취재 경쟁 속에서 카메라에 이마가 부딪혀 찢어지는 사고가 있었다. 이 사건 등을 계기로 1년 뒤인 1994년부터 포토라인 운영이 시작되었다고 한다.

그런데 2019년 현재, 포토라인은 인격권 침해라는 의견과 국민의 알 권리 보호라는 의견이 충돌하면서, 그의 존폐 여부가 뜨거운 논란이 되고 있다.

### 포토라인의 긍정적인 면

포토라인 설치·운영에 법적인 근거는 없다. 다만, 수사기관과 언론사가 맺은 일종의 약속이라고 볼 수 있다. 그렇다면, 이러한 포토라인이 없어진다면 어떻게 될까? 이에 대해서 일각에서는 포토라인이 사라지면 권력형 비리는 지금보다도 드러나기 어려운 구조가 될 거라는 주장이 있다. 포토라인이 일종의 '수사에 대한 감시효과'를 가져다준다는 점이다.

포토라인을 통해서 취재를 보장받은 언론들은 권력자의 언론보도 방해에서 벗어날 수 있는 계기가 되었다는 점이다. 현재 우리나라는 이러한 포토라인 덕분에 언론자유의 지평을 넓힐 수 있게 되었고, 이 과정에서 국민의 알 권리 역시 더 보호받게 되었다는 평가를 받는다.

### 포토라인의 부정적인 면

포토라인은 또 다른 인격권을 침해한다는 주장도 크게 제기되고 있다. 범죄혐의로 수사를 받는 사람은 유죄가 확정되기 전까지는 헌법에서 보장하는 '무죄추정의 원칙'에 의해 무죄라고 추정된다.

그러나 포토라인은 '유죄추정'을 하게 만든다는 점이다. 많은 사람들은 피의자가 포토라인에 섰다는 이유 하나만으로 부정적인 시각을 갖게 되고, 이러한 과정에서 훼손된 피의자의 명예는 회복 가능성을 사실상 잃게 된다. 사람들은 이후의 사건진행 과정에 대한 관심이 점차 떨어지고, 심지어는 수사와 판결의 최종 결과에는 크게 신경 쓰지 않는 경우가 적지 않다.

또 포토라인으로 인해 피의자의 초상권 침해 역시 문제시 된다. 초상권을 포함한 인격권은 헌법에 의해 도출된 국민의 기본권 중 하나로, 최우선적으로 보호받아야 할 가치임에는 분명한 사실이다. 그러나 포토라인은 개인의 신상을 언론을 통해 무분별하게 노출시킨다는 점이다.

그렇다면, 일본은 포토라인을 어떻게 운영하고 있는가? 일본은 피의자 소환일정을 비공개로 하고, 언론 또한 취재원이 포토라인에서 수치심을 느끼지 않도록 인터뷰를 금지하는 등 엄격한 규정을 갖고 있다고 한다.

### 포토라인은 초상권 침해인가?

포토라인이 초상권을 침해하는가에 대한 법원의 역시 엇갈린 판결을 보여주고 있다. 2017년 8월, 구원파 핵심 인물, 전모 씨가 포토라인에 설 때, 동행한 A, B가 초상권 침해를 당했다며 법적 보상을 청구한 바 있다. 이에 대해 1심 법원은 포토라인 앞에 선 것만으로는 초상에 대한 촬영에 동의한 것으로 볼 수 없다며 '초상권 침해'를 부분적으로 인정하였다. 그러나 이러한 판결이 2심에서는 A가 포토라인에 서면서 적극적인 촬영 거부 의사 표시를 하지 않은 경우에, 초상권을 보호하는 것은 무리라며 언론의 손을 들어주었다. 최종적으로 대법원에 가서는 어떤 판결이 나올지 지켜볼 필요가 있다.

### 포토라인의 발전 방향

개인의 초상권, 명예 등 개인의 인격권은 민주주의 사회에서 반드시 보호되어야 할 핵심가치라 할 수 있다. 그리고 국민의 알 권리 및 언론의 자유 역시 민주주의 수호를 위해 필요한 가치라 할 수 있다. 이 두 가지 가치를 어떻게 하면 조화롭게 운영할 것인가 하는 것이 관건이다.

오늘날과 같이 미디어 환경은 새로운 문제를 끊임없이 만들어내는 상황에서 2006년 8월에 만들어진 이후 한 번도 수정되지 않은 '포토라인 준칙'은 어느 방향으로든 개정될 필요가 있다고 본다.[64]

출처: SNS 기자단, "인격권 침해? 알 권리 보장? 존폐 논란의 포토라인",
http://blog.naver.com/PostView.nhn?blogId=pac3083&logNo=22154566889.

한편, 지난 2019년 10월 4일 검찰은 범죄 피의자 등의 인권문제 논란이 일었던 '피의자 공개소환'을 전면 폐지하기로 하였다.[65] 피의자 공개소환이 폐지되었다면, '포토라인' 관행도 사라진다고 볼 수 있다. 경찰 역시 같은 수사기관으로서 피의자 공개소환을 폐지할 것으로 보인다. 이러한 피의자 공개소환의 폐지는 문재인 대통령이 지시한 검찰개혁 방안의 일환으로 받아들여지고 있다.

그러나 이러한 공개소환 폐지는 공교롭게 전날(3일) 조국 장관의 부인인 정경심 동양대 교수가 비공개소환조사를 받은 다음 날 나왔다. 법조계 안팎에선 정 교수의 비공개 소환을 놓고 '살아있는 권력에 굴복한 황제소환'이란 비판이 제기되고 있다. 과거 양승태 전 대법원장과 박근혜 전 대통령 등 최고 권력자에 대한 수사에서도 종전과 같이 공개소환 방침을 고수했던 검찰이 돌연 비공개소환 방침을 전면적으로 내세운 것은 누가봐도 황제소환 논란을 의식한 것으로 해석할 수밖에 없는

---

64) 포토라인 준칙에 관한 내용은 https://www.mediapaper.kr/500 참조.
65) SBS(2019.10.04).

여지가 있기 때문이다.

한편, 이번 결정으로 언론의 감시기능이 무력화될 수 있다는 우려도 나왔다. 일각에서는 일반인이 아닌 공인, 특히 살아 있는 권력에 대한 수사에서 기본적인 소환절차 공개가 사실상 비공개됨으로써 '봐주기 수사'로 전락할 가능성이 있고, 언론의 견제기능도 무용지물이 될 가능성이 크다고 우려하고 있다. 반면, 검찰 등 수사기관의 개혁의 연장선에서 이 문제를 접근해야 한다는 반론도 적지 않다.

---

### (경찰청)경찰수사사건 등의 공보에 관한 규칙

포토라인: 사건관계자에 대한 소환·현장검증 등의 수사과정에서 안전사고 방지와 질서유지를 위하여 언론의 촬영을 위한 정지선(포토라인)을 설치할 수 있다. 포토라인을 설치할 때에는 언론에 미리 그 내용을 알려 포토라인이 원활히 운영되도록 하여야 한다(제17조).

---

## 29) 불법촬영물

■ 불법촬영(디지털 성범죄, 몰래카메라) 유형과 근절방안에 대해 토론하시오.
  (2018. 서울 집단면접, 101경비단 집단면접, 경기남부 집단면접, 경남 집단면접, 광주 집단면접, 인천 집단면접, 충남 개별·집단면접)

불법촬영(hidden camera)이라는 것은 당사자와 합의하지 않은 상태에서 카메라 등으로 상대방을 촬영하거나 그 촬영물을 반포·판매·임대·제공·전시·상영하는 행위를 말한다.[66]

이러한 불법촬영은 넓은 의미에서는 비밀번호 등 개인 정보를 입수할 목적으로 행하는 촬영이나 영상물의 불법복제를 위한 촬영도 포함될 수 있지만, 일반적으로는 디지털 기기 등을 사용해 성적인 목적으로 타인의 신체 등을 몰래 촬영하는 '디지털 성범죄'를 일컫는다.[67]

---

66) 다음백과(https://100.daum.net/encyclopedia).

이처럼 불법촬영은 특히, 상대방 동의 없이 타인의 신체를 촬영하거나 이를 배포한다는 점에서 성폭력 범죄에 해당한다. 성폭력이란 개인의 성적 자기결정권을 침해하여 신체적·심리적 고통을 불러일으키는 행위를 이른다.

현행법에서는 카메라 등을 사용해 다른 사람의 신체를 불법촬영하거나 유포할 경우 「성폭력범죄의 처벌 등에 관한 특례법」(약칭: 성폭력처벌법)에 따라 처벌하고 있다(제14조). 성폭력처벌법에 따라 불법촬영으로 유죄 판결을 받으면 신상정보 등록대상자가 되어 신상정보가 공개될 수도 있다(제25조).

## 카메라 등을 이용한 불법촬영 유형별 처벌(개정 2018.12.18).

1. 피해자의 '의사에 반하여'(몰래) 촬영한 자: 5년 이하의 징역 또는 3천만원 이하의 벌금

카메라나 그밖에 이와 유사한 기능을 갖춘 기계장치를 이용하여 성적 욕망 또는 수치심을 유발할 수 있는 사람의 신체를 촬영대상자의 의사에 반하여 촬영한 자

2. 피해자의 의사에 반해 유포한 자: 5년 이하의 징역 또는 3천만원 이하의 벌금
① 위의 '1'에 따른 촬영물 또는 복제물(복제물의 복제물 포함)을 반포·판매·임대·제공 또는 공공연하게 전시·상영(이하 '반포등'이라 함)한 자
② 위의 '1'의 촬영이 촬영 당시에는 촬영대상자의 의사에 반하지 아니한 경우에도 사후에 그 촬영물 또는 복제물을 촬영대상자의 의사에 반하여 반포등을 한 자

---

67) 과거에는 상대방의 동의를 받지 않고 카메라 등으로 몰래 촬영하는 행위를 일컫는 말로 '몰카(몰래카메라)' 혹은 '도촬(도둑촬영)' 등을 혼용해 사용하였다. 몰래카메라란 황당한 사건을 만들어 출연자를 속이는 버라이어티 방송 수법에서 유래한 말이다. 그러나 몰래카메라(몰카)가 범죄행위를 이르는 말로 적절하지 않다는 비판이 이어졌다. 몰래카메라라는 재미를 위해 만들어진 영상물에서 유래된 단어로, 촬영대상자에게 심각한 피해를 주는 범죄행위의 심각성을 희석할 수 있기 때문이다. 정부는 2017년 9월 범죄의 심각성을 담지 못한다는 점에서 몰카 대신 불법촬영이란 용어를 사용한다고 발표했다. 디지털 기기를 사용해 촬영·배포한다는 점에서 '디지털 성범죄'라 표현하기도 한다. 한편, 본인 동의 없이 유포된 성관계 영상을 이르는 '리벤지 포르노'라는 표현도 성적인 특징을 부각해 피해자에게 2차 피해를 줄 수 있어 '디지털 성범죄 영상' 등으로 바꾸어 부르고 있다. 다음백과(https://100.daum.net/encyclopedia).

경찰청 통계에 따르면, 이러한 불법촬영 범죄는 2011년 이후 급격히 증가하고
있는 것으로 나타났다. 2016년 불법촬영 발생건수는 5,170건, 검거건수는 4,891건
에 이르고 있다.

▌불법촬영 발생·검거건수 등

| 구 분 | 발생건수 | 검거건수 | 검거율 |
| --- | --- | --- | --- |
| 2011 | 1,535 | 1,344 | 88.0% |
| 2012 | 2,412 | 2,054 | 85.0% |
| 2013 | 4,841 | 4,405 | 91.0% |
| 2014 | 6,635 | 6.397 | 96.0% |
| 2015 | 7,615 | 7,430 | 98.0% |
| 2016 | 5,170 | 4,891 | 95.0% |

출처: 경찰청 범죄통계(2011－2016); 다음백과(https://100.daum.net/encyclopedia) 재인용.

그렇다면, 이러한 불법촬영이 증가하는 원인은 무엇인가?
첫째, 불법촬영은 관음증 등의 성도착증과 관련이 있다고 알려졌다. 관음증은 훔쳐
보기를 통해 쾌락을 얻는 증상이다. 많은 전문가는 불법촬영이 정신적 문제
가 내재한 성중독과 연관이 깊다고 분석하고 있다. 즉, 불법촬영은 일시적 실

---

68) "정보통신망"이란 「전기통신사업법」에 따른 전기통신설비를 이용하거나 전기통신설비
와 컴퓨터 및 컴퓨터의 이용기술을 활용하여 정보를 수집·가공·저장·검색·송신 또는
수신하는 정보통신체제를 말한다. 정보통신망 이용촉진 및 정보보호 등에 관한 법률(일
명: 정보통신망법) 제2조 제1항 제1호.

수가 아니며, 검거 후 적절한 치료가 뒤따르지 않으면 재범 가능성이 크다고 볼 수 있다.[69]

둘째, 불법촬영물을 단순 영상물로 생각하는 왜곡된 인식도 불법촬영의 원인 중 하나다. 즉, 실제 상황이 아닌 영상물로 접하기 때문에 이에 대한 죄의식이나 수치심이 희박하다는 점이다. 그러나 불법촬영물은 엄연히 피해자가 존재하는 범죄영상이며, 이를 감상하는 것은 범죄행위에 동조하는 것이라는 점을 인식할 필요가 있다.

셋째, 불법촬영물의 유포를 통해 적지 않은 경제적 이득을 취할 수 있다는 점이다. '수요가 공급을 창출한다'는 말이 있듯이 적지 않은 사람들이 불법촬영물을 일정한 비용을 지불하고서도 이용하고 있다는 점이다. 특히, 인터넷이 보편화된 오늘날 사람들은 지극히 사적인 공간에서 컴퓨터·스마트폰 등을 통해 이를 즐길 수 있기 때문에 이의 단속 내지 규제가 어렵다는 점이다.

## 모텔 몰래카메라 일당 검거

모텔 투숙객에 대한 불법촬영 일당 4명이 경찰에 체포되었다. 이들은 모텔 객실에 초소형 몰래카메라를 설치해 숙객의 사생활을 몰래 촬영하고 이를 실시간 인터넷사이트에서 생중계한 혐의를 받고 있다.

이들은 2018년 11월 24일부터 2019년 3월 3일까지 영남, 충청권 10개 도시에 있는 30개 숙박업소 24개 객실에 무선 인터넷 카메라를 설치해 투숙객 1천 600여 명의 사생활을 촬영하고 이를 자신들이 운영하는 사이트에서 생중계한 혐의를 받고 있다.

이들의 범행 수법은 치밀했다. 객실을 단기간 '대실'해 TV 셋톱박스, 콘센트, 헤어드라이어 거치대 등 내부에 카메라를 설치한 뒤 정상 작동 여부를 원격으로 확인하였다.

---

69) 2016년 한국여성변호사회가 2016년까지 서울 관할 법원에서 선고한 불법촬영 1,540건을 분석한 결과, 가해자 1인이 2회 이상 촬영한 경우가 53.83%로 절반 이상인 것으로 나타났다. 또한, 100회 이상 촬영한 경우도 37건에 달해 재범률이 높은 범죄임을 알 수 있다. 다음백과(https://100.daum.net/encyclopedia) 재인용.

특히, 이들이 사용한 초소형 카메라는 렌즈 크기가 1㎜에 불과해 작은 구멍만 있으면 촬영이 가능하였다. 여기에 숙박업소 내 무선인터넷을 이용해 영상을 전송하는 방식을 이용하였다. 이러한 방식으로 촬영된 영상은 해외에 구축한 서버를 이용해 자신들이 운영하는 사이트(2018년 11월 24일부터 운영)로 전송됐고, 일부 영상은 편집 등을 통해 VOD 형식으로 다시 볼 수 있도록 하였다. 영어로 구성된 이 사이트의 월 이용료는 약 5만원(44.95달러)이었다.

출처: MBC(2019.03.21.).

한편, 모텔과 같은 공중위생업소에서 불법촬영 등의 문제가 특히 제기됨에 따라 이를 운영하는 업자들에 대한 규제도 이루어지고 있다.

## 공중위생업자의 불법카메라 설치 금지

공중위생영업자는 영업소에 「성폭력범죄의 처벌 등에 관한 특례법」 제14조 제1항에 위반되는 행위에 이용되는 카메라나 그밖에 이와 유사한 기능을 갖춘 기계장치를 설치해서는 아니 된다.

공중위생관리법 제5조.[70]

## 공중위생업소의 출입·검사

① 제1항 생략
② 시·도지사 또는 시장·군수·구청장은 공중위생영업자의 영업소에 제5조에 따라 설치가 금지되는 카메라나 기계장치가 설치되었는지를 검사할 수 있다. 이 경우 공중위생영업자는 특별한 사정이 없으면 검사에 따라야 한다(신설 2018. 12.11.).

---

70) 시장·군수·구청장은 공중위생영업자가 이를 위반하여 카메라나 기계장치를 설치한 경우에는 6월 이내의 기간을 정하여 영업의 정지 또는 일부 시설의 사용중지를 명하거나 영업소폐쇄 등을 명할 수 있다(공중위생관리법 제11조 제1항 제4의2).

③ 위와 같은 경우에 시·도지사 또는 시장·군수·구청장은 관할 경찰관서의 장에게 협조를 요청할 수 있다(신설 2018.12.11.).

공중위생 관리법 제9조 제2항, 제3항.

그런데 이러한 불법촬영이 갈수록 증가하고 있고, 또 이로 인한 피해자의 피해가 심각한 수준에도 불구하고 처벌 수위가 약하다는 비판이 제기되고 있다.[71]

한국여성변호사회에 따르면, 2016년까지 서울 관할 법원에서 선고가 내려진 불법촬영 범죄 중 1심에서 징역형이 선고된 경우는 전체의 5.32%에 불과한 것으로 나타났다.[72] 1심 선고형에서의 처벌 비중은 벌금형 71.97%, 집행유예 14.67%, 선고유예 7.46% 순이다. 벌금형 중에서는 300만원 이하가 79.97%로 가장 많은 비중을 차지하였다.

따라서 한국여성변호사회는 불법촬영 범죄의 죄질이나 상습성에 따라 선고 형량에 편차를 둘 수 있도록 양형 기준을 구체적으로 정하는 한편, 재발 방지를 위해 성폭력 치료강의, 보호관찰 등의 부수처분을 적극적으로 마련해야 한다고 하였다.

이와 관련하여, 정부는 2017년 9월 디지털 성범죄 피해방지 종합대책을 통해 변형카메라 판매부터 피해자 지원까지 단계별 개선 방안을 마련하겠다고 밝혔다. 단계별 구체적인 내용은 다음과 같다.

## 단계별 디지털 성범죄 피해방지 종합대책

1. 변형 카메라 판매·촬영 단계: 변형·위장 카메라의 수입·판매업자에 대한 등록제 도입, 유통 이력 추적 시스템 구축.
2. 불법촬영물 유포·신고 단계: 수사기관 요청시 방송통신심의위원회가 촬영물

---

71) 이러한 이유로 「성폭력범죄의 처벌 등에 관한 특례법」 제14조(카메라 등을 이용한 촬영)상의 처벌규정이 2018년 12월 18일에 강화된 내용은 위에서 설명한 바와 같다. 법 개정 이전에는 '①'에 대해서는 5년 이하의 징역 또는 1천만원 이하의 벌금, '②'에 대해서는 3년 이하의 징역 또는 500만원 이하의 벌금, '③'에 대해서는 7년 이하의 징역 또는 3천만원 이하의 벌금에 처하도록 하였다.
72) 다음백과(https://100.daum.net/encyclopedia) 재인용.

을 즉시 삭제하는 패스트 트랙(Fast Track) 시행, 정보통신사업자의 불법영상물 삭제·접속차단 조치 의무 신설, 불법촬영물의 유통을 원천 차단하기 위한 DNA 필터링 기술 적용.[73]

3. 디지털 성범죄 단속·수사 단계: 지자체 및 경찰관서 위장카메라 전문 탐지장비 보급, 공공화장실 등 정기 점검, 경찰 내 디지털 성범죄 전담 수사팀 운영.

4. 디지털 성범죄자 처벌 단계: 개인 특정이 가능한 불법촬영물 촬영 및 유포시 징역형만으로 처벌, 촬영을 동의한 경우에도 유포시 비동의한 경우와 동일하게 처벌, 위반행위와 관련한 경제적 이익 몰수 또는 추징, 디지철 성범죄 기록물 저장매체 몰수, 공무원의 디지털 성범죄 발생시 무관용 처벌.

5. 디지털 성범죄 피해자 지원 단계: 신고 즉시 채증 및 긴급 삭제, 사후 모니터링, 전문 상담, 의료비 지원 등으로 이어지는 피해자 종합서비스 시행, 무료법률서비스와 생계비 지원, 정부가 피해자 대신 불법촬영물 삭제비용을 우선 지급한 뒤, 가해자에게 삭제비용을 부과하는 원스톱 종합서비스 제공.

6. 디지털 성폭력 예방·교육 단계: 불법촬영물에 대한 왜곡된 인식을 개선하기 위한 캠페인 진행, 시민단체 등과 협력해 디지털 성범죄 실태 분기별 점검 및 제도 개선 방안 모색, 성폭력 예방 교육시 불법촬영 집중 교육

출처: 다음백과(https://100.daum.net/encyclopedia).

## 30) 청원과 민원·악성민원

- 청와대 국민청원에 대해서 의견을 제시하시오. (2018. 101경비단 집단면접)

- 일반민원과 악성민원의 차이점, 악성민원의 대응방안에 대해서 설명하시오. (2019. 광주 개별면접, 2018. 서울 집단면접, 101경비단 개별면접, 경기북부 개별·집단면접, 경기남부 개별면접, 광주 개별면접, 인천 집단면접, 전북 개별면접, 충남 개별·집단면접, 경남 개별면접)

- 경찰도 감정노동자인데, 악성민원인이 본인에게 이유 없이 화를 내거나 소리를 지른다면 어떻게 대처할 것인가?(2018. 서울 개별면접)

---

73) 필터링기술: 영상물의 오디오나 비디오 고유 특징을 수치화해 DNA를 추출해 동일성 여부를 확인하는 기술

대한민국 헌법에서는 청구권적 기본권으로서 청원권(請願權)을 보장해주고 있다.[74] 청원권이란 "국민이 국가기관에 대하여 의견이나 희망을 진술할 수 있는 권리"를 말한다. 국가는 국민이 제출한 청원을 심사할 의무가 있으며, 나아가 청원을 처리하고 그 결과를 통지할 의무까지 지우고 있다.[75] 이러한 점에서 청원권은 청원에 대응하는 국가의 행위를 요구할 수 있는 적극적인 청구권적 기본권이라 할 수 있다.[76]

## 청원대상기관과 청원사항

1. 청원대상기관
이 법에 의하여 청원을 제출할 수 있는 기관은 다음과 같다.
① 국가기관
② 지방자치단체와 그 소속기관
③ 법령에 의하여 행정권한을 가지고 있거나 행정권한을 위임 또는 위탁받은 법인·단체 또는 그 기관이나 개인


2. 청원사항
청원은 다음의 어느 하나에 해당하는 경우에 한하여 할 수 있다.
① 피해의 구제
② 공무원의 위법·부당한 행위에 대한 시정이나 징계의 요구
③ 법률·명령·조례·규칙 등의 제정·개정 또는 폐지
④ 공공의 제도 또는 시설의 운영
⑤ 그밖에 국가기관 등의 권한에 속하는 사항

청원법 제3조, 제4조.

---

74) ① 모든 국민은 법률이 정하는 바에 의하여 국가기관에 문서로 청원할 권리를 가진다.
② 국가는 청원에 대하여 심사할 의무를 진다(대한민국 헌법 제26조).
75) 청원의 심사: ① 청원을 수리한 기관은 성실하고 공정하게 청원을 심사·처리하여야 한다. ② 생략. ③ 청원을 관장하는 기관이 청원을 접수한 때에는 특별한 사유가 없는 한 90일 이내에 그 처리결과를 청원인에게 통지하여야 한다(청원법 제9조).
76) 김철수(2006), 헌법학원론, 서울: 박영사, p. 902.

# 청와대 국민청원

## 국민청원의 의미

청와대 국민청원은 '국민이 물으면 정부가 답한다'는 국정철학을 지향·반영하고자 도입한 청와대가 활용하는 직접 소통의 수단 중 하나이다. 2017년 8월 17일 문재인 정부 출범 100일을 맞이하여 그달 19일 청와대 홈페이지를 '국민소통플랫폼'으로 개편하면서 신설되었다.

임종석 대통령비서실장이 백악관의 청원 프로그램인 '위더 피플(We the People)'에 착안해 제안하였고, 국민과의 직접 소통을 중시하는 문재인 대통령의 전폭적 지지에 힘입어 만들어졌다. 청원에 30일 동안 20만명 이상의 동의가 모일 경우에는 장관과 수석비서관을 포함한 정부 관계자의 공식 답변을 30일 이내에 들을 수 있도록 하였다. 백악관의 위더피플은 30일 동안 10만 명 이상을 기준으로 하고 있어, 청와대 국민청원의 기준이 다소 높은 편이지만 다양한 의견이 개진되고 있다.

2018년 2월 현재까지 20만명의 동의를 얻어 답변된 청원이 총 8개 존재하며, 그 내용은 다음과 같다.

- 청소년범죄 잔인화에 따른 청소년보호법 폐지
  ⇨ 답변: 현실상 폐지는 불가, 법 개정 등 실태조사 후 조치 검토
- 낙태죄 폐지 및 낙태약 합법화
  ⇨ 답변: 실태조사 후 조치 검토(지극히 정치적 답변의 성격을 가짐)
- 주취감형 폐지 건의
  ⇨ 답변: 주취감경은 형법상 없는 내용임. 감경관련 규정은 일반 규정이므로 폐지 불가
- 조두순 출소 반대
  ⇨ 답변: 법 원칙상 불가
- 전기안전법 개정
  ⇨ 답면: 법 개정됨(청원제도의 장점을 잘 살린 사례임).
- 가상화폐 규제 반대
  ⇨ 답변: 거래 투명화 언급(답변의 모호성)

- 정형식판사 판결 감사 청구
  ⇨ 답변: 법관의 신분보장 규정상 불가함.

출처: 다음백과(https://100.daum.net/encyclopedia).
http://blog.naver.com/PostView.nhn?blogId=
dokgorao&logNo=22121362350.

## 청와대 국민청원의 장단점

### 1. 장점

① 청와대라는 공신력 있는 정부기관의 이름으로 실시하는 제도이므로 국민들에게 신뢰감을 줄 수 있다.

② 정치적으로 민감할 수 있는 이슈에 대해 적극적으로 문제제기가 가능하고 비교적 빠른 답변을 구할 수 있다.

③ 폭넓은 공론화를 통해 문제 상황을 신속하게 인지, 파악할 수 있다.

④ 관할, 담당부서와 무관한 넓은 범위의 청원도 가능하다.

⑤ 일반적인 청원이나 민원은 개인 또는 단체가 제기하며, 처리 결과도 그 대상자에게 한정되어 통지되는 게 일반적인데 청와대 청원의 경우 문제제기와 처리결과가 공개되므로 공통 관심사를 가진 국민들에게 도움이 될 수 있다.

⑥ 담당 창구를 먼저 찾아야 하는 불편함 없이 온라인으로 직접 청원할 수 있다.

### 2. 단점

① 일반 청원과는 달리 답변이 보장되지 않으며 인원수와 기간의 조건을 충족할 경우에만 답변된다.

② 답변된 청와대 청원에서 보듯 공론 형성이 쉬운 사회적 이슈나 화제와 관련된 내용이 많은데, 실제 이런 청원들이 많은 국민이 관심을 가질만한 내용이라 볼 수 있을지는 의문이다.

③ 제도가 중복된다. 청와대 청원 외에도 국회, 지방의회 청원도 존재하며 국민권익위원회 등 개별 기관의 민원제도도 별도로 존재한다. 이로 인해 다른 민원제도의 실효성이 의문시된다.

④ 청와대가 직접 답변할 필요가 있을까 하는 점까지 청원대상이 된다.

⑤ 청와대 청원은 홈페이지에 게시되고 공개되는 청원이므로 특정 개인, 단체에 대한 제재나 경고 등을 요구하는 내용과 관련해서는 당사자의 기본권 침해도 우려된다.

⑥ 청원의 답변이 나올 때까지 일정 기간이 경과해야 하는데, 이 기간 사이에 이슈가 잊혀지거나 외면되는 문제가 있을 수도 있다.

⑦ 선거 등과 관련해서 정치적으로 민감한 사안이 청원에 반영될 경우 선거법 위반이나 기타 법률 위반도 우려될 수 있다.

출처: http://blog.naver.com/PostView.nhn?blogId= dokgorao&logNo=221213623505.

한편, 민원(民願)이라는 것은 국민이 경찰 등 국가기관에 원하는 바를 요구하는 것을 말한다. 국가는 국민 개인 내지 집단이 민원을 제기하기 전에 여러 가지 제도와 프로그램 등을 통해서 권리를 보호해주고 구제해줄 의무가 있다고 본다. 그러나 복잡·다양한 현실 속에서 모든 문제를 사전에 해결해주는 것은 한계가 있다고 본다.

## 청원과 민원

청원이란 국민이 국가기관에 대하여 일정 사항을 문서로 진정하는 것을 말한다. 「헌법」에 국민의 청원할 권리를 명시적으로 규정하고 있고, 절차 등과 관련해 「청원법」(請願法)이라는 기본법을 두고 있다. 그밖에 국회법, 지방자치법 등에도 명문으로 규정되어 있다.

헌법을 근거로 마련된 청원법에는 개개인 간의 문제를 제외하고, 국가기관에 대한 건의, 피해 구제, 불만 등 여러 가지 사항에 대해 진정할 수 있도록 규정하고 있다.

한편, 청원과 유사한 제도로 민원이 있다. 민원이란 민원인이 행정기관에 대하여 처분 등 특정한 행위를 요구하는 것을 말한다. 명칭은 다르지만 해당 기관만을 대상으로 한다는 등의 몇 가지 차이를 제외하고는 실질적으로 청원과 같은 기능

을 가지고 있다. 민원과 관련하여서는 「민원처리에 관한 법률」에서 전반적인 사항
을 규정하고 있다. 그리고 고충민원의 경우에는 「부패방지 및 국민권익위원회의
설치와 운영에 관한 법률」이 제정되어 있다.

민원의 경우, 일반적으로 해당 사건과 관련한 기관이나 관할 관청에 직접 제기
하는데, 민감하고 복잡한 사안이나 피해는 물론이고, 최근엔 '무엇을 도와드릴까
요?'라고 적힌 안내창구의 안내, 자격증 발급 등의 업무도 민원으로 보기도 한다.
일반적으로 기관마다 관련된 각자의 민원을 처리하고 있으며, 몇몇 기관은 종합적
인 민원업무를 전문적으로 담당하고 있다.

출처: http://blog.naver.com/PostView.nhn?blogId=
dokgorao&logNo=221213623505.

국민의 민원을 구체적으로 실현하기 위해 제정된 대표적인 법은 「민원처리에
관한 법률」(약칭: 민원처리법, 1997년 제정)이라 할 수 있다. 이 법은 "민원처리에 관
한 기본적인 사항을 규정하여 민원의 공정(公正)하고 적법(適法)한 처리와 민원행정
제도의 합리적 개선을 도모함으로써 국민의 권익을 보호함"을 목적으로 하고 있다
(제1조).

## 민원의 정의

민원이란 민원인이 행정기관에 대하여 처분 등 특정한 행위를 요구하는 것을
말하며, 그 종류는 다음과 같다.

1. 일반민원
① 법정민원: 법령·훈령·예규·고시·자치법규 등(이하 "관계법령등"이라 한다)
   에서 정한 일정 요건에 따라 인가·허가·승인·특허·면허 등을 신청하거나
   장부·대장 등에 등록·등재를 신청 또는 신고하거나 특정한 사실 또는 법률
   관계에 관한 확인 또는 증명을 신청하는 민원[77]

---

77) 복합민원: 하나의 민원 목적을 실현하기 위하여 관계법령등에 따라 여러 관계 기관(민원
과 관련된 단체·협회 등을 포함한다. 이하 같다) 또는 관계 부서의 인가·허가·승인·추

② 질의민원: 법령·제도·절차 등 행정업무에 관하여 행정기관의 설명이나 해석을 요구하는 민원
③ 건의민원: 행정제도 및 운영의 개선을 요구하는 민원
④ 기타민원: 법정민원, 질의민원, 건의민원 및 고충민원 외에 행정기관에 단순한 행정절차 또는 형식요건 등에 대한 상담·설명을 요구하거나 일상생활에서 발생하는 불편사항에 대하여 알리는 등 행정기관에 특정한 행위를 요구하는 민원

## 2. 고충민원

「부패방지 및 국민권익위원회의 설치와 운영에 관한 법률」제2조 제5호에 따른 고충민원(苦衷民願)[78]

민원처리에 관한 법률 제2조.

그런데 최근 들어 이른바 '악성민원'(惡性民願) 또는 '고질민원'(痼疾民願)이 많이 증가하고 있어 이로 인해 경찰 등 공무원들의 직무수행과정에서 적지 않은 스트레스 요인이 되고 있다. 민원인들도 불편함 내지 부당함을 경험했기 때문에 이러한 민원을 제기하지만, 그 요구사항 내지 요구방법 등이 통상적인 수준을 벗어나는 경우에는 이를 담당하는 경찰 역시 어려움에 처할 수밖에 없는 것이 현실이다.

그런데 일반민원과 악성민원을 구분하는 법적 기준은 없으며, 민원처리 절차도 실무적으로 차이가 있을 뿐 공식적으로 법이나 제도적으로 다른 것도 아니다. 그리고 악성민원의 구성요소가 단순히 하나인 경우는 거의 없으며, 대부분 여러 종류의 요소가 복합적으로 혼합되어 나타나고 있다. 또한, 악성민원에 대한 정의와 용어의 다양성에서 살펴본 바와 같이 이에 대한 구성요소도 주관적인 기준에 따라 여러 가지로 구분할 수 있는 것이다.

---

천·협의 또는 확인 등을 거쳐 처리되는 법정민원.
78) 고충민원이란 행정기관 등의 위법·부당하거나 소극적인 처분(사실행위 및 부작위 포함) 및 불합리한 행정제도로 인하여 국민의 권리를 침해하거나 국민에게 불편 또는 부담을 주는 사항에 관한 민원(현역장병 및 군 관련 의무복무자의 고충민원 포함)을 말한다(제2조 제5호).

## 악성민원에 대한 국가기관별 용어 정의[79]

- 국민권익위원회: 일반적으로 사용하는 악성, 고질이라는 부정적 의미가 아닌 일반적인 민원과 달리 특별한 관심과 배려가 필요한 민원이란 의미로 '특별민원'이라 함.
- 행정안전부, 문화체육관광부, 부산광역시: 정당한 행정처분 등에 승복하지 않고 자기 의사만을 관철시키기 위해 장시간 반복적인 주장 등으로 행정력을 낭비하게 하는 민원을 '특이민원'이라 함.
- 법원행정처: 정상적이지 못한 불법 또는 부당한 방법으로 민원을 제기하여 정당한 직무집행을 방해하는 민원(인)을 '특이민원(인)'이라 함.
- 국가보훈처: 동일한 내용으로 2~3회 이상 계속 반복하여 제출되는 민원과 제기한 민원이 성취될 때까지 3회 이상 계속되는 민원으로 현제의 제도 및 지침에 따라 해결이 곤란한 민원을 '특이민원'이라 함.

출처: 국민권익위원회(2017), 공공부문 특별(악성, 고질)민원 대응매뉴얼, p. 3.

이러한 사정에도 불구하고 경찰 등 공공부문에서 일정한 특성을 가지고 발생하고 있는 민원에 대하여 악성민원 업무담당자가 쉽게 이해하고 민원을 제기한 당사자의 입장에서 좀더 관심을 가지고 해결방안을 찾아 볼 수 있도록 공공부문의 민원처리 과정에서 축적된 경험을 토대로 몇 가지 이의 구성요소를 살펴보기로 한다.[80]

첫째, 민원인이 제기한 일반민원을 행정기관에서 적법하게 처리하였음에도 불구하고 민원처리 결과에 불만을 가지고 지속적·반복적으로 동일·유사한 민원을 제기하는 요소가 있어야 한다.

둘째, 민원인이 민원처리과정에서 자신의 의견만 옳다는 주장을 되풀이 하면서 다른 사람의 의견을 무시하는 요소가 있어야 한다.

---

79) 다만, 악성민원 또는 고질민원이라는 용어 자체는 부정적인 이미지를 가지고 있기 때문에 공공부문에서는 이러한 표현 대신에 '특별민원', '특이민원'이라는 용어를 사용하고 있다. 그러나 이러한 성격의 민원을 쉽게 이해할 수 있도록 이 글에서는 악성민원이라는 용어로 설명하고자 한다.

80) 국민권익위원회(2017), 공공부문 특별(악성, 고질)민원 대응매뉴얼, p. 4.

셋째, 민원인이 자신이 제기한 민원에 대하여 자신이 원하는 것을 얻기 위하여 민원업무담당자 등에게 욕설, 폭력, 기물파손 등의 행위를 하면서 직·간접적으로 위법·부당한(또는 비이성적) 요구를 하는 요소가 있어야 한다.

넷째, 민원인이 자신이 제기한 민원을 처리과정에서 여러 차례에 걸쳐 민원업무 담당자의 정상적인 직무집행행위를 방해거나 일반사회 관념으로 수용할 수 없는 내용을 요구하는 요소가 있어야 한다.

다섯째, 민원인이 자신의 민원을 처리한 민원업무 담당자에게 불만을 가지고 징계요구 또는 고소·고발 등의 형사처분, 민사상의 손해배상 등을 일방적으로 요구하는 요소가 있어야 한다.

여섯째, 민원인이 자신이 제기한 민원을 통하여 사적이익을 추구하기 위하여 불필요한 과다한 행정력과 예산낭비 유발로 다른 민원인에게 피해를 주는 요소가 있어야 한다.

경찰 등 공공부문에서 이러한 악성민원을 구성하는 요소는 이러한 구성요소뿐만 아니라 주관적인 판단에 따라서 더 많은 요소가 있을 수 있으므로 사회적 공감대를 통해 그 중에서 어떤 요소를 고질민원의 구성요소로 할 것인지에 대하여 객관화하려는 노력이 필요하다고 본다.

## 악성민원의 원인(대책)

그렇다면, 이러한 악성민원이 증가하고 있는 이유는 무엇인가? 악성민원의 원인을 찾아낼 수 있다면, 이의 대책 역시 마련할 수 있을 것이다. 즉, 악성민원의 원인이 되는 요소를 최소화시키는 것이 곧 대책이 되기 때문이다.

1. 민원인들의 주장하는 악성민원의 원인
① 민원발생 초기단계에서 민원업무 담당자의 대응소홀에 대한 불만
고충민원 특별조사팀에서 분석한 결과를 보면, 고충민원에서 악성민원으로 전환되는 가장 큰 원인은 고충민원처리 초기단계에서 담당 경찰관의 불성실한 답변과 태도, 형식적인 고충민원처리에 대한 불만이었다.

구체적인 불만요인으로는 담당 경찰관이 민원인에게 고충민원의 처리기간·과정·결과 및 사후조치 등에 대한 충분한 설명이 부족하였다는 것이다. 특히, 민원인이 담당 경찰관에게 고충민원처리 결과에 대하여 불만을 제기하는 경우 '규정상 그렇습니다' 또는 '우리를 괴롭히지 말고 소송을 하세요'라는 책임회피성 답변 등으로 인하여 악성민원으로 전환되는 원인이 되고 있다.

② 민원인과 민원업무 담당 경찰관 사이의 잘못된 의사소통 결과에 대한 불만

일반적으로 민원인은 자신이 제기한 민원에 대하여 담당 경찰관이 정확히 내용을 파악하여 민원인의 입장에서 해결해 주기를 바라고 있다. 그런데 담당 경찰관이 민원 해결도 못하면서 민원인에게 이해할 수 없는 어려운 전문적인 법률, 행정용어로 그 사유를 설명하는 경우 자신의 민원처리 결과 등을 잘 이해할 수 없게 된다.

그리고 이러한 일련의 과정에서 민원인과 담당 경찰관 사이에 사소한 오해가 발생하는 경우 원만하고 합리적인 의사소통을 해결하려는 노력보다는 무시하는 듯한 잘못된 의사소통으로 불만이 가중되어 고질민원인으로 전환되는 경우가 많다.

③ 처리기관에 따라 동일·유사민원의 처리결과가 다르게 나타나는 것에 대한 불만

민원인은 자신이 제기한 민원에 대하여 처리기관에 따라 상이한 처리결과가 나타나는 경우에 의문을 제기하면 충분히 이해할 수 있도록 담당 경찰관이 설명하여 주기를 바라고 있다. 그런데 담당 경찰관의 충분한 설명도 부족하고, 합리적인 해결방안도 제시되지 않은 경우 형평성 문제를 제기하는 악성민원이 발생한다.

④ 민원처리 환경변화에 대한 경찰조직의 선제적인 민원처리 제도개선 노력의 부족

대부분의 민원인들은 우리사회 환경의 변화에 맞추어 자신이 제기한 민원처리가 불편하지 않고 자연스럽게 처리할 수 있도록 경찰 등 공공기관에서 선제적으로 관련 법규나 제도 등 민원서비스 환경을 개선해 주기를 기대하고 있다.

그러나 경찰조직의 대응노력 부족으로 자신이 제기한 민원을 처리하는 과정에서 민원인이 경제적 손실을 입게 되거나 심한 불편함 등을 느끼는 경우 악성민원이 발생한다.

## 2. 경찰조직 등 행정기관이 주장하는 악성민원의 원인

① 민원인이 직면한 특별한 주변 상황 내지 환경의 문제로 악성민원이 발생함

악성민원이 발생하는 원인에 대하여 많은 담당 경찰관들은 '악성민원인이 직면한 특별한 주변 상황 내지 환경문제와 민원제기를 통하여 사적 이익을 얻어 자신의 경제적 어려움을 해결할 목적으로 악성민원을 제기한다'고 보고 있다.

그리고 심지어 '악성민원인 스스로가 해결해야 할 개인적인 가정환경 문제나 자신의 잘못으로 유발되는 일상적인 문제에 대해서도 경찰에 책임을 전가하며 반복적으로 민원을 제기하여 해결하려는 사례'를 들면서 이를 악성민원 발생 원인으로 설명한다.

② 고질민원인의 개인적인 성격 특성으로 인하여 고질민원이 발생한다.

민원업무를 담당하는 경찰관들이 주장하는 또 다른 발생원인은 '악성민원인의 개인적인 성격(편집성, 분열성, 반사회성, 자기애성, 연극성(히스테리성), 경계성, 회피성, 의존성, 강박성 등)이 민원처리과정에 연계되어 악성민원이 발생한다'는 것이다.

③ 악성민원인의 기대심리와 현실적인 차이

민원업무를 담당하는 경찰관들은 일반적으로 '악성민원인은 자신이 제기한 민원은 경찰조직의 잘못으로 발생된 것으로 반드시 해결해 주어야 하며, 이로 인하여 발생한 손실이 너무 크기 때문에 정당한 보상이 이루어져야 한다고 주장하지만, 대부분 이를 뒷받침 할 수 있는 근거규정이나 요건이 너무 부족하다는 점'을 들고 있다.

특히, 이러한 유형의 악성민원은 보상과 관련한 민원분야에서 많이 발생하고 있으며, '악성민원이 비이성적인 근거에 의해 주장하는 높은 기대심리와 악성민원 담당 경찰관의 현실적인 여건을 고려하여 결정한 합리적인 수준과 차이로 인하여 악성민원이 발생한다'는 것이다

출처: 국민권익위원회(2017), 공공부문 특별(악성, 고질)민원 대응매뉴얼, pp. 5-6.

경찰조직 등 공공부문에서 악성민원을 담당하는 사람들은 이로 인하여 불필요한 과다한 경찰력과 예산낭비, 사기저하, 직무 안정성 저해, 기관 이미지 훼손 등의

문제점을 제기하고 있다.

　　그러나 이러한 악성민원으로 인하여 경찰조직의 불합리한 제도개선, 악성민원 업무 담당자의 민원처리 역량제고, 자기성찰의 기회 제공, 경찰조직의 감시통제 기능 등의 다양한 순기능도 일부 있다는 점을 인식할 필요가 있다.[81]

첫째, 악성민원은 경찰조직의 불합리한 제도를 개선하는 계기를 제공할 수 있다는 점이다. 악성민원은 오래 동안 자신이 제기한 민원에 대한 처리과정에서 관련규정 등을 심도 있게 검토하여 대응하는 경우가 대부분으로 일부 악성민원인들은 담당 경찰관이 파악하지 못한 문제점을 제기하고 해결할 수 있는 합리적인 개선방안도 제시하는 경우가 있다.

둘째, 악성민원은 담당 경찰관의 민원처리 능력을 제고할 수 있다. 담당 경찰관이 악성민원 처리과정에서도 충분한 업무지식과 친절하면서도 엄정한 민원처리 자세유지, 어려움을 겪는 사람들에 대한 배려, 절제된 언행 등의 높은 수준의 서비스를 제공할 준비와 자세를 갖추어야 한다. 따라서 결과적으로 악성민원을 처리하는 과정에서 담당 경찰관은 개인적으로 민원처리 업무능력이 향상되는 계기가 될 수도 있을 것이다.

셋째, 악성민원은 담당 경찰관의 자기성찰의 기회를 제공할 수도 있을 것이다. 담당 경찰관은 까다롭고, 경우에 따라서는 번거로운 악성민원을 처리하는 과정에서 민원인의 만족도를 높이기 위해서는 다음과 같은 질문을 통하여 자기성찰의 기회로 삼을 수도 있을 것이다.

　　"악성민원인에게 진정으로 내 자신의 마음의 문을 열고 그들의 문제를 이해하려는 나의 노력이 부족한 것은 아닌지? 우리사회의 다양성과 복잡성을 이해하려는 노력보다는 공공기관의 일방적인 결정에 복종하고 따르는 민원인만 있어야 한다고 생각한 것은 아닌지? 우리와 함께하는 다른 행정기관의 민원서비스 환경변화와 비교하여 우리 경찰조직의 노력은 부족한 것은 아닌지? 악성민원인의 주장을 경청(傾聽)하기보다는 자신의 업무처리 기준에 맞추기를 바라는 교만함을 가지고 있는 것은 아닌지? 악성민원인에게 더 높은 수준의 민원서비스를 제공할 수 있도록 전문적이고 다양한 역량개발을 위한 준

---

81) 국민권익위원회(2017), 앞의 책, pp. 7-8.

비를 게을리 하고 있는 것은 아닌지?"

끝으로, 악성민원은 경찰조직에 대한 비공식적인 감시통제 기능을 수행할 수 있다는 점이다. 경찰조직에 악성민원을 제기하고 있는 민원인들은 대부분 자신이 제기한 민원분야에 대해서는 상당한 수준의 전문지식과 높은 문제의식을 가지고 있을 뿐만 아니라 자신의 민원이 발생하게 된 주된 원인이 부패문제와 연계되어 있다고 생각한다.

이러한 생각을 바탕으로 악성민원인들은 자신이 제기한 민원의 해결을 위하여 적극적인 행정정보공개청구 등을 통하여 경찰조직의 행정처리에 대한 견제와 더불어 적극적인 개선을 요구하는 비공식적인 감시통제 기능을 할 수 있을 것이다.

## 31) 4차 산업혁명과 경찰

- 4차 산업혁명이 발달하면서 범죄가 다양화되고 있는데 이에 대해서 어떻게 생각하는가?(2018. 충남 개별면접)

- 4차 산업혁명의 발달이 경찰에 끼치는 영향(조직, 인사, 역할 등) 및 대책에 대해 토론하시오. (2018. 서울 개별면접, 101경비단 집단면접, 전남 집단면접, 전북 집단면접, 충남 개별면접, 광주 집단면접)

- 4차 산업혁명과 인공지능(AI) 경찰로봇에 대해서 토론하시오. (2018. 서울 집단면접, 101경비단 집단면접, 경기북부 집단면접, 경기남부 집단면접, 전남 집단면접, 전북 집단면접)

- 인공지능(AI)가 발달하여 자율주행차가 일반화되고, 이러한 자율주행차량에 의한 사고가 나게 되면, 책임소재(제조사, 운전자, 보행자 등)는 어떻게 되는가? 이 경우 경찰은 어떻게 해야 하는가?(2018. 경기북부 집단면접, 전남 집단면접)

4차 산업혁명(4IR: Fourth Industrial Revolution)이라는 용어는 2016년 세계경제포럼(WEF)에서 이를 주요 의제로 설정하면서 전 세계적으로 주요 화두로 등장하게 되었다. 이 포럼 이후 세계의 많은 미래학자와 연구기관에서 제4차 산업혁명과 이에 따른 산업·사회 변화를 논의하기 시작하였다.[82]

　　그렇다면, 4차 산업혁명이란 무엇인가? 4차 산업혁명의 주창자이자 WEF 회장인 클라우스 슈밥(Klaus Schwab)은 자신의 저서 『4차 산업혁명』에서 이를 "3차 산업혁명을 기반으로 한 디지털과 바이오산업, 물리학 등 3개 분야의 융합된 기술들이 경제체제와 사회구조를 급격히 변화시키는 기술혁명"으로 정의를 내렸다.

　　3차 산업혁명을 기반으로 한 4차 산업혁명은 '초연결성'(Hyper – Connected), '초지능화'(Hyper – Intelligent)의 특성을 가지고 있다고 볼 수 있다. 그리고 사물인터넷(IoT), 클라우드 등 정보통신기술(ICT)을 통해 인간과 인간, 사물과 사물, 인간과 사물이 상호 연결되고 빅데이터와 인공지능(AI) 등으로 보다 지능화된 사회로 변화될 것으로 예상된다.

## 1·2·3차 산업혁명과 4차 산업혁명 개념 논쟁

1·2·3차 산업혁명
이전의 1·2·3차 산업혁명은 다음과 같은 특징을 갖는다.
① 1차 산업혁명: 철도·증기기관의 발명 이후의 기계에 의한 생산시대(1760~ 1840년)
② 2차 산업혁명: 전기·전자와 생산조립라인 등에 의한 대량 생산체계 구축시대(19세기 말~20세기 초)
③ 3차 산업혁명: 반도체와 메인프레임 컴퓨팅(1960년대), PC(1970~1980년대), 인터넷의 발달을 통한 정보기술시대(1990년대 이후)

4차 산업혁명 개념 논쟁
　　4차 산업혁명이라는 개념이 과연 타당한가에 대한 일종의 '세대 논쟁'이 있다. 주지하는 바와 같이, 3차 산업혁명이라는 용어는 2011년 미국의 미래학자 제러미 리프킨(Jeremy Rifkin)이 '인터넷에 의한 커뮤니케이션 발달과 재생에너지의 발달에 의해 수평적 권력구조로 재편되는 혁명'이라고 처음 제시한 바 있다. 3차

---

82) 이하 다음백과(https://100.daum.net/encyclopedia) 재인용.

산업혁명은 반도체와 컴퓨터, 그리고 인터넷 등을 통한 '통신혁명'의 시대를 의미하는 것이라 할 수 있다.

리프킨은 슈밥의 4차 산업혁명 주장에 대해 "제4차 산업혁명을 언급하는 것은 시기상조다. 현재 일어나는 놀라운 변화들은 제3차 산업혁명인 정보화 혁명의 연장선에 불과하다"고 비판한 것이다.

출처: 다음백과(https://100.daum.net/encyclopedia).

클라우스 슈밥은 4차 산업혁명을 이끄는 10개의 선도 기술을 제시하였다.
① 물리학 기술: 무인운송수단, 3D프린팅, 첨단 로봇공학, 신소재 등 4개
② 디지털 기술: 사물인터넷, 블록체인, 공유경제 등 3개
③ 생물학 기술: 유전공학, 합성생물학, 바이오프린팅 등 3개

이상과 같은 기술을 기반으로 슈밥은 컴퓨팅, 스마트 단말(Smart Terminal),[83] 빅데이터(Big Data), 딥러닝(Deep Learning), 드론(Drone), 자율주행차(自律走行車, Self-Driving Car) 등의 산업이 발전하고 있다고 하였다.

## 인공지능: 딥러닝과 빅데이터

인공지능(AI: Artificial Intelligence, 人工知能)이란 사고나 학습 등 인간이 가진 지적 능력을 컴퓨터를 통해 구현하는 기술이다. 인공지능은 개념적으로 강(强)인공지능(Strong AI)과 약(弱)인공지능(Weak AI)로 구분할 수 있다. 강AI는 사람처럼 자유로운 사고가 가능한 자아를 지닌 인공지능을 말한다. 인간처럼 여러 가지 일을 수행할 수 있다고 해서 범용인공지능(AGI: Artificial General Intelligence)이라고도 한다. 강AI는 인간과 같은 방식으로 사고하고 행동하는 인간형 인공지능과 인간과 다른 방식으로 지각·사고하는 비인간형 인공지능으로 다시 구분할 수 있다.

---

83) 스마트 단말기는 마이크로 프로세서와 램(RAM)을 내장하고 있어서 호스트 컴퓨터의 개입 없이 어느 정도의 자료처리가 가능한 단말기를 의미한다. 일반 단말기에 비하여 자체 처리 능력을 가지고 있다는 특징이 있다. 다음국어사전(https://dic.daum. net/word).

약AI는 자의식(自意識)이 없는 인공지능을 말한다. 주로 특정분야에 특화된 형태로 개발되어 인간의 한계를 보완하고 생산성을 높이기 위해 활용된다. 인공지능 바둑 프로그램인 알파고(AlphaGo)나 의료분야에 사용되는 왓슨(Watson) 등이 대표적이다. 현재까지 개발된 인공지능은 모두 약AI에 속하며, 자아를 가진 강AI는 등장하지 않았다.

### 딥러닝과 빅데이터

딥러닝(Deep Learning)이란 사물이나 데이터를 분류하거나 군집하는 데 사용하는 기술을 말한다. 사람의 뇌가 사물을 구분하는 것처럼 컴퓨터가 사물을 분류하도록 훈련시키는 기계학습(Machine Learning)의 일종이다.

2006년 캐나다 토론토 대학 제프리 힌톤(Geoffrey Hinton) 교수의 논문을 통해 처음으로 딥러닝이란 용어가 사용되었다. 딥러닝의 기본 개념은 인공신경망(ANN: Artificial Neural Network)과 유사하다. 인공신경망은 사람의 두뇌와 비슷한 방식으로 정보를 처리하는 알고리즘으로, 사물의 면이나 형상 등 여러 요소의 데이터를 합치고 구분하는 과정을 반복해 정보를 학습한다. 힌톤은 자신의 논문에서 기존 인공신경망 모델의 단점을 극복할 방법을 제시하였다.

여기에 대량의 데이터를 분석할 수 있는 하드웨어의 발달과 빅데이터(Big Data) 등장으로 인공신경망은 한층 뛰어난 결과를 보여주게 되는데, 이것을 딥러닝이라 한다.

출처: 다음백과(https://100.daum.net/encyclopedia).

### 딥러닝과 빅데이터를 활용한 범죄예방 전략과 한계

미국 시카고시는 2008년 FBI 출신 웨이스(J. Weis)를 시카고경찰청(CPD: Chicago Police Department)의 청장으로 임명하였다. 당시까지만 해도 시카고는 '범죄도시'(犯罪都市)라는 오명을 안고 있었다. 웨이스는 이러한 범죄문제를 해결하기 위해 다소 혁신적인 범죄예방 프로젝트를 실시하였다.

이는 마치 영화 '마이너리티 리포트'(Minority Report, 2002)에서 나오는 범

죄시스템처럼 범죄발생 이전에 이를 예방하고자 한 것이다.[84]

즉, 컴퓨터 범죄분석시스템에 의해 범죄관련 자료를 수집·분석하여, 이를 토대로 범죄자 자주 발생하는 '위험지역·장소'(hot spot)를 구분하고, 범죄를 유발하는 물리적 환경의 개선, 주민 상호간의 사회적 상호작용 개선 등의 조치가 이루어졌다.

더 나아가 '잠재적 범죄자' 리스트(list)까지 작성하고, 경찰은 이에 대한 조치를 취하였다. 즉, 경찰은 범죄분석 시스템에 의해서 지목된 잠재적 범죄자

를 미리 찾아가서 경고를 하였다. 예컨대, "22살의 맥다니엘은 고등학교 중퇴를 했지만 전과기록은 없었다. 그러나 어느 날 경찰관이 불시에 방문하여 당사자에게 '우리는 너를 주목하고 있다'(We're watching you)는 메시지만을 던졌다."

컴퓨터 전문가 골드스테인(B. Goldstein)의 도움으로 이 시스템은 2010년에 시행되었는데 그 결과는 매우 경이적이었다. 시행 첫해에 5%의 살인범죄가 감소하였고, 2011년 여름까지 살인사건 사망자 수가 400명 미만으로 떨어지면서 1965년 이래 최저값을 달성하였던 것이다. 그러나 이 범죄분석 및 예측시스템은 오래가지는 못하였다. 무엇보다도 시카고시 재정적자가 악화되자 오바마 전 미국 대통령의 비서실장을 역임했던 램 임마뉴엘 시장이 CPD의 예산을 압박하였고, 결국 이 프로젝트는 축소되었다. 흥미 있는 사실은, 이 범죄예방 프로젝트의 축소와 동시에 살인사건이 증가하였는데, 2011년 10월에만 살인사건이 23% 증가한

---

84) 영화 '마이너리티 리포트'(2002): 2054년 미국 워싱턴시는 범죄가 발생하기 전에 범죄를 예측하여 범죄자를 체포하는 최첨단 치안시스템 '프리크라임'(free crime)을 개발하였다. 이 프리크라임 시스템을 통해서 범죄가 일어날 시간과 장소, 범행을 저지를 사람까지 미리 예측해 내고, 이를 바탕으로 프리크라임 특수경찰은 잠재적 범죄자들을 체포하였다. 유능한 특수경찰인 주인공 존 앤더튼(톰크루즈)은 이러한 과정에서 사건에 휘말리게 된다. https://travelernews.tistory.com/37.

것으로 나타났다.

그러나 예산과 관련된 문제 외에도 이 시스템을 계속 진행하기 어려웠던 것은 시스템운영 자체가 인종적인 편견을 가지고 있다는 비판 때문이었다. 시카고 역시 다른 대도시처럼 흑인 밀집지역이 존재하였는데, 위험지역·장소(hot spot)로 지목된 지역은 시카고 남부의 흑인지역이 대부분이었고, 요주의 관찰대상도 흑인이 대부분이었다고 한다.

즉, 이러한 예측시스템이 운용되기 위해서는 과거의 범죄경력 및 수많은 개인 정보를 필요로 하는데 사생활 침해 및 결과론적이지만 특정 인종에 차별문제와 같은 문제를 노정시켰던 것이다. 요약건대, 범죄예측시스템의 성과에도 불구하고, 그것이 지속되기에는 정치적·사회적 부담이 컸다고 할 수 있다.

출처: https://www.clien.net/service/board/park/6415346.

# 경찰드론

## 아파트 총격현장 정찰하는 경찰드론

미 워싱턴주 밴쿠버의 한 아파트 건물에서 총격이 발생해 경찰이 현장에 드론을 띄우고 있다(사진 우측).

경찰은 이 아파트에 살고있는 것으로 알려진 한 남성이 로비에서 총기를 난사해 3명이 다쳤다고 전하며 사건을 '액티브 슈터'상황으로[85] 규정하고 범인과 대치하고 있다고 밝혔다.

## 경찰드론 대테러 인명구조에 투입

경찰위원회는 2019년 9월 23일 드론의 활용범위와 개인정보 수집 등의 내용이 포함된 「경찰 무인비행장치 운영규칙」(이하 '드론 운영규칙')을 의결하였다.

드론과 관련한 훈령이 제정되기는 이번이 처음이다. 일부 지방경찰청에서 드론을 시범 운영했지만, 근거규정이 없어 적극적인 운용이 어렵다는 지적이 많았다. 이 때문에 그동안 경찰드론은 실종자 수색 등 매우 제한적 영역에서만 활용되어

---

85) '액티브 슈터'(Active Shooter)는 제한된 공간 또는 인구 밀집지역에서 살인을 목적으로 불특정 다수를 상대로 총기를 사용하는 범죄자를 지칭하는 말이다.

왔었다.

이번의 새롭게 제정된 '드론 운영규칙' 훈령에서 눈에 띄는 대목은 경찰드론의 활용 범위가 넓어졌다는 점이다. 운영 규칙상 드론의 운용 범위는 ㉠ 실종아동 수색, ㉡ 자살위험자, ㉢ 테러상황에서의 구급활동, ㉣ 재난상황에서의 구급활동으로

출처: 뉴시스(2019.10.04).

확장되었다. 종래의 실종아동 수색뿐만 아니라, 테러상황에서도 드론이 투입될 근거가 마련된 것이다.

이와 함께 '드론 운영규칙'에는 드론 운용시 수집된 개인정보에 대한 수집·이용 원칙, 보관·관리 방법 등도 규정되었다. 그동안에는 드론 운용으로 개인정보를 어떻게 처리할지에 대한 규정이 없었다. 경찰의 드론사용으로 개인의 사생활이 뜻하지 않게 노출될 수 있다는 점이 문제점으로 지적되어 왔었다.

경찰은 이러한 규정의 제정과 더불어 조달청을 통해 경찰드론 구입을 진행하고 있다. 2019년 말까지 27억원의 예산을 들여 17개 지방경찰청에 각 2대씩 34개의 드론을 배치할 계획이다. 경찰은 열화상카메라와 광학카메라 뿐만 아니라 1인칭 시점 뷰(FPV: first person view)가 장착된 드론을 구매제안 필요 제원에 포함시켰다. 드론 구매는 12월까지 완료될 것으로 보인다.

그러나 경찰이 법령상 구매할 수 있는 드론은 모두 국산 드론이기 때문에 일정 부분 '기술적인 한계'에 직면할 가능성이 있다. 국산 드론 기술은 중국 등 주요 드론 선진국의 수준에 미치지 못하는 것으로 알려졌다. 실제로 경남지방경찰청이 1월~5월까지 실종자 수색을 위해 모두 5차례 드론을 운용했지만, 인명구조 또는 실종자 위치 파악에 모두 실패하였다. 경남지방경찰청이 사용한 드론은 국내산 제품으로 풀HD카메라와 640-480(해상도) 수준의 열화상 카메라를 장착하고 있다. 그러나 시범운영 결과, 이 열화상 카메라로는 실종자를 수색하는데 충분하지 못했던 것으로 알려졌다.

출처: 헤럴드경제(2019.09.24.).

## 경찰로봇의 등장

　1987년 개봉한 영화 로보캅(RoboCop)은 사이보그(cyborg) 경찰이라는 독특한 소재와 화려한 액션으로 큰 인기를 얻었다. 영화는 범인을 쫓다가 처참히 살해된 유능한 경찰관 머피를 사이보그로 탄생시키는 것으로 시작된다. 티타늄을 이용해 몸을 강화하고 프로그램을 입력해 완벽한 슈퍼히어로로 로보캅(아래 사진 왼쪽)을 탄생시킨 것이다.

　그렇다면, 이러한 경찰로봇이 실제로 가능한 것인가? 이와 관련하여 최근 미국 캘리포니아의 헌팅턴 공원에 배치된 로봇경찰(HP RoboCop, 아래 사진 우측)이 주목을 받고 있다. 이 경찰로봇은 키 152.4cm에 무게 136kg으로 시속 4.8km로 이동이 가능하다. 이 경찰로봇은 자동차량번호 인식시스템을 통해서 분당 차량번호판 300여 개를 확인할 수 있으며, 360도 촬영이 가능한 고해상도 카메라를 통해 실시간으로 영상을 전송해 범죄의심 상황이 발생할 경우 경찰관이 출동할 수 있는 시스템까지 갖추고 있다고 한다. 또 마이크를 통해 경고 방송을 할 수 있으며, 24시간 가능해 밤낮으로 공원을 안전하게 지킬 수 있다고 한다.

　그러나 아직까지는 이의 안전성에 대한 논란이 지속되고 있다. 오작동 및 기능장애 등으로 인해 어린아이를 치고 지나가기도 하고, 블록에 걸려 넘어지는 등의 문제점 등이 발생하고 있기 때문이다. 그러나 이러한 점들이 점차 개선된다면, 부족한 경찰력을 보완해주고, 또 밤낮·기후조건 등과 상관없이 24시간 지속적인 감시·대응기능을 할 수 있다는 점에서 보다 확대될 가능성이 높다고 본다.

출처: http://blog.naver.com/PostView.nhn?blogId=<br>jongscokr&logNo=221569981610.

그러나 이러한 4차 산업혁명에 의한 과학기술의 발전이 항상 건설적·긍정적인 효과를 가져다주는 것은 결코 아니다. 이러한 기술들이 범죄 내지 전쟁 등에 악용된다면, 훨씬 심각한 문제를 야기할 수 있기 때문이다. 또 기술적인 결함 등으로 인한 안전사고 문제도 보다 심각하게 나타날 수 있기 때문이다.

## 드론테러 현실이 되다

종래의 포격 타켓용으로 개발되기 시작한 군사용 드론이 적의 정찰이나 탐지 목적을 넘어 공격용·폭격용 드론으로 활용 범위를 넓히고 있다. GPS을 이용한 정밀성과 비행시간을 늘리는 등 드론 기술이 발전됨에 따라 본격적인 '드론전쟁의 시대'가 막을 올린 것이다.

지난 2019년 9월 14일 새벽 사우디 아라비아 동부 아브카이크 석유 탈황시설과 쿠라이스의 유전이 예멘 반군에 의한 드론 공격을 받았다. 이 공격으로 전 세계 생산량의 5%를 차지하는 사우디 아리비아의 하루 생산량의 절반이 넘는 570만 배럴의 원유공급이 중단되었다. 세계 석유공급에 차질이 생길 위험이 높아진 것이다.

예멘 반군은 이번 공격에 3~4kg의 폭탄을 탑재한 10대의 드론을 사용하였다고 하였다. 이러한 공격은 비단 인명 살상뿐만 아니라 핵심시설에도 피해를 줄 수 있다는 점을 입증한 셈이다. 더욱이 이런 무게의 방사성 물질이나 생화학물질을 탑재한다면 인명피해 규모는 보다 심각할 것이다.

예멘 반군은 2018년 7월과 2019년 5월에도 사우디 국영 석유기업 아람코 정유시설을 공격한 바 있다. 또 2019년 1월에도 드론으로 예멘군 퍼레이드를 공격해 고위 장교를 포함해 6명을 사망케 하였다. 일종의 '무인 자폭기'라고 볼 수 있다.

그런데 이러한 공격에 사용된 예멘 반군의 드론은 제작비가 1만달러(우리나라 돈 1천여 만원)에 불과한 것인데, 전세계에서 3번째로 많은 국방비를 지출하고 있는 사우디의 강력한 방공망이 뚫렸다는 점이다. 이는 기존의 공격시스템에 대한 방어체제는 구축하고 있지만 드론과 같은 신종 공격에 대한 대비는 아직 미흡하다는 의미이다. 따라서 향후 이에 대한 대비를 체계적으로 하지 않는다면, 상대적으로 군비 예산이 적은 국가나 테러 단체들이 드론으로 막강한 군사력을 지닌 국가의 주요 시설에 치명적인 공격을 가할 수 있다는 점을 인식할 필요가 있다.

출처: 연합뉴스(2019.09.16); 중앙일보(2019.10.08).

한편, 자율주행차의 출현 역시 주목할만하다. 자율주행차는 운전자 없이 IT 기기로 도로를 달리는 자동차로서 여러 가지 전자센서로 실외의 환경 변화를 인식·극복하고, 장애물을 피하면서 원하는 목적지까지 스스로 경로를 파악하여 이동할 수 있는 자동차를 말한다.

이러한 자율주행차는 '4차 산업혁명의 꽃'이라 불리기도 한다. 국제전기전자기술연구소가 지난 2012년 낸 보고서에 따르면, 오는 2040년에는 전 세계 차량의 약 75%가 자율주행 자동차로 전환될 것으로 예상하고 있다. 또한 시장조사기관의 조사에 의하면, 자율주행차 시장규모가 내년 221조원에서 2035년에는 1,348조원까지 폭증할 것으로 전망하기도 하였다. 이러한 이유로 자율주행차의 건전한 발전 및 규제를 위한 입법을 조속히 추진해야 한다는 주장도 설득력을 갖는다.[86]

그러나 이러한 자율주행차의 상용화(常用化)를 위해서는 기술적인 요소 및 사고발생시 이로 인한 책임소재 등 극복해야 할 문제가 적지 않은 것도 사실이다.

## 자율주행차 사고: 누구의 책임인가

자율주행차의 사고문제

"자율주행차로 인한 교통사고의 책임은 누구에게 있을까?"라는 질문은 과거부터 뜨거운 논쟁의 대상이 되어 왔다. 지난 2016년에는 구글이 자율주행차 사고에

---

86) 파이낸셜뉴스(2019.09.25.).

대해 처음으로 책임을 인정한 바 있다.

당시 구글의 자율주행차 사고는 미국 캘리포니아주에서 발생하였다. 시속 3km 이하로 달리던 중 시속 24km로 달리던 시내버스를 들이받은 사고였고, 이에 대해 구글이 처음으로 사고 책임을 인정하였다. 2010년부터 6년간 구글 자율주행차는 약 330만 km를 주행하였고, 이러한 과정에서 17건의 사고가 발생하였다. 이전까지 발생한 모든 사고를 '다른 차의 과실'이라고 발표했던 것과는 달리 2016년에는 구글이 스스로 책임을 인정하였다는 점에서 의미가 있다(이와 유사하게 그동안 수없이 발생한 자동차 급발진 사고에 대한 제조사의 책임회피 문제는 사회적 이슈이자 대중적 분노를 유발시켜왔던 점을 상기할 필요가 있다).

한편, 2019년 3월에는 우버의 자율주행 테스트카(test car)가 보행자 사망사고를 일으켜 다시 한번 논란이 제기되었다. 교차로에서 길을 건너던 보행자를 자율주행차가 치었고, 보행자는 병원으로 옮겨졌지만 숨을 거둔 것이다.

사실, 자동차 사고는 여러 가지 상황에서 발생할 수 있다. 자동차와 자동차 간의 사고가 발생할 수도 있고, 자동차와 사람 간의 사고도 발생할 수 있으며, 단독사고도 발생할 수 있다.

그렇다면 운전자 개입이 전혀 없는 완전 자율주행차의 교통사고 책임은 누구에게 있을까? 자율주행차를 반(half) 자율주행차와 완전(perfect) 자율주행차로 구분하여 살펴보기로 한다.


반 자율주행차 사고

먼저, 현재 판매되고 있는 반 자율주행차 사고의 책임은 운전자에게 있다. 반 자율주행차는 주차를 도와주는 기능, 스스로 차선을 유지하는 기능, 스스로 속도를 조절하는 기능이 있는 차량들을 의미한다. 이들 차량은 주차보조(parking assist) 기능과 속도조절(smart cruise control) 기능 등을 사용하는 과정에는 운전자가 개입된다.

즉, 주차보조 기능을 사용할 때는 운전자가 기어를 변속하고, 속도조절 및 차선유지 기능을 사용할 때는 운전자가 일정 간격으로 운전대(steering wheel, 핸들)을 조작해야 한다. 운전자가 개입되기 때문에 운전자에게 책임을 물을 수 있다는 것이다.

## 완전 자율주행차 사고

완전 자율주행차가 도입되면, 우리가 콘셉트 카를 통해 봐왔던 것처럼 자율주행 기능이 작동 중일 때 운전대의 모습이 감춰질 것이다. 운전자가 전혀 개입할 수 없다는 의미이다. 이러한 상황에서 교통사고가 발생하게 되면 운전자에게 책임을 묻기는 어렵다고 본다.

다만, 현행법(現行法)이 적용되는 상황에서 운전자가 개입하지 않은 완전 자율주행차에 의한 사고가 발생했다면 다음과 같은 관련법을 적용할 수 있을 것이다. 이를 간략히 살펴보면 다음과 같다.

① 운전자 책임: 자기를 위하여 자동차를 운행하는 자는 그 운행으로 다른 사람을 사망하게 하거나 부상하게 한 경우에는 그 손해를 배상할 책임을 진다(다만, 다음의 어느 하나에 해당하면 그러하지 아니하다(이하 생략)(자동차 손해배상 보장법 제3조).

② 자동차 제조업자 책임: 제조업자는 제조물의 결함으로 생명·신체 또는 재산에 손해를 입은 자에게 그 손해를 배상하여야 한다(이하 생략)(제조물 책임법 제3조).[87]

## 자율주행차 사고 관련법의 제정 방향

그러나 자율주행차가 상용화되고, 이러한 과정에서 수많은 복잡한 상황에서 발생하는 교통사고의 책임을 묻는 것은 결코 쉬운 일이 아니며, 현행 관련법에 의해 적용하는 것 역시 한계가 있음은 물론이다.

이에 대해 법률 전문가들은 "완전히 새로운 법이 필요하다"는 점에서 공감하고 있다. 위의 구글 자율주행차 교통사고 사례처럼 시스템상의 제어할 수 없는, 또는 현재 기술로는 운행 예측의 한계가 있을 경우에는 자동차 제조사가 궁극적인 책임을 져야 할 것이다.

또 제조사가 '완전 자율주행차'라고 주장한 상황에서 운전자가 전혀 개입하지 않았다면 책임을 운전자에게 묻기는 어렵고, 만약 운전자에게 책임을 물어야 한다면 그에 대한 법적 근거가 있어야 할 것이다. 다만, 법률전문가들은 운전자보다는 제조사에게 책임을 묻는 방향으로 바뀔 것이라는 의견이다.

---

87) 이러한 제조물의 결함으로 인한 손해는 제조업자가 배상한다라는 조항에 따라 제조사에게 과실을 물을 수 있을 것이다. 다만, 해당 결함을 제조사가 아닌 '소비자가 입증'해야 한다는 점에서 한계가 있다.

이에 대해서 이미 자동차 제조사들도 이와 같은 입장을 표하고 있다. 지난 2015년 볼보자동차 회사대표는 "자율주행차 사고는 모두 우리(제조사)가 책임지며, 작은 실수도 용납하지 않을 것이다"라고 말한 바 있다. 아우디와 BMW도 장기적으로 완전 자율주행차가 상용화될 경우에는 회사가 책임질 수밖에 없는 구조가 만들어질 것이라는 입장을 밝힌 바 있다.

### 또 다른 문제 및 제언

그런데 자율자동차의 책임 관련해서 또 다른 문제가 제기될 수 있다. 예컨대, "자율주행차가 몹시 빠른 속도로 달리고 있는 상황에서 바로 앞에 피할 수 없는 사고위험 상황이 펼쳐졌다. 1번 길에는 어린아이가, 2번 길에는 운전자의 위험 요소가, 3번 길에는 성인 5명이 서 있다. 1번 길로 방향을 틀면 어린아이가 사망한다. 2번 길로 직진하면 운전자가 사망한다. 3번 길로 방향을 틀면 성인 5명이 사망한다. 만약 자동차 시스템 개발자라면, 차량이 어떤 선택을 하도록 설계할 것인가?"

영국 Thatcham의 연구 결과에 따르면, 자율주행차가 상용화되는 2040년쯤의 자동차 보험료는 지금보다 80% 이상 낮아질 것이라고 한다. 사람이 운전하는 자동차가 많은 지금보다 도로가 더욱 안전해질 것이라는 이야기다.

자율주행차가 상용화된다면 도로는 지금보다 비교적 안전해질 것이다. 그러나 사고가 완전히 없을 것이라고도 장담하지 못한다. 이러한 이유로 자동차 제조사와 정부는 기술 개발과 더불어 법제정 그리고 윤리적인 문제 등에도 많은 관심을 가져야 할 것이다.

출처: 오토포스트(2019.04.18.).

마지막으로 4차 산업혁명이 경찰인사관리 등에 어떠한 영향을 미치는지를 살펴볼 필요가 있다. 이와 관련하여 크게 두 가지 관점에서 살펴볼 수 있다.

첫째, 4차 산업혁명은 생산성 향상 이면에 '일자리 감소'를 가져다 줄 수 있다는 점이다. 이는 경찰조직에도 영향을 미친다고 본다. 즉, 기계경비시스템 내지 경찰로봇 등이 기존의 경찰업무를 대체하고, 언어와 이미지로 구성된 빅데이터 분석 등 인간만이 가능하다고 여겼던 업무들도 인공지능(AI)이 대체할 것으로 예상되기 때문이다. 예컨대, 경찰관서 경비, 교통단속, 집회시위 통제 및 관리, 범죄예방을 위한 순찰활동, 범죄분석·예측 등 수많은 영역에서 적용할 수 있기 때문이다.

둘째, 경찰채용 방식의 변화가 빠르게 이루어질 것이다. 경찰조직 역시 4차 산업혁명 시대에 요구되는 정보관리 및 시스템운용을 능숙하게 운용할 수 있는 전문가들을 경찰조직에 채용해야 하기 때문이다. 이를 위해서는 전통적인 채용방식(필기, 체력, 적성, 면접 등)에 대한 일정부분 개선이 이루어져야 할 것이다.

## 32) 갑질 문화

> ■ 상관이 자신이나 동료들에게 갑질을 한다면 어떻게 할 것인가?(2018. 서울 개별면접, 101경비단 개별면접, 전북 개별면접, 광주 개별면접)

2018년 4월 반부패 정책협의회에서 대통령은 공공분야 갑질 근절의 근본적인 종합 대책 마련을 지시한 바 있다. 이에 따라 2019년 2월 국무조정실에서 『공공분야 갑질 근절을 위한 가이드라인』을 통해 갑질에 대한 판단기준, 처리절차, 예방추진 등에 관한 사항 등을 제시하였다.

이에 따라 경찰청은 2019년 8월 경찰공무원 채용을 위한 면접시험에서 '갑질에 대한 인식' 여부를 평가하고, 신임교육이나 승진자 기본교육에도 갑질 교육을 반영한다고 발표하였다.

그렇다면, '갑질'이라는 것은 갑을(甲乙) 관계에서 '갑'에 어떤 행동을 뜻하는 접미사인 '질'을 붙여 만든 말이다. 『공공분야 갑질 근절을 위한 가이드라인』(이하 갑질 근절 가이드라인)에서는 "사회·경제적 관계에서 우월적 지위가 있는 사람이 권한을 남용하거나, 우월적 지위에서 비롯되는 사실상의 영향력을 행사하여 상대방에게 행하는 부당한 요구나 처우를 의미한다"고 정의하고 있다.[88] 다만, 갑질과 비(非)갑질의 경계가 명확하지 않기 때문에 이를 주의할 필요는 있다고 본다.

---

88) 이하 국무조정실(2019), 공공기관 갑질 근절을 위한 가이드라인, pp. 6-32 재인용.

## 갑질의 유형

1. 사적인 이익: 자신의 우월적인 지위를 이용해서 금품, 향응 등 사적인 이익을 요구하거나 제공받는 유형.
2. 부당한 인사: 자신의 이익을 위하여 채용, 승진, 성과평가 등 부당하게 업무 처리를 하는 유형.
3. 비인격적 대우: 외모와 신체비하, 욕설, 폭언, 폭행 등 상대방에게 비인격적인 언행을 하는 유형.
4. 업무 불이익: 특정인에게 근무시간 외 업무지시를 하거나 부당하게 업무를 배제하는 유형.
5. 부당한 민원응대: 정당한 사유 없이 민원인의 접수를 거부하거나 취하를 종용하고, 고의로 처리를 지연시키는 등의 유형.
6. 기타: 따돌림, 부당한 차별행위, 모임참여 강요, 갑질 피해신고 방해 등

## 경찰갑질 사례

부산경찰청 소속 간부들이 부하 경찰관들을 상대로 갑질을 일삼은 정황이 잇따라 터져 나와 논란이 일고 있다.

부산경찰청에 따르면, 부산경찰청 모 부서 과장인 A총경이 부하 경찰관들에게 업무와 무관한 부당한 지시를 내리는 일이 비일비재했다는 주장이 제기돼 경찰이 조사에 나섰다. 또 A총경은 부하 경찰관들에게 자신이 다니는 교회에 나오라고 강요한 의혹도 받고 있다.

이와 관련하여 한 부하 경찰관은 "A총경이 문자 메시지 등으로 자신이 집사로 있는 교회에 나올 것을 수시로 강요하였다"며 "불교 신도인 직원이 압박감으로 교회에 나가기도 했고, 메시지를 받고도 교회에 나가지 않은 직원이 근무평가 최하점을 받았다는 얘기까지 나돌았다"고 하였다. 또 A총경은 2015년 예체능 계열 대학생인 딸 과제물을 부하 경찰관에게 맡겼다는 의심도 받았고, 아내가 운영하는 유치원 행정업무를 경찰서 직원에게 대신하도록 했다는 이야기도 돌고 있다.

이에 대해 A총경은 인사철에 나오는 '마타도어'(근거없는 말)일 뿐이라며 해당

의혹을 전면 부인하였다. 그는 "신앙을 가지라고 한 적은 있지만 내가 다니는 교회로 나오라고 한 적은 없다"고 하였고, "딸의 과제물을 부하 경찰관에게 검토·교정을 받은 정도는 있지만 작성해달라고 한 건 아니며, 아내의 유치원 업무를 직원에게 시켰다는 얘기도 사실무근"이라고 해명하였다.

한편, 자신이 볼일을 본 소변통을 청소 미화원이나 부하 경찰관에게 치우게 한 간부의 갑질도 뒤늦게 드러났다. 부산 모 경찰서 생활안전과장으로 근무 중인 B경정은 다른 경찰서 경무과장으로 근무할 당시 전립선이 좋지 않다는 이유로 과장실에 오줌통을 놔두고 소변을 본 뒤 이를 청소 미화원이나 부하 경찰관에게 치우도록 했다는 의혹이 제기된 것이다. 그리고 자신의 사무실 집기류를 과다하게 바꾸도록 지시하고, 업무시간 중 개인 용무를 보면서 부하 경찰관들에게 운전을 시켰다는 주장도 나왔다. B경정은 "방광이 안 좋아 수술을 받은 적이 있고, 소변을 참지 못해 소변통을 사무실에 뒀지만 치우라고 시킨 적은 없다"고 해명하였다.

출처: 부산일보(2018.11.04).

그렇다면, 이러한 갑질은 왜 발생하는 것인가? 이에 대해서 몇 가지 관점에서 살펴볼 수 있다.

첫째, 역사적 관점에서 볼 때, 갑질 문화가 과거 유교적 가치관에 뿌리를 두고 있다고 보는 시각이다. 존비(尊卑)로 대변하는 유교 문화가 일상적인 조직생활에서도 왜곡되어 그대로 나타난다는 것이다.

둘째, 심리학적 관점에서 볼 때, 우리 모두는 상황에 따라 누군가에게는 갑이 될 수도 있고, 을이 될 수도 있다는 시각이다. 갑을관계는 상대적으로 을일 때 경험한 갑질의 피해를 반대로 자신이 갑이 되었을 때 마찬가지로 자연스럽게 표출시키게 된다는 것이다.

셋째, 사회 구조적 관점에서도 접근할 수 있다. 2018년 1월 한 시장조사 전문기업이 전국 만 19세~59세 성인남녀 1,000명을 대상으로 '갑질 문화'와 관련한 설문조사를 실시한 바 있다. 이 조사결과, 갑을관계를 구분 짓는 가장 큰 요소는 직급, 지위, 연봉 순이며, 가장 심각한 갑질 문화의 주체로는 정치인·국회의원, 대기업, 클라이언트·원청업체, 고용수준에 따라 갑을관계가 형성되는 것으로 나타났다.[89] 따라서 우리 사회의 직급이나 지위에 의한 서열 문화가 갑질의 주요 원인으로 볼 수 있다.

## 경찰청 갑질 근절 추진방안

2019년 7월부터 시행 중인 '경찰청 갑질 근절 추진방안'의 주요 내용을 살펴보면 다음과 같다.

① 인식개선

경찰관 채용 면접시험시 '갑질에 대한 인식' 여부를 평가하고, 승진시에도 갑질 징계 이력 자료를 승진심사위원회에 제공, 갑질 행위자의 승진 적격 여부를 엄격하게 판단하도록 하였다(총경 이상은 관서장 재직시 소속 관서의 갑질 발생 현황 자료도 함께 제공). 또한 재직자의 갑질에 대한 인식 제고를 위해 경찰관서별 연 1회 이상 갑질 근절 교육이 의무화되고, 신임교육 및 승진자 기본교육과정에 갑질 근절 관련 교육이 반영되도록 하였다.

② 갑질 엄정 처리 및 공개

발생한 갑질에 대하여는 최대 파면까지 엄격하게 징계하고, 갑질 징계자에 대해서는 성과급 지급이 제한되도록 하였다. 또한 갑질 징계자는 공적이 있더라도 징계를 감경할 수 없도록 관련 규칙을 개정할 예정이며, 아울러 갑질 행위나 갑질 신고 묵인 등 2차 피해 발생시 공개하고, 갑질 근절 노력 등에 대한 감사를 의무화하여 관련 정책은 지속해서 추진할 계획이다.

③ 직장 내 괴롭힘 예방·대응 등

근로기준법의 적용을 받은 무기계약직 등에 대한 '직장 내 괴롭힘'도 '갑질신고센터'로 접수·처리 창구 일원화하고, 매월 11일은 '상호 존중의 날'(갑과 을이 동등하게 상호 존중하고 배려한다는 1=1 의미)로 지정하여 직원 상호 간 존댓말 쓰기 등 갑질 근절 분위기 조성에도 노력할 계획이다.

④ 갑질 신고 및 피해자 보호

경찰청의 모든 갑질 및 직장 내 괴롭힘 접수창구는 내부망 '갑질신고센터'로 일원화하고, 신고·상담 내용은 본청의 전담직원만 열람할 수 있고, 청문 기능의 조사과정에서도 가명 조서 등 활용을 통해 비밀을 철저히 보장하고 있다. 신고 내용

---

89) 오늘경제(2019.08.27).

에 따라 가해자와 피해자 격리, 마음건강증진 프로그램 연계를 통한 심리회복 지원 등 피해자 보호 조치를 하고 있다.

출처: 경찰청 내부자료.

## 33) 교통단속과 처리: 교통사고, 음주운전

- 교통사고가 많이 발생한다고 생각하는가? 적게 발생한다고 생각하는가? 예방정책은 무엇인가?(2018. 서울 개별면접, 경기남부 개별면접)

- 초임순경으로 근무하는 관내의 교통사고 사망률이 높은데, 이에 대한 예방책은 무엇인가?(2018. 경기남부 개별면접)

- 음주운전 처벌강화(또는 윤창호법)에 대한 본인의 생각과 음주운전 예방·근절방법에 대해서 이야기하시오(2018. 서울 집단면접, 경기남부 집단면접, 경기북부 집단면접, 광주 개별면접, 전남 집단면접, 전북 집단면접, 충남 집단면접)

- 전차로·일제 음주단속에 대해 어떻게 생각하는가?(2018. 전북 집단면접, 충남 집단면접)

- 음주운전에 의한 과실치사를 살인죄로 규정하는 것에 대해서 어떻게 생각하는가?(2018. 전남 집단면접)

- 음주운전 전과(또는 성폭력 전과 등)가 있는 사람을 경찰로 채용하는 것에 대해 어떻게 생각하는가?(2018. 101경비단 집단면접, 경기남부 개별면접)

- 음주단속 중 상사와 같이 있는데, 상사친구가 음주단속에 걸려서 상사가 봐달라고 한다면 어떻게 할 것인가? 음주단속 중 아버지 등 가족 또는 친한 친구가 있다면 어떻게 할 것인가?(구속 수준의 만취 상태일 경우 단속할 것인가? 한적한 골목인데 어떻게 할 것인가?)(2018. 전남 개별면접, 광주 개별면접, 2015. 서울 집단면접, 인천 개별면접, 대구 개별면접·집단면접, 충남 집단면접, 2014. 경기 개별면접, 경남 집단면접, 대구 개별면접, 2013. 서울 집단면접, 2012. 서울 개별·집단면접, 2011. 인천 집단면접, 경기 집단면접, 경남 집단면접, 2009. 서울 집단면접, 부산 개별면접·집단면접)

우리나라의 자동차(이륜자동차 제외) 등록대수는 2018년 현재 약 2,300만대 수준이며, 운전면허 소지자는 약 4,100만명에 이르고 있다.[90] 이제 자동차는 우리의 일상 생활에서 없어서는 안 될 중요한 교통수단으로 자리 잡고 있음을 알 수 있다.

그런데 이러한 자동차의 증가로 인해 인간의 편리성은 증대되었지만, 이와 관련된 각종 사건·사고는 적지 않은 사회문제로 인식되고 있다. 최근 들어 교통여건의 개선 및 선진교통 문화의 정착, 그리고 교통경찰의 노력 등으로 교통문제는 다소 개선되었지만, 세계 경제협력개발기구(OECD) 회원국 가운데 여전히 낮은 수준이라고 할 수 있다(물론, 이러한 수치는 다른 교통여건을 고려하지 않았다는 점을 고려할 필요가 있다).[91]

▎교통사고 발생 현황(단위: 건, 명)

| 구 분 | 1990년 | 1995년 | 2000년 | 2005년 | 2010년 | 2015 | 2018 |
|---|---|---|---|---|---|---|---|
| 발생건수 | 255,303 | 248,865 | 290,481 | 214,171 | 226,878 | 232,035 | 217,148 |
| 사 망 자 | 12,325 | 10,323 | 10,236 | 6,376 | 5,505 | 4,621 | 3,781 |
| 부 상 자 | 324,229 | 331,747 | 426,984 | 342,233 | 352,458 | 350,400 | 323,037 |

출처: 사이버경찰청(https://www.police.go.kr).

교통사고와 관련하여 음주운전은 해결되어야 할 중요한 문제 가운데 하나이다. 이러한 이유로 경찰은 그동안 음주운전으로 인한 교통사고를 예방하기 위하여 관련지도 및 단속 등 많은 활동을 해왔다. 경찰의 이러한 노력과 시민들의 의식 개선으로 과거보다 음주운전으로 인한 교통사고는 많이 줄었다고 볼 수 있다. 그러나

---

90) 사이버경찰청(https://www.police.go.kr).; 이하 최선우(2017), 앞의 책, pp. 629-631 재구성.

91) 이와 관련하여 예컨대, 2012년 현재 조사대상이 된 OECD 회원국(33개국) 가운데 인구 10만 명당(2010년 기준) 교통사고 사망자 수는 아이슬란드가 2.5명으로 가장 적었고, 우리나라는 11.3명으로 자료가 파악된 33개 국가 가운데 가장 많았다. OECD 회원국 평균인 7.0명에 비해 약 1.6배가 많은 수치이다. 도로교통공단(2012), OECD 회원국 교통사고 비교, p. 26.

음주운전 등으로 인한 교통사고의 위험성은 여전히 상존해 있고, 따라서 우리의 삶을 위협하고 있다.

**▌음주운전 교통사고 발생 현황(단위: 건, 명)**

| 구　분 | 2005 | 2010 | 2015 | 2016 | 2017 | 2018 |
|---|---|---|---|---|---|---|
| 발생건수 | 26,460 | 28,641 | 24,399 | 19,769 | 19,517 | 19,381 |
| 사 망 자 | 910 | 781 | 583 | 481 | 439 | 346 |
| 부 상 자 | 48,153 | 51,364 | 42,880 | 34,423 | 33,364 | 32,952 |

출처: 사이버경찰청(https://www.police.go.kr).

음주운전에 의한 교통사고의 심각성을 보여준 한 예로써 '윤창호 사건'을 들수 있다. 당시 군인이었던 윤창호 씨는 2018년 9월 25일 부산광역시 해운대구에서 만취한 운전자의 차량에 치여 뇌사상태에 빠졌다가 11월 9일에 사망한 것이다.[92] 이 사건을 계기로 음주운전에 의한 교통사고의 처벌기준의 강화하기 위하여 이른바 '윤창호법'이 시행되었다.

윤창호법은 음주운전에 대한 처벌내용을 담고 있는 「특정범죄 가중처벌 등에 관한 법률」(약칭: 특정범죄가중법)과 「도로교통법」의 개정안을 일컫는 말이다. 개정된 「특정범죄가중법」은 2018년 12월 18일부터 시행되었고(제1 윤창호법), 「도로교통법」은 2019년 6월 25일부터 시행되었다(제2 윤창호법).

음주운전에 대한 기준 강화와 관련하여 예컨대, 도로교통법 개정 이전에는 '운전이 금지되는 술에 취한 상태의 기준'(즉, 음주운전)은 운전자의 혈중알코올농도가 0.05% 이상인 경우로 하였는데, 개정 이후에는 0.03% 이상으로 강화되었다(제44조 제4항).

그렇다면, 음주운전의 기준이 되는 혈중알코올농도 0.03% 이상은 어느 정도

---

92) 윤창호 씨가 뇌사 상태에 빠진 후 그의 친구들은 청와대 국민청원을 통해 음주운전 처벌을 강화해 달라는 청원을 제안했고, 40만명이 넘는 국민의 동의를 얻자 박상기 법무부장관이 음주운전 처벌을 강화하겠다고 답했다. 이에 따라 사고 장소인 부산 해운대구 지역구 국회의원인 바른미래당 하태경 의원을 비롯한 104명의 국회의원이 법안 발의에 동의하여 국회에서 정식 발의되었다. 다음백과(https://100.daum.net/encyclopedia).

**▌음주운전에 대한 규제 및 처벌이 강화된 윤창호법의 주요 대용**

| 구 분 | 기존 내용 | 개정 내용 |
|---|---|---|
| 혈중알코올농도<br>수치에 따른 처벌<br>도교법 제148조의2 | • 0.05% 이상~0.1% 미만<br>−6개월 이하 징역 또는<br> 300만원 이하 벌금 | • 0.03% 이상~0.08% 미만<br>−1년 이하 징역 또는<br> 500만원 이하의 벌금 |
| | • 0.1% 이상~0.2% 미만<br>−6개월 이상 1년 이하 징역 또는<br> 300만원 이상 500만원 이하 벌금 | • 0.08% 이상~0.2% 미만<br>−1년 이상 2년 이하의 징역 또는<br> 500만원 이상 1천만원 이하의<br> 벌금 |
| | • 0.2% 이상<br>−1년 이상 3년 이하의 징역 또는<br> 500만원 이상 1천만원 이하의<br> 벌금 | • 0.2% 이상<br>−2년 이상 5년 이하의 징역 또는<br> 1천만원 이상 2천만원 이하의<br> 벌금 |
| 음주운전 가중처벌<br>도교법 제148조의2 | • 음주운전 3회 적발시<br>−면허취소<br>−1년 이상 3년 이하 징역 또는<br> 500만원 이상 1천만원 이하의<br> 벌금 | • 음주운전 2회 적발시<br>−면허취소<br>−2년 이상 5년 이하 징역 또는<br> 1천만원 이상 2천만원 이하의<br> 벌금 |
| 음주측정 불응 처벌<br>도교법 제148조의2 | −1년 이상 3년 이하의 징역 또는<br> 500만원 이상 1천만원 이하의<br> 벌금 | −1년 이상 5년 이하의 징역 또는<br> 500만원 이상 2천만원 이하의<br> 벌금 |
| 운전면허 정지기준<br>도교법 제93조 | • 혈중알코올농도<br>−0.05%이상 ~ 0.1% 미만 | • 혈중알코올농도<br>−0.03%이상 0.08% 미만 |
| 운전면허 취소기준<br>도교법 제93조 | • 혈중알코올농도<br>−0.1% 이상 | • 혈중알코올농도<br>−0.08% 이상 |
| 사람을 상해에<br>이르게 한 경우<br>특가법<br>제5조의11 | −10년 이하 징역 또는<br> 500만원 이상 3천만원 이하의<br> 벌금 | −1년 이상 15년 이하의 징역 또는<br> 1천만원 이상 3천만원 이하의<br> 벌금 |
| 사람을 사망에<br>이르게 한 경우<br>특가법<br>제5조의11 | −1년 이상 징역 | −무기 또는 3년 이상의 징역 |

음주를 했을 때 나오는 수치인가? 이에 대하여 도로교통공단 위드마크 공식을 인용하면, 성인 남성(70kg)이 소주 한잔(50㎖, 19도)을 마셔도 면허정지 기준인 혈중알코올농도 0.03%를 넘길 수 있다고 하였다. 또 음주를 한 수 일정한 시간이 지나도 혈중알코올농도는 여전히 남아있다고 하였다. 즉, 성인 남성(70kg)이 새벽까지 소주 2병(각 360㎖, 19도)을 마시고 6시간이 지난 후에 운전을 하여도 혈중알코올농도는 0.04% 이상으로 나와 면허정지를 받을 수 있다는 것이다.[93]

## 일제단속의 정당성과 한계

경찰은 연말연시나 특별한 경우에 음주운전 일제단속을 하는 경우가 있다. 이 경우 비록 음주단속을 통하여 교통사고를 미연에 방지한다는 기본 취지에는 공감이 가지만, 음주를 하지 않은 일반시민의 입장에서는 교통불편 및 불쾌감을 느낄 수도 있다고 본다. 따라서 모든 도로를 차단하고 불특정 다수인을 상대로 실시하는 일제단속식 음주단속은 빈번하게 하는 것은 비례원칙(比例原則)에도 위배될 소지가 있다고 본다.

이에 대해서 헌법재판소는 도로교통법에 근거를 둔 일제단속식 음주단속 자체는 적법하고, 합헌적인 경찰활동으로 보았다. 다만, 음주운전이 빈번할 것으로 예상되는 장소와 시간 선택하고, 시민의 불편이 극심한 단속의 자제, 전방지점에서의 사전예고와 단시간 내의 실시 등을 내용으로 하는 '과잉금지원칙'의 준수 등을 요구하고 있다.[94]

한편, 운전면허 취득 연수와 교통사고 발생현황을 비교하는 것도 의미 있는 일이다. 흔히들 운전경력이 많을수록 안전운행을 할 가능성이 높다고 보는 것 같다.

---

93) 따라서 음주에 대한 우리들의 인식전환이 필요다고 본다. 즉, 술을 한 잔만 마셔도 음주운전에 단속될 수 있는 만큼 운전을 하려면 술을 조금이라도 마시면 결코 안된다는 점이다. 그리고 전날 과음을 하거나 늦게까지 음주를 한 경우에는 다음날 대중교통을 이용하여 출근하는 등 음주운전 근절문화가 정착될 수 있도록 우리 모두가 노력해야 할 것이다.

94) 헌재 2004.1.29, 2002헌마 293.

그런데 운전면허 취득 연수가 10년 이상 된 운전자들의 교통사고가 많다는 것에 주목할 필요가 있다(물론, 면허취득 후 직접적으로 운전을 한 경력을 정확하게 파악해야 할 것이다). 특히, 2018년에는 이들에 의한 교통사고가 156,327건으로 무려 전체사고의 72.0%에 이르고 있다는 점에 주의할 필요가 있다.

이러한 운전면허 취득 연수별 교통사고 현황을 좀더 체계적으로 분석하면, 운전면허 재교육 등과 관련된 교통정책을 수립하는데 도움이 된다고 본다.

▍ 운전면허 취득 연수별 교통사고 현황(단위: 건, %)

| 구 분 | 총 계 | 5년 미만 | 5년~10년 | 10년 이상 | 기타 |
|---|---|---|---|---|---|
| 2000 | 290,481 (100.0) | 120,635 (41.5) | 71,736 (24.7) | 77,842 (26.8) | 20,268 (7.0) |
| 2005 | 214,171 (100.0) | 50,583 (23.6) | 41,590 (19.4) | 103,861 (48.5) | 18,137 (8.5) |
| 2010 | 226,878 (100.0) | 41,457 (18.3) | 41,032 (18.1) | 126,331 (55.7) | 18,058 (8.0) |
| 2015 | 232,035 (100.0) | 37,715 (16.3) | 30,537 (13.2) | 146,662 (63.2) | 17,121 (7.4) |
| 2018 | 217,148 (100.0) | 24,453 (11.3) | 24,489 (11.3) | 156,327 (72.0) | 11,879 (2.5) |

출처: 사이버경찰청(https://www.police.go.kr).

이밖에도 도로의 구조와 교통사고의 관계를 파악하는 일도 중요하다. 운전자가 아무리 교통법규를 준수하여 운전을 한다할지라도 도로의 상태가 정상적이지 못하면, 예기치 못한 사고로 발전될 가능성이 높기 때문이다.

도로구조와 관련하여 주목할 만한 것은 교통사고 발생의 대부분(약 90%)이 직선형 도로에서 발생한다는 점이다. 직선형 도로는 상대적으로 과속을 할 가능성이 높다는 것도 한 요인이 될 수 있다고 본다. 반면, 커브·곡각지점(曲角地點, 2개 이상의 도로가 교차한 지점)에서는 운전자가 좀더 많은 주의를 기울이는 등의 노력을 하기 때문이라고 볼 수 있다(그리고 곡선형 도로가 운전자의 시야확보에 유리하다고 보기도 한다). 그러나 커브·곡각에서 사고가 났을 경우 치사율(致死率)이 약 3배 높은 것으로 나타났다. 이는 커브·곡각에서 사고발생시 대형사고로 이어질 가능성이 보다 높다는 것을 의미한다.

| 2018년 도로 선형별 교통사고 현황(단위: 건, 명, %)

| 구 분 | 계 | 커브·곡각 | 직선 | 기타 |
|---|---|---|---|---|
| 사 고 | 217,148<br>(100.0) | 13,495<br>(6.2) | 201,276<br>(92.7) | 2,377<br>(1.1) |
| 사 망 | 3,781<br>(100.0) | 664<br>(17.6) | 3,086<br>(81.6) | 31<br>(0.8) |
| 부 상 | 323,037<br>(100.0) | 20,384<br>(6.3) | 299,497<br>(92.7) | 3,156<br>(1.0) |
| 치사율 | 1.7 | 4.9 | 1.5 | 1.3 |

\* 치사율: (사망자 수/ 교통사고 건수) × 100
출처: 사이버경찰청(https://www.police.go.kr).

## 교통경찰의 역할과 교통정책의 기본 방향

교통경찰의 역할

교통경찰(交通警察, Traffic Police)은 '도로교통에서 발생되는 모든 위해를 방지하고 제거함으로써 안전하고 원활한 교통을 확보하기 위하여 수행하는 경찰활동'을 말한다. 교통경찰은 이러한 목적달성(위해방지 및 제거, 원활한 교통 확보)을 위하여 기본적으로 다음과 같은 역할을 수행하고 있다.

㉠ 도로의 안전 관리

㉡ 적절한 차마의 통행 유도·규제 및 운전자 의무를 준수 유도

㉢ 적절한 보행자의 통행과 보호와 관련된 제반활동

㉣ 교통사고 발생시 그에 대한 조사 및 처리와 관련된 제반활동

㉤ 운전면허 관리 등

교통경찰 이러한 목적과 관련 행정업무를 수행하기 위하여 교통계몽, 교통정리

및 순찰, 교통지도·단속, 교통규제, 교통사고 조사, 그리고 교통법규 위반에 대한 제재(과태료, 범칙금, 면허정지·취소 등) 등 관련 권한을 행사하고 있다.

### 교통정책의 기본 방향

그런데 교통경찰의 활동만으로 도로교통상의 위험발생요인(인적 요인, 차량 요인, 도로 요인)이 모두 해결될 수 있는 것은 결코 아니다. 예컨대, 음주단속 및 이의 처벌기준이 강화된다고 해서 음주운전 문제가 해결되는 것은 아니라고 본다. 이를 위해서는 교통경찰의 역할뿐만 아니라 관련 유관기관의 적절한 지원 그리고 시민(운전자, 보행자 등)의 인식전환이 함께 이루어져야 한다는 의미이다. 이러한 점에서 교통정책의 기본방향은 다음과 같이 요약될 수 있다. 이를 교통안전관리의 '3E 원칙'(㉠, ㉡, ㉢) 또는 '4E 원칙'(㉠, ㉡, ㉢, ㉣)이라고 한다.

㉠ 체계적인 교통공학(Engineering)의 설계 및 적용; 도로구조·환경의 정비, 교통안전시설·표지, 차량설계 등

㉡ 운전자 및 보행자에 대한 적절한 교통교육(Education)의 실시; 홍보, 현장지도, 운전자 소양교육, 초등학생·중학생·고등학생 등을 대상으로 한 정기적인 교통안전교육 등

㉢ 합법적·합리적 방법에 의한 교통단속(Enforcement)의 실시; 교통법규를 위반했을 경우 이에 대한 단속(공개·비공개·일제) 및 교통지도 등

㉣ 안전한 교통환경(Environment)의 조성; 교통질서 준수의 생활화, 어린이 보호구역과 같은 안전한 환경의 조성, 교통피해자의 보상제도 등

출처: 손봉선·최선우·김경태(2008), 경찰교통론, 경기: 21세기사, p. 20.;
최선우(2017), 경찰학, 서울: 그린, p. 632.

## 34) 교통단속과 처리: 신호위반·무단횡단 등

▪ 교통단속을 당한 사람들이 항의하는 이유가 무엇인가? 교통단속을 당한 사람이 편파단속이라고 항의한다면 어떻게 할 것인가(2018. 경기남부 집단면접·개별면접, 전북 집단면접, 2009. 경기 개별면접, 전남 집단면접)

▪ 아이가 많이 아파서 신호위반 한 경우 또는 상사(특히, 인사고과를 담당하는 상관)가 신호위반을 한 경우, 본인이 단속경찰이라면 어떻게 대처할 것인

가?(2019. 광주 개별면접, 2018. 101경비단 집단면접, 경기남부 개별면접, 전북 개별
면접)

■ 젊은 사람 또는 할머니(또는 폐지줍는 할머니)가 무단횡단하면 어떻게 할
것인가?(2018. 서울 개별면접, 전남 개별면접, 2016. 서울 개별면접, 경기 개별면접,
충북 집단면접, 2015. 서울 집단면접, 인천 집단면접, 대전 집단면접, 2014. 서울 집단
면접, 경남 집단면접, 대전 집단면접, 2011. 경기 집단면접, 2009. 서울 집단면접, 부산
집단면접)

■ 상관이 실적을 올리기 위해 무단횡단을 단속하라고 지시하여 출동하였는데,
마침 폐지 줍는 할머니가 무단횡단을 하였다면 어떻게 할 것인가? 이에 대해
상사가 단속하라고 지시한다면?(2018. 서울 개별면접, 전남 개별면접)

■ 청소년을 무단횡단으로 단속했는데, 그 후 폐지 줍는 할머니를 단속하지 않
은 것을 보고 청년이 왜 단속을 하지 않느냐며 따진다면 어떻게 할 것인가?
(2018. 서울 집단면접, 2016. 경남 집단면접)

■ 현재 왕복 8차선에서 순찰 중에 있는데, 순찰차 뒤에서 일반시민이 무단횡단
을 하고 있다. 단속을 위해 불법 유턴을 해서 단속할 것인가?(2018. 경기남부
개별면접)

위에서 설명한 바와 같이, 교통경찰은 도로교통에서 발생하는 모든 위해를 방
지하고 제거함으로써 안전하고 원활한 교통을 확보하기 위하여 수행하는 경찰활동
을 말한다. 이러한 교통경찰의 목적(즉, 위해방지를 통한 안전하고 원활한 교통의 확보)
을 달성하기 위하여 가장 빈번하게 수행하는 업무 가운데 하나가 바로 신호위반 또
는 무단횡단 등에 대한 단속활동이라 할 수 있다.

바꿔 말하면, 운전자 또는 보행자가 일상에서 가장 빈번하게 위반할 수 있는
행위 가운데 하나가 신호위반 또는 무단횡단이라 할 수 있다. 따라서 우리가 일상
생활을 하는 과정에서 한 번쯤은 신호위반 또는 무단횡단을 한 경험이 있다는 의미
이다.

# 도로교통상의 운전자와 보행자의 의무 예

## 1. 자동차 등의 속도제한

자동차 등의 도로 통행 속도는 행정안전부령으로 정한다. 경찰청장이나 지방경찰청장은 도로에서 일어나는 위험을 방지하고 교통의 안전과 원활한 소통을 확보하기 위하여 필요하다고 인정하는 경우에는 일정한 구역이나 구간을 지정하여 행정안전부령에 따라 정한 속도를 제한할 수 있다(제17조).

## 2. 횡단 등의 금지

차마의 운전자는 보행자나 다른 차마의 정상적인 통행을 방해할 우려가 있는 경우에는 차마를 운전하여 도로를 횡단하거나 유턴 또는 후진하여서는 아니 된다(제18조).

## 3. 난폭운전 금지

자동차 등의 운전자는 신호 또는 지시위반, 중앙선 침범, 속도의 위반, 앞지르기 방법 위반, 정당한 사유 없는 소음 발생 … (이하 생략) 중 둘 이상의 행위를 연달아 하거나, 하나의 행위를 지속 또는 반복하여 다른 사람에게 위협 또는 위해를 가하거나 교통상의 위험을 발생하게 하여서는 아니 된다(제46조의3).[95]

## 4. 보행자의 통행

보행자는 보도와 차도가 구분된 도로에서는 언제나 보도로 통행하여야 한다(제8조 제1항).

## 5. 보행자의 도로의 횡단

보행자는 횡단보도, 지하도, 육교나 그 밖의 도로 횡단시설이 설치되어 있는 도로에서는 그 곳으로 횡단하여야 한다(제10조 제2항). 보행자는 횡단보도가 설치되어 있지 아니한 도로에서는 가장 짧은 거리로 횡단하여야 한다(제3항).

---

95) 최근 상대 차량을 위협하거나 사고를 유발하게 하는 난폭운전이 많이 적발되고 있으나, 현행법은 난폭운전에 대한 직접적인 규정이 없어 안전운전의무 위반이나 개별적인 교통법규 위반으로 비교적 가벼운 처벌에 그치고 있는바, 난폭운전 금지조항을 신설하고 난폭운전을 한 사람에 대하여 행정처분 및 처벌을 부과함으로써 이러한 행위를 근절하고 국민의 교통안전을 확보하려는 것임(본조 2015.8 신설).

그렇다면, 운전자 또는 보행자가 신호위반 또는 무단횡단을 하는 이유는 무엇인가? 준법정신이 약해서인가? 아니면 위반할 수밖에 없는 불가피한 상황이 존재하기 때문인가?

첫째, 준법정신 약해서 위반행위가 빈번하게 발생하는 경우가 있다. 일부의 사람들은 교통법규 준수를 대수롭지 않게 생각하고 위반하는 경우이다. 또, 그러한 행위가 위반행위인 줄 모르고 하는 경우도 있다.

둘째, 교통법규를 위반할 수밖에 없는 불가피한 상황이 존재하는 경우를 들 수 있다(물론 불가피한 상황이라는 것은 일정 부분 주관적일 수 있다고 본다). 예컨대, 횡단보도 등이 자신이 거주하는 주거지역 등 생활환경 주변에 멀리 위치해 있어서 이를 이용하기가 어렵기 때문에 습관적으로 무단횡단을 하는 경우가 있다. 그리고 거동이 불편한 노약자들은 위험의 지각능력도 현저히 떨어진 상황에서 무단횡단을 하는 경우를 심심치 않게 목격할 수 있다. 또 유흥가 주변 지역에서 취객 등이 심야에 무단횡단 등을 하는 경우는 매우 빈번하게 발생할 수 있다고 본다. 또 예컨대, 수능시험을 보는 고3학생, 경찰면접시험에 응시하는 수험생 등이 고사장 지각 등 특수한 상황에 직면하여 신호위반 또는 무단횡단을 하는 경우도 존재한다고 본다.

　　이러한 각각의 위반상황에서 교통경찰은 어떻게 대응을 하는 것이 바람직한가? 경찰이 범죄 및 무질서로 인한 위험으로부터 개인의 자유와 권리 보호하고 공공의 안녕질서를 유지하기 위해 어떻게 대응해야 할 것인가? 무조건 법대로 단속하는 것이 옳은가? 아니면 상황에 따라 적절하게 단속하는 것이 옳은가?

첫째, 경찰은 법집행(law enforcement)의 상징으로서 적발한 법규 위반행위에 대해서는 원칙적으로 단속을 하는 것이 옳다고 본다. 법에서 일정한 행위에 대한 금지를 명령하고 있고, 경찰은 이에 따라 단속을 하는 것은 의무이기 때문이다.

둘째, 이러한 법집행 원칙에도 불구하고 위반행위에 대해서 일정 부분 재량권(裁量權)을 행사할 수 있다고 본다. 실제로 발생하는 수많은 복잡·다양한 위반행위를 재량행위가 아닌 기속행위(羈束行爲)로 하는 것은 현실적으로 불가능한 일이기 때문이다.

　　따라서 경찰이 직무를 수행하는 과정에서 어떠한 공공의 안녕과 질서에 대한 위험이 존재한다는 것이 확인된 경우, 우선 자신이 개입하는 것이 공익, 균형의 원칙 및 합목적성의 원칙 등에 부합되는지를 판단하여, 그 판단결과에 따라 개입의 여부를 경찰관 '자신의 책임'하에 결정 및 선택할 수 있는 것이다. 이러한 재량행위는 크게 결정재량과 선택재량으로 나눌 수 있다. 즉, 결정재량은 예컨대 무단횡단 등 위반 행위에 대해 '단속을 할 것인가, 아니면 말 것인가 하는 것이며', 선택재량은 '만약 단속을 했다면 어떠한 조치(스티커 발부, 계도 등)를 취할 것인가' 하는 것이다.

## 기속행위와 재량행위

경찰 등 국가행정청의 행정행위는 법치주의(法治主義)하에서 법의 구체화 또는 집행으로 이루어지게 된다. 그런데 국가행정의 광범위성과 복잡·다양성 때문에 비록 엄격한 법의 기속(羈束)이 요청되는 행정분야에 있어서나, 구체적인 사정에 적극적으로 공익목적 달성을 위한 사명을 가진 행정분야에 있어서나, 행정청의 재량(裁量)을 어느 정도 인정함은 불가피한 일이다.

물론, 사안에 따라 행정청의 행정행위에는 비교적 법의 기속을 많이 받는 경우와 비교적 광범한 재량이 인정되는 경우가 있다. 경찰활동으로 본다면, 위험발생 방지와 관련된 행정경찰활동은 상대적으로 광범위한 재량이 인정된다면, 발생한 범죄에 대응하는 사법경찰활동은 그 재량의 여지가 적다고 볼 수 있다.

출처: 다음백과(https://100.daum.net/encyclopedia).

셋째, 그런데 경찰에게 이러한 재량행위가 부여되었다고 해서, 무한정·무조건 허용되는 것은 아니라고 본다. 교통단속 경찰관이 자신의 판단하에 결정한 것이라 할지라도 결과적으로 어떠한 문제가 발생했을 경우 그에 대한 책임을 져야한다는 의미이다.

이러한 재량권 행사의 균형성, 합목적성 등을 판단하는 중요한 기준이 바로 '조리상의 한계'라 할 수 있다. ㉠ 경찰소극목적의 원칙, ㉡ 경찰공공의 원칙, ㉢ 경찰비례의 원칙, ㉣ 경찰평등의 원칙, ㉤ 경찰책임의 원칙이 바로 그

것이다(이에 대한 세부내용은 앞에서 설명한 부분 참조).

따라서 교통단속을 하는 경찰관이 편파적인 단속(예컨대, 남성위반자는 단속을 하고, 여성위반자는 봐주는 등)을 하는 경우, 단순히 단속실적을 높이기 위해서 특정한 '길목'(예컨대, 도로구조 여건상 위반할 수밖에 없는 장소)에 숨어서 단속을 남발하는 경우), 단속과정에서 단속된 대상이 경찰구성원(동료경찰, 상관 등)일 때 봐주는 경우, 교통사고 등 다른 위험성이 매우 높은 상황에서 군이 단속을 하는 경우 등은 재량권 오남용의 문제가 있다고 본다.

따라서 교통경찰은 이상과 같은 법률유보원칙, 재량행위, 조리상의 한계 등을 충분히 고려하여 주어진 교통상황에 부합하는 단속을 하는 것이 바람직하다고 본다.

생각건대, 장기적인 관점에서 국가차원의 선진교통문화 정착을 위한 노력이 이루어져야 한다고 본다. 즉, 어렸을 때부터 올바른 선진교통문화에 대한 교육이 체계적으로 이루어져야 한다는 의미이다. 이러한 점에서 유치원, 초등학교, 중학교, 고등학교 등의 교육과정에서 이에 대한 의식교육은 중요한 의미를 갖는다. 또 '부모는 자식의 거울'이라는 말이 있듯이 평소 부모의 운전행태 및 보행습관 등은 자식들의 교통문화에 적지 않은 영향을 미칠 수 있다는 점을 명심할 필요가 있다. 그리고 경찰 등 국가기관의 선진교통문화 정착을 위한 노력(교통사고 방지 캠페인 등)을 위한 지속적으로 할 필요가 있다고 본다.

## 35) 상황질문

- 면접장을 가는데, 길거리에 할머니 한 분이 쓰러져 있다. 할머니를 구하려면, 본인은 면접을 보지 못할 상황이다. 솔직하게 어떻게 할 것인가(2018. 서울 개별면접)
- 면접 당일 무단횡단을 하지 않으면 면접장에 못 오는 상황일 때 무단횡단을 할 것인가?(2018. 101경비단 집단면접, 경기남부 집단면접)
- 건물에 화재가 발생했고, 2층에 사람이 있다. 그런데 본인은 아무런 보호 내지 방화장구가 없다면 어떻게 할 것인가?(2018. 101경비단 개별면접)

이상과 같은 상황질문은 얼마든지 제시될 수 있다. 경찰은 공무원으로서 국민 전체에 대한 봉사자이고, 또 국민에 대해서 책임을 져야한다. 따라서 비록 현재에는 경찰공무원은 아니지만 장차 경찰공무원이 될 사람으로서 위와 같은 긴박한 상황에 처했을 때, 어떻게 대응할 것인가를 묻는다면 당황할 수 있을 것이다.

오랜 기간 동안 수험생활을 하여 1차 필기시험에 합격하고, 체력시험에서 좋은 성적을 받고, 마지막으로 면접시험을 무난히 마치면 드디어 꿈에도 그리던 경찰공무원이 될 수 있다. 그런데 마지막 관문인 면접시험장으로 가는 중에 길거리에 쓰러진 할머니를 구할 것이냐 말 것이냐에 대한 질문은 응시자에게는 사실 잔인한 질문이다.

물론 이에 대한 답변은 간단하다. 첫째, 할머니를 구하지 않고 면접시험에 응시하거나, 둘째, 할머니를 구하고 면접시험을 포기하는 경우이다.

첫째의 경우에도 수많은 변수들이 있다. 만약 할머니를 구하지 않고 면접시험에 응시한다면, 주변을 둘러보아 도움을 요청할 수 있는 다른 사람이 있다면, 자신의 상황을 간단히 설명하고 그들에게 부탁을 할 수도 있다. 또 112나 119에 전화를 하여 도움을 요청하고 자신은 면접장으로 갈 수도 있을 것이다. 그러나 할머니의 상황에 매우 급박하여 본인이 직접 도와주지 않으면 안 될 상황도 있게 된다.

두 번째의 경우에는 본인이 할머니를 구하고 면접을 포기하면 그만이다. 그러나 실제, 그러한 행동을 할 수 있는 수험생들이 얼마나 있을까? 마음속으로는 안타까운 심정이 있겠지만(그러한 감정이 내재해 있다는 것만으로도 경찰관으로서의 자질이 충분히 있다고 본다), 자신의 인생을 포기하고 도움을 주는 경우는 흔치 않다고 본다.

사실, 정답은 없다고 본다. 모두 정답이 될 수도 있고, 모두 틀린 답이 될 수도 있다고 본다. 면접관들 역시 어떻게 보면, 수험생들과 똑같은 마음일 수도 있다.

이러한 경우 무엇보다도 중요한 것이 정직(正直) 즉, 솔직함이라고 본다. 그리고 자신의 솔직한 심정과 그에 덧붙여서 부연설명을 하는 것이 중요하다고 본다. 다소 논점에서 벗어난 답변일 수도 있지만 이렇게도 할 수 있을 것이다.

"저는 어려서 부모님이 이혼하셔서 할머니 밑에서 성장하였습니다. 그런 할머니가 작년에 돌아가셨습니다. 그래서 지나가는 길에 할머니들을 보면, 저희 할머니가 문득 문득 생각납니다. 제가 면접장에 가는 길에 돌아가신 할머니와 같은 분이 쓰러져 있다면 당연히 도움을 드려야 한다고 생각합니다. 그러나 제가 어렵게 학업을 계속해 왔고, 또 이번에 합격하지 못하면 두 번 다시 경찰공무원 시험을 준비하기가 어려울 것 같습니다. 그래서 가슴 아픈 일이지만 저는 면접시험장으로 갈 것 같습니다. 그러나 장담할 수 있는 것은 제가 경찰공무원이 되어 그러한 상황을 직면한다면, 최선을 다해서 어려움에 처한 분을 도와 줄 수 있도록 노력하겠습니다. 길가에 쓰러진 할머니를 도와드리지 못해 죄송합니다."

사실, 이러한 답변은 일정한 형식은 없다고 본다. 다만, 여기에서 중요한 것은 위와 같은 답변을 하는 본인이 직접 그러한 삶을 살아왔고, 또 그러한 감정을 면접관들에게 그대로 진솔하게 전달하는 것이 중요한 것이라고 본다. 본인은 그러한 삶을 살아오지 않았으면서도, 억지로 꾸며대는 듯한 답변은 어느 순간 면접관들의 눈에 포착되기 때문이다. 정직함, 진실함이 없는 답변은 결국 자신 스스로를 속이는 것이며, 설혹 경찰공무원이 된다 할지라도 만족스러운 삶을 살기가 어렵다고 본다.

## 상황질문

경찰면접에서 응시자들에게 묻는 질문은 여러 가지 형태가 있는데, 객관적인 질문은 관련 법률 등 전문지식을 가지고 있으면, 어느 정도 답변이 가능하다고 본다. 그러나 상황성 질문은 응시자들에게 관련 법률 등 전문지식 외에도 어떠한 '가치판단'(價値判斷)을 요구하는 경우라 할 수 있다.

이와 관련하여 신호위반, 무단횡단 등 교통경찰활동에서 가장 빈번하게 묻고 있다.

물론, 이러한 상황판단 문제는 교통경찰활동뿐만 아니라 모든 경찰활동에서 얼마든지 물어볼 수 있는 것들이다. 그리고 이러한 과정에서 이른바 '압박성 질문'을 계속 함으로써 응시자를 당황하게 하는 경우가 비일비재하다. 그렇다면, 이에 대해 어떻게 답변할 것인가? 생각건대, 상황질문은 질문 내용만 다를 뿐 접근방법은 대동소이하다고 본다. 따라서 일정한 접근원칙 내지 기준(예: 법률유보, 재량행위, 조리상의 한계 등)을 세우고 성실하고, 진정성 있게 답변한다면, 충분히 의미 있는 결과를 얻을 수 있다고 본다.

# 찾아보기

## 저자약력

### 최선우
현) 광주대학교 경찰법행정학부 교수
동국대학교 경찰행정학과 졸업
동국대학교 대학원 경찰행정학과 졸업(법학박사, 경찰학 전공)
행정고시, 7급·9급 공무원 채용시험 출제위원
경찰간부·순경 채용시험 출제위원
경찰 등 공무원 채용시험 면접위원

### 김경태
현) 광주대학교 경찰법행정학부 교수
원광대학교 대학원 경찰행정학과 졸업(경찰학박사)
행정고시, 7급·9급 공무원 채용시험 출제위원
경찰간부·순경 채용시험 출제위원
청원경찰 채용시험 출제 및 면접위원
경찰 등 공무원채용시험 면접위원

### 박수양
현) 경찰인재개발원 공공안전교육센터 교수(현직경찰관 경감)
광주대학교 대학원 경찰학 석사·박사과정 수료
자살예방방지전문교육사
학교폭력예방교육사
미디어중독예방교육사
경찰채용시험 면접위원

이 연구는 2019년도 광주대학교 대학 연구비의 지원을 받아 수행되었음

## 경찰면접

| | |
|---|---|
| 초판 발행 | 2020년 1월 28일 |
| 지은이 | 최선우 · 김경태 · 박수양 |
| 펴낸이 | 안종만 · 안상준 |
| 편 집 | 우석진 |
| 기획/마케팅 | 이영조 |
| 표지디자인 | 벤스토리 |
| 제 작 | 우인도 · 고철민 |
| 펴낸곳 | (주) **박영사** |
| | 서울특별시 종로구 새문안로3길 36, 1601 |
| | 등록 1959. 3. 11. 제300-1959-1호(倫) |
| 전 화 | 02)733-6771 |
| f a x | 02)736-4818 |
| e-mail | pys@pybook.co.kr |
| homepage | www.pybook.co.kr |
| ISBN | 979-11-303-0908-8  93350 |

정 가   18,000원